I libri di Viella

512

Antonino De Francesco

Atlantico rivoluzionario

Saggi sulla nascita della modernità

a cura di
Francesco Dendena, Giacomo Girardi e Stefano Levati

viella

Prima edizione: ottobre 2024
ISBN 979-12-5469-728-3

Questo volume è stato pubblicato con il sostegno e il contributo del Dipartimento di Studi storici dell'Università degli studi di Milano.

DE FRANCESCO, Antonino
Atlantico rivoluzionario : saggi sulla nascita della modernità / Antonino De Francesco ; a cura di Francesco Dendena, Giacomo Girardi e Stefano Levati. - Roma : Viella, 2024. - 240 p. : ill. ; 21 cm. (I libri di Viella ; 512)
Scritti già pubblicati.
Indice dei nomi: p. [233]-240.
ISBN 979-12-5469-728-3
1. Paesi dell'Oceano Atlantico - Sec. 18.-19. I. Dendena, Francesco II. Girardi, Giacomo III. Levati, Stefano
909.09821 (DDC WebDewey) Scheda bibliografica: Biblioteca Fondazione Bruno Kessler

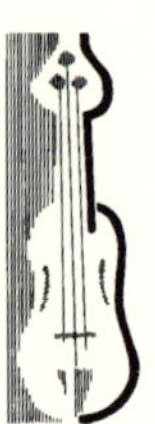

viella
libreria editrice
via delle Alpi, 32
I-00198 ROMA
tel. 06 84 17 758
fax 06 85 35 39 60
www.viella.it

Indice

Premessa
di Francesco Dendena, Giacomo Girardi e Stefano Levati 7

1. Da un centro irradiatore a una realtà multipolare (e ritorno). Qualche considerazione sullo spazio rivoluzionario transatlantico 9

2. Traduzioni e Rivoluzione. La storia meravigliosa della prima versione in francese del *Federalist* (Paris, Buisson, 1792) 37

3. Quando il *Federalist* non era ancora il *Federalist*. Alle origini di un classico della teoria politica (1788-1865) 87

4. Le origini americane della guerra rivoluzionaria francese (1791-1792) 123

5. L'ossessione federalista e la cospirazione giacobina: gli Stati Uniti e la Francia al tempo della Rivoluzione (1789-1794) 145

6. Toussaint a Milano, ovvero immagini del ribelle di Santo Domingo negli anni della Repubblica Italiana (1802-1803) 165

7. Un rivoluzionario razzista: la carriera letteraria di Jean-François Dubroca propagandista del Consolato francese (1800-1804) 179

Bibliografia di Antonino De Francesco 219

Indice dei nomi 233

Pubblicazioni originali dei saggi raccolti in questo volume:

1. *Da un centro irradiatore a una realtà multipolare (e ritorno): qualche considerazione sullo spazio rivoluzionario atlantico*, in «Ricerche di storia politica», 3 (2015), pp. 259-280
2. *Traduzioni e rivoluzione. La storia meravigliosa della prima versione in francese del Federalist (Paris, Buisson, 1792)*, in «Rivista Storica Italiana», 1 (2011), pp. 61-110.
3. *Quando il «Federalist» non era ancora il «Federalist». Alle origini di un classico della teoria politica, 1788-1865*, in «Storica», XXVII, 80 (2021), pp. 1-29.
4. *The American Origins of the French Revolutionary War*, in *Republics at war, 1776-1840: revolutions, conflicts, and geopolitics in Europe and the Atlantic World*, eds. P. Serna, A. De Francesco, J.A. Miller, Basingstoke, Palgrave MacMillan, 2013, pp. 27-45.
5. *Federalist Obsession and Jacobin Conspiracy: France and the United States in a Time of Revolution, 1789-1794*, in *Rethinking the Atlantic world. Europe and America in the Age of Democratic Revolutions*, eds. M. Albertone, A. De Francesco, Basingstoke, Palgrave Macmillan, 2009, pp. 239-256.
6. *Toussaint à Milan, ou les images du rebelle de Saint-Domingue pendant les années de la Repubblica italiana (1802-1803)*, in *L'historien-citoyen: Révolution, guerre, empires: Mélanges en l'honneur de Bernard Gainot*, sous la direction de B. Deruelle, É. Dosquet, P. Vo--Ha, Paris, Éditions de la Sorbonne, 2022, pp. 513-524.
7. *A racist revolutionary: the literary career of Jean-François Dubroca as a propagandist of the French Consulate, 1800-1804*, in «La Révolution Française», 22 (2022), pp. 1-30.

Premessa*

di Francesco Dendena, Giacomo Girardi e Stefano Levati

Nel XVIII secolo, l'Atlantico non è stato soltanto uno spazio geografico attraversato da traffici commerciali e da fenomeni migratori sempre più intensi. È stato anche la culla di una modernità politica e culturale che si è creata progressivamente attraverso una fitta rete di scambi umani e intellettuali tra le due sponde, portando infine alla grande crisi rivoluzionaria da cui è scaturita la nostra contemporaneità.

Nel corso della sua lunga carriera accademica, Antonino De Francesco si è incessantemente occupato dell'argomento, esplorandolo da molteplici punti di vista, tanto metodologici quanto contenutistici, costantemente rinnovati dall'analisi di vari casi studio. Capace di padroneggiare la molteplicità e la diversità degli apporti delle varie storiografie nazionali che sono state costantemente interrogate e fatte dialogare tra loro, De Francesco ha quindi progressivamente tracciato un percorso storiografico estremamente ricco, di cui gli articoli pubblicati sulle diverse riviste sono senza dubbio la miglior testimonianza.

Atlantico rivoluzionario non vuole quindi essere soltanto un omaggio e un attestato di riconoscenza nei confronti dell'amico e collega De Francesco. Il libro desidera essere l'occasione per proporre al pubblico le tappe più importanti della sua riflessione sull'argomento, riunendo in un solo volume sette saggi che illustrano la ricchezza del contributo scientifico dell'autore e l'evoluzione dei suoi interessi nel corso del tempo. Così al saggio storiografico d'apertura, che offre un quadro interpretativo globale della tematica atlantica, fa seguito un'ampia riflessione sull'influenza

* I curatori ringraziano sentitamente gli amici e colleghi, Blythe Alice Raviola, Emilio Scaramuzza e Gianclaudio Civale per la traduzione dei saggi e il sostegno fornito all'iniziativa.

dell'esempio americano sulla prima cultura politica repubblicana francese. Un'influenza che si misura in termini di esperienza militare, ma ancora di più in termini di scambi culturali, come prova la vicenda del *Federalist* che diventa l'occasione per rileggere in chiave innovativa i rapporti tra le due repubbliche tra la fine del XVIII secolo e l'inizio del seguente. Chiude infine un saggio sulla ricezione nell'area italiana delle rivolte schiavili di Santo Domingo che diventa l'occasione per interrogarsi sull'apporto della rivoluzione nera in questo processo di costruzione politica nello stesso tempo multipolare e transnazionale.

1. Da un centro irradiatore a una realtà multipolare (e ritorno). Qualche considerazione sullo spazio rivoluzionario transatlantico

C'è stato un tempo, neppur troppo lontano, nel quale le rivoluzioni costituivano il motore della storia e il 1789, dilagato dall'Europa al mondo intero, era unanimemente ritenuto informare la modernità: tempi lontani, certo, ma neppur troppo, qualora si ricordi la prospettiva storiografica suggerita dal bicentenario della Rivoluzione francese. Il grande convegno organizzato sotto gli auspici della presidenza Mitterand aveva infatti come vero filo conduttore il modo appassionato con il quale il mondo intero sarebbe stato contagiato dalle notizie di Francia e quanto, seppur con alterne fortune, avrebbe comunque provato ad emulare quel grande rivolgimento.[1]

E sulle prime una prospettiva siffatta – dove la Francia ritrovava la propria identità politica nei confronti del mondo intero – non parve danneggiata neppure dall'altro Ottantanove che, in capo a breve tempo, avrebbe posto fine alla divisione dell'Europa. Apparentemente, non avrebbe dovuto esser così, perché le rivoluzioni democratiche nel mondo comunista stavano a smentire quella stretta equivalenza tra la Rivoluzione francese e la Rivoluzione d'ottobre che aveva a lungo dominato la storiografia del XX secolo e sancivano pertanto la presa di distanze dal quadro culturale nel quale anche le celebrazioni del bicentenario non avevano mancato di collocarsi. Tuttavia, la svolta del 1989 sembrava suggerire una rilettura della storia d'Europa in termini unitari, perché consentiva pur sempre di leggere le vicende del vecchio continente sotto il segno di un percorso dai tratti largamente comuni e permetteva di rilanciare, proprio in nome dei

1. Si veda *L'image de la Révolution Française*, ed. M. Vovelle, Paris-Oxford, Pergamon Press, 1989, cui merita di aggiungere quanto condotto in parallelo, sempre nel 1989, sul versante statunitense in *The Global Ramifications of the French Revolution*, eds. J. Klaits, M.G. Haltzel, New York, Cambridge University Press, 1994

valori del 1789, quegli ideali di libertà e di eguaglianza attorno ai quali la rivoluzione di Francia aveva costruito, non a caso nell'Europa continentale, le proprie larghe (anche se postume) fortune.

Il crollo del sistema di potere sovietico permetteva così di suggerire un altro modo ancora di leggere la vicenda rivoluzionaria dischiusa dalla presa della Bastiglia, perché la deriva autoritaria del Terrore, perduto il carattere salvifico che l'Ottobre aveva a lungo confermato, poteva essere finalmente restituita alla mera (anche se oltre modo drammatica) parentesi di un percorso politico sulla via della democrazia rappresentativa, della quale nel 1792,[2] come poi negli anni del Direttorio,[3] non erano mancate – e ripetute – le prove.[4]

La prospettiva aveva i suoi validi punti di appoggio: essa consentiva di espungere dalla tradizione della sinistra quel riferimento al robespierrismo e al Terrore che l'esperimento autoritario seguito all'Ottobre aveva a lungo rilanciato e per questa via, prendendo atto del definitivo esaurimento di una storiografia troppo adagiata sul nesso 1793-1917, neppure avrebbe mancato di guardare con atteggiamento diverso all'opera di Furet, che veniva ora, nel più ampio quadro di una sinistra non marxista, restituita alla sua identità profonda di riflessione sul passato per comprendere il tempo presente.[5]

Era un percorso che si proponeva di rileggere il significato complessivo della vicenda rivoluzionaria – dove largo spazio, in termini originali, doveva esser dato alla stessa vicenda contro-rivoluzionaria come alla stagione bonapartista[6] – che teneva non di meno fermi sui presupposti usi da tempo

2. Sul punto in questione mi permetto di rinviare ad un mio lontano lavoro, A. De Francesco, *Il governo senza testa. Movimento democratico e federalismo nella Francia rivoluzionaria, 1789-1795*, Napoli, Morano, 1992.

3. Si veda al riguardo B. Gainot, *Un nouveau jacobinisme? La démocratie représentative, une alternative à Brumaire*, Paris, Comité des travaux historiques et scientifiques, 2001.

4. Esemplare a tal riguardo il lavoro di P. Serna, *Antonelle, aristocrate révolutionnaire, 1747-1817*, Paris, Editions du Félin, 1997, ma sempre dello stesso si vedano ora i saggi raccolti in *Fratelli di Francia. Storia e storiografia di una rivoluzione divenuta repubblicana, 1792-1804*, Milano, Guerini, 2013.

5. Su questo tema, vedi M.S. Christofferson, *French Intellectuals Against the Left: The Antitotalitarian Moment of the 1970s*, New York, Berghan Press, 2004, in part. pp. 246-53.

6. Vedi a questo proposito soprattutto J.C. Martin, *Contre-révolution, révolution et nation en France: 1789-1799*, Paris, Seuil, 1998, mentre sul versante napoleonico, come noto sempre molto coltivato, si vedano per gli ultimi indirizzi N. Petiteau, *Napoléon, de*

i rapporti tra la Francia e l'Europa: perché la spinta ad Est, ossia il convincimento che la modernità europea avesse preso improvvisamente forma a Parigi e da quel luogo si fosse poi trascinata per larga parte dell'Europa continentale, rimaneva basilare. Lungo questa direttrice diveniva d'altronde semplice porre fine all'innaturale divisione in due parti dell'Europa e inoltre, come naturale conseguenza di un rilancio al tavolo della politica dell'unità del vecchio continente, si poteva confermare la stretta equipollenza tra rivoluzione e modernità, tra 1789 e democrazia, tra un passato e un presente d'Europa sotto l'endiadi della libertà e dell'eguaglianza.

Questa prospettiva, negli anni e in tempi anche recenti, non ha mancato di offrire risultati, anche di grande significato: il ritorno ad una storia politica della rivoluzione ha rilanciato, sul versante strettamente francese, la stagione del Direttorio, liberata della taccia di essere l'anticamera del Brumaio e trasformata in una stagione ampiamente democratica, dove il concreto esercizio elettorale apre nel processo politico spazi di libertà in precedenza appena intravvisti. Questa linea di ricerca ha inoltre incrociato prospettive di studio che, in parallelo, correvano nelle altre storiografie nazionali tradizionalmente attente alla stagione francese col risultato che, oggi, son forti le ragioni di uno studio delle origini della democrazia che dalla tradizionale (e al tempo stesso restrittiva) dimensione nazionale di Francia si allarghi ad un più ampio quadro europeo e dove il rapporto tra le repubbliche sorelle, restituito ad un più armonico equilibrio con Parigi, consegna all'esame della storiografia una pluralità di istanze socio-culturali e di pratiche politiche rimaste troppo a lungo inosservate.[7]

Lo studio della vicenda rivoluzionaria costituisce pertanto un cantiere in pieno esercizio, dove gli scavi, moltiplicandosi soprattutto in riferimento agli anni del Direttorio per poi passare a quelli del Consolato, dimostrano quanto la più recente storiografia si tenga distante non solo dalle ricostruzioni tradizionali, ma anche dalla prospettiva presentata da Furet: mai va scordato, infatti, come il durissimo confronto ideologico che oppose la vulgata marxista al revisionismo di quest'ultimo non facesse mai centro

la mythologie à l'histoire, Paris, Seuil, 1999; A. Jourdan, *L'Empire de Napoléon*, Paris, Flammarion, 2000; L. Mascilli Migliorini, *Napoleone*, Roma, Salerno, 2002; T. Lentz, *Napoléon*, Paris, PUF, 2003 e ora P. Gueniffey, *Napoléon*, Paris, Gallimard, 2013.

7. Difficile dare conto dei molti lavori al riguardo: sul versante italiano, mi permetto di rinviare al mio *1799. Una storia d'Italia*, Milano, Guerini, 2004, mentre il caso della repubblica batava è riassunto da A. Jourdan, *La Révolution batave: entre la France et l'Amérique (1795-1806*), Rennes, PUR, 2008.

sulle partizioni politico-cronologiche, perché tutti convenivano sul moto ascendente della rivoluzione sino al 1791 e tutti confermavano, negli anni seguiti al Terrore, una stagione di declino destinata pressoché inevitabilmente ad esaurirsi nella soluzione autoritaria del bonapartismo.

Nel frattempo, tuttavia, proprio la congiuntura internazionale, che ha presto messo a dura prova l'idea d'Europa di fine XX secolo, ha finito per molto limitare le prospettive di una ricostruzione storiografica che tenesse fermo sul valore fondante della stagione rivoluzionaria e napoleonica nella costruzione della sua centralità sulla scena mondiale. Su tutto questo ha finito per presto fare un ricasco negativo la crisi dell'Europa stessa, di cui si fa prova l'interesse sempre meno articolato nei suoi confronti da parte delle storiografie degli altri continenti che le avevano in precedenza riservato una specifica attenzione. E va da sé che a una prospettiva di centralità della storia europea ha finito per fare da ostacolo pressoché insormontabile l'irredimibile diversità del mondo britannico, il cui modello politico, alternativo a quello del 1789, gli storici chiamati a confrontarsi con il 1989 subito si rifiutarono di sacrificare sull'altare di una rinnovata causa europea.

Non è casuale che proprio nel 1999, a dieci anni ormai dal bicentenario della rivoluzione e quando più forte si levava il vento a sostegno di un ritorno d'interesse in termini unitari sulla civilizzazione europea, proprio John Pocock levasse la penna per ribadire con puntiglio come non esistesse una storia del vecchio continente inteso come una entità dal profilo puntualmente definito, perché quanto si tentava di così proporre era solo una pluralità di storie tra sé anche molto differenti e in nessun caso riconducibili al medesimo filo conduttore.[8]

È noto come Pocock non fosse certo nuovo a considerazioni siffatte, sulle quali aveva già avuto modo di sostare sin dagli anni Settanta,[9] ma a convincerlo della opportunità di tornare a insistere sul punto era una congiuntura per larghi tratti favorevole, poiché d'un lato la *new British history* e dall'altro una altrettanto nuova *Atlantic history* – che gli sembravano non solo incrociarsi, ma addirittura sovrapporsi – erano destinate, sempre a sua

8. J.G.A. Pocock, *The New British History in Atlantic Perspective*, in «American Historical Review», 104 (1999), pp. 490-500, nonché Id., *Enlightenment and Counter-Enlightenment, Revolution and Counter-revolution: A Eurosceptical Enquiry*, in «History of Political Thought», 20 (1999), pp. 125-139 poi ripresi in Id., *The Discovery of Island. Essays in British History*, Cambridge, Cambridge University Press, 2005.

9. Si veda a questo riguardo R. Bourke, *Pocock and the Presuppositions of the New British History*, in «The Historical Journal», 53 (2010), pp. 747-770.

detta, a favorire una costruzione storiografica sotto il segno di un arcipelago atlantico portato a tenere assieme vecchio e nuovo mondo, nella quale proprio la declinazione anglo-americana pareva assumere un rilievo non solo decisivo, ma per certi versi pure omologante.

Inutile dire come questa prospettiva – al cui rilancio avrebbe offerto un decisivo contributo lo studio di John Elliott sugli imperi transatlantici[10] – finisse per entrare in rotta di collisione con ogni proposito di centralità del vecchio continente nella costruzione di nuovi modelli interpretativi e come proprio la specificità britannica, nelle declinazioni storiografiche di questi ultimi anni abbia portato ad apertamente contestare il 1789, ricondotto a un passaggio soltanto fra i molti che avrebbero accompagnato la difficile nascita del mondo contemporaneo.

Un esempio molto significativo è offerto dal fortunato lavoro di Christopher Bayly, dove si suggerisce una natura globale, anziché europea, della costruzione del mondo contemporaneo, perché in quelle pagine proprio il superamento delle storie nazionali – individuate come il portato dello storicismo del vecchio continente – appare presupposto ineliminabile per una rilettura, sotto il segno dell'interdipendenza e dell'interconnessione, dei cambiamenti politico-sociali.[11] Gli stessi anni della cosiddetta età delle rivoluzioni – grosso modo l'arco cronologico tra il 1760 e il 1840 – sono per Bayly una stagione di straordinari sviluppi politici – non soltanto nel vecchio continente, ma anche in Asia e in Africa – che accompagnò il mondo intero in un processo di trasformazione globale lungo tutto l'Ottocento. Al fondo di una prospettiva siffatta è così un'altra storia ancora del mondo moderno, dove a venir meno sembra essere proprio la centralità del fenomeno rivoluzionario quale la storiografia del secondo dopoguerra aveva invece ancora avuto molta cura di porre al centro della propria ricostruzione.

Ma c'è – come è d'altronde ben noto – molto di più: la prospettiva eurocentrica è stata posta in crisi, su di un altro versante ancora, dal ritorno in forze di una *Atlantic history*, che nella sua più recente declinazione è cosa molto diversa da quella volta, all'indomani della Prima come della Seconda guerra mondiale, ad avvicinare l'esperienza politica del vecchio e del

10. J. Elliott, *Empires of the Atlantic World. Britain and Spain in America, 1492-1830*, New Haven-London, Yale University Press, 2006.

11. C.A. Bayly, *The Birth of the Modern World, 1780-1914: Global Connections and Compari- sons*, Oxford, Blackwell, 2004.

nuovo mondo sotto il segno delle rivoluzioni democratiche.[12] La nuova storia atlantica, che oggi è divenuta un paradigma interpretativo dalle larghe fortune,[13] è una vicenda certo dai molti volti e dai numerosi contributi,[14] i cui esiti ancor oggi non sembra possibile interamente decifrare,[15] ma che di certo nasce – e il punto va ricordato – con un profilo chiaramente anglocentrico,[16] perché, proprio per quanto in questa sede maggiormente preme, essa ha costruito sullo stretto nesso d'ordine culturale tra il Regno Unito e le colonie un approccio il cui fine era destinato a ribadire la profonda distinzione (quando non addirittura una clamorosa contrapposizione) tra il 1776 e il 1789.

Non è d'altronde un caso che le fortune del modello politico inglese – puntualmente rinvenute anche Oltreoceano mediante lo studio di quanti, nel corso del XVIII secolo, avrebbero radicalizzato la teoria politica di Locke[17] – abbiano avuto come primo obiettivo quello di confermare una lettura dell'indipendenza americana di impostazione *whig*, ma abbiano pure comportato, di rimbalzo, la restituzione al mero ambito nazionale della rivoluzione di Francia, la cui capacità di costituire una cesura storica destinata ad avviare altra e nuova stagione sarebbe stata puntualmente smentita proprio dalla profonda diversità della precedente *libertas ameri-*

12. B. Bailyn, *Atlantic History. Concept and Contours*, London, Harvard University Press, 2005. Vedi, sempre a questo riguardo, le note di E. Tortarolo, *Eighteenth-Century Atlantic History Old and New*, in «History of European Ideas», 34 (2008), pp. 369-374.

13. Riassume ora in lingua italiana ampiezza e prospettive della storia atlantica F. Morelli, *Il mondo atlantico: una storia senza confini, secoli XV-XIX*, Roma, Carocci, 2013.

14. J.P. Green, P.D. Morgan, *Atlantic History: A Critical Appraisal*, Oxford, Oxford University press, 2008.

15. Si veda, non di meno, a carattere riassuntivo delle principali linee di tendenza in atto T. Benjamin, *The Atlantic World. Europeans, Africans, Indians and Their Shared History, 1400-1900*, Cambridge, Cambridge University Press, 2009, mentre nell'ambito della storia dell'età delle rivoluzioni merita sottolineare il definitivo ingresso dell'identità latino-americana di cui un bell'esempio è offerto da G. Paquette, *Imperial Portugal in the Age of Atlantic Revolutions: The Luso-Brazilian World, C. 1770-1850*, Cambridge, Cambridge University Press, 2013.

16. Vedi a questo proposito gli ormai pionieristici lavori di N. Canny, *Writing Atlantic History; or, Reconfiguring the History of Colonial British America*, in «Journal of American History», 86 (1999), pp. 1093-1114 e soprattutto D. Armitage, *Three Concepts of Atlantic History*, in *The British Atlantic World, 1500-1800*, eds. D. Armitage, M.J. Braddick, Basingstoke, Palgrave, 2002, pp. 11-27.

17. Il riferimento è all'ormai classico B. Bailyn, *The Ideological Origins of the American Revolution*, Cambridge, Harvard University Press, 1967.

cana: così ad una prima fase storiografica, dove si puntava a distinguere l'esempio inglese, nella declinazione del 1688 prima come in quella del 1776 poi, dal caso di Francia ha presto tenuto dietro altro indirizzo ancora, dove in maniera ancor più scoperta si è addirittura tentato di ricondurre la stessa vicenda d'Oltralpe nel quadro delle coordinate politiche messe a punto al di là della Manica. Un esempio probante è offerto, proprio in questi ultimi anni, dal tentativo di restituire le origini del repubblicanesimo in Francia alla tradizione politico-culturale originata dal Seicento inglese, perché – miscelando Machiavelli ed Harrington, conoscendo e traducendo Needham e Gordon – i rivoluzionari d'Oltralpe si sarebbero in definitiva solo limitati a trapiantare nel regno dei Luigi il modello caro alla tradizione politica del secolo XVII d'oltre Manica.[18]

Non è un percorso che trovi ancor oggi profondi consensi nelle storiografie dell'Europa continentale, ma non vi è dubbio che una prospettiva siffatta si faccia forte degli orientamenti degli studi britannici attorno alle rivoluzioni del Seicento, dove – non a caso – l'ultimo contributo di profondo e innovativo respiro sulla *Glorious Revolution* propone lo snodo del 1688 qual punto d'arrivo d'una stagione di rivolgimenti che attraverserebbero sì tutto il XVII secolo, ma al tempo stesso quale prima autentica rivoluzione contemporanea, perché quella vicenda sarebbe un «pivotal event in English, European and world history».[19]

Sotto questo angolo, non bisogna affatto sottovalutare la proposta di sostituire il 1688 al 1789 nella costruzione delle fondamenta della contemporaneità: suggerire come tutto nasca in Inghilterra e come la svolta di tardo secolo XVII costituisca un passaggio decisivo per l'affermazione di una prospettiva di libertà anche nel regno dei Luigi implica infatti un diverso modo di leggere il 1776 d'America, che per più di un aspetto sarebbe ricondotto nell'alveo di una tradizione politica e culturale britannica alla quale, nel corso della seconda metà del secolo XX, non poche voci, in Europa come in America, avevano tentato di sottrarlo.

18. A. Jainchill, *Reimagining Politics after the Terror: The Republican Origins of French Liberalism*, Ithaca-London, Cornell University Press, 2008; R. Hammersley, *French Revolutionaries and English Republicans: The Cordeliers Club, 1790-1794*, Woodbridge, Royal Historical Society, 2005.

19. S. Pincus, *1688: The First Modern Revolution*, New Haven-London, Yale University Press, 2009. Vedi anche su questa traccia T. Harris, S. Taylor, *The Final Crisis of the Stuart Monarchy: The Revolutions of 1688-91 in Their British, Atlantic and European Contexts*, London, Boydell Press, 2013.

Proprio il ritorno in forze di una interpretazione *whig* della rivolta nelle colonie costituisce d'altronde il più inquietante campanello d'allarme per la centralità del 1789, perché in buona sostanza anticipa al Settecento addirittura quella mancanza di dialogo tra Stati Uniti ed Europa continentale che dovrebbe eventualmente denotare i tempi recenti soltanto. Suona ulteriore prova al riguardo la circostanza che sempre in questi ultimi anni, giovandosi dell'incrocio tra *Atlantic history* e *global history,*[20] siano in larga crescita le fortune di altre rivoluzioni grosso modo comparse sempre nello stesso arco di tempo di quella americana come di quella francese: un rilievo straordinario ha finito, ad esempio, per assumere la vicenda di Santo Domingo, la cui rivoluzione ha prontamente acquisito una specifica fisionomia e una piena autosufficienza, tanto da essere posta sullo stesso piano delle altre due[21] e da risultare, pertanto, un altro modo ancora di configurare una modernità policentrica, che vien proposta quale il frutto maturo di un approccio appunto globale alla vicenda storica.[22] E lo stesso discorso, di rimbalzo, si è ve-

20. Vedi a questo riguardo le note di P.A. Coclanis, *Atlantic World or Atlantic/World*, in «William and Mary Quarterly», 63 (2006), pp. 725-742, nonché J. Cañizares Esguerra, E.R. Seeman, *The Atlantic in Global History, 1500-2000*, Upoper Saddle River, Pearson, 2007, dove la storia atlantica, pur non essendo qualificata come una storia globale, viene non di meno inserita in quel contesto perché riconoscerebbe la necessità di un approccio globale al processo storico. Vedi inoltre, a carattere riassuntivo, K.O. Kupperman, *The Atlantic in World History*, Oxford, Oxford University Press, 2012.

21. È questo il caso del recente *Revolution! The Atlantic World Reborn*, eds. T. Bender., L. Dubois, R. Rabinowitz, London, D. Giles, 2011, mentre va sottolineato come in altro caso essa abbia finito addirittura per soppiantare la Rivoluzione francese, la cui dinamica politica uscirebbe pertanto dalla dimensione atlantica: vedi a tal riguardo J.K. Thornton, *A Cultural History of the Atlantic World, 1250-1820*, Cambridge, Cambridge University Press, 2012, dove tutto il capitolo dal titolo *The Revolutionary Moment in the Atlantic*, alle pp. 464-524 non fa pressoché cenno alla Rivoluzione francese.

22. Sul punto, si veda a carattere riassuntivo del ritorno d'interesse verso la rivoluzione nell'isola caraibica, *The World of the Haitian Revolution*, eds. D.P. Geggus, N. Fiering, Bloomington, Indiana University Press, 2009 e sempre dello stesso D.P. Geggus, *The Impact of the Haitian Revolution in the Atlantic World*, Columbia, University of South Carolina Press, 2001. L'intervento di maggior spessore sembra ancor oggi essere quello di C.E. Fick, *The Making of Haiti: The Saint Domingue Revolution from Below*, Knoxville University of Tennessee Press, 1990. Più di recente, per una lettura maggiormente attenta all'impatto del 1789 di Francia sulla dinamica politica di Santo Domingo, il rinvio sia a J. Popkin, *A Coincise History of the Haitian Revolution*, London, Wiley, 2012, ma anche – se non soprattutto – ad alcuni saggi contenuti in A.J. Sepinwall, *Haitian History. New Perspectives*, London, Routledge, 2012. Circa la centralità della vicenda rivoluzionaria di

nuto sviluppando per il variegato mondo ispano-lusitano, dove proprio il tema della schiavitù, nella forma del commercio degli esseri umani e dello sfruttamento della loro mano d'opera, ma anche dell'esempio che la vicenda di Haiti avrebbe avuto sulla popolazione nera dell'intero continente, ha finito per consentire di proporre una storia diversa e al tempo stesso profondamente originale dei movimenti di emancipazione politica che agli inizi del XIX secolo presero forma nel nuovo mondo.

E tuttavia, non sia inutile ricordare come proprio questa nuova prospettiva, sulla quale si troverà il modo di tornare, abbia consentito di declinare in termini orizzontali la cosiddetta età delle rivoluzioni, negando la primazia politica ad un evento rispetto all'altro, per affrontare in termini globali la questione dei profondi cambiamenti intercorsi tra XVIII e XIX secolo. Un significativo esempio al riguardo offrono i saggi curati qualche anno addietro da David Armitage e Sanjay Subrahmanyam, che affrontando l'età 1760-1840 in una chiave globale dichiarano esaurito il nesso 1776-1789, perché i due eventi sarebbero così distanti e diversi che solo un generico concetto di rivoluzione potrebbe ambedue comprendere. In luogo di questo stantio legame, i due, sottolineando la declinazione eurocentrica sia della lontana opera di Robert Palmer sia di quella di Hobsbawm,[23] puntano invece a sottolineare l'esistenza di una pluralità di crisi nel mondo a cavaliere del secolo XIX, ciascuna delle quali sarebbe entrata in diretta correlazione con le altre e per questa via giungono a smentire che il 1789 potesse essere l'elemento di diffusione della vicenda rivoluzionaria che negli anni tra il 1770 e il 1830 era destinata a scuotere l'intero pianeta.[24]

Le considerazioni dello stesso Armitage – secondo il quale nessuno potrebbe più escludere la dimensione atlantica nella ricerca storica di età moderna – sono tra l'altro divenute una sorta di luogo comune, che riflette quanto negli ultimi tempi uno spazio geografico, anche se definito secondo le caratteristiche originali proprie d'ogni declinazione economico-sociale nonché culturale, sia divenuto un elemento di netta preminenza sullo spazio politico. Lo prova, tornando a fare rotta nei mari a noi vicini, la circo-

Santo Domingo nella storia della schiavitù, si veda invece R. Blackburn, *The American Crucible. Slavery, Emancipation and Human Rights*, London, Verso, 2013, pp. 173-219.

23. R.R. Palmer, *The Age of the Democratic Revolution: A Political History of Europe and America, 1760-1800*, Princeton, Princeton University Press, 1962 e E.J. Hobsbawm, *The Age of Revolution: Europe 1789-1848*, London, Abacus, 1962.

24. D. Armitage, S. Subrahmanyam, *The Age of Revolutions in Global Context, C. 1760-1840*, New York, Palgrave, 2010.

stanza che in parallelo – ma sostanzialmente come una risposta allineata alle nuove prospettive interpretative dischiuse dall'incrocio tra l'approccio atlantico e quello globale – nell'Europa continentale abbia invece preso forza una dimensione stavolta mediterranea nello studio del passato, volta a infrangere barriere politico-culturali a tutto vantaggio d'un approccio storiografico a sua volta complessivo nel quale le tradizionali differenze (e contrapposizioni) siano poste scrupolosamente da parte.[25] In definitiva, non sia inutile concludere come ricordando che le storie caratterizzate da un'aggettivazione geografica siano la risposta, fin troppo dichiarata, alle tradizionali storiografie nazionali, perché proprio il rifiuto dello Stato-nazione quale involucro dove con il secolo XIX le ricostruzioni storiche avrebbero preso ad aver luogo, costituisce – e da tempo ormai – un chiaro obiettivo polemico.[26]

La conferma della scala di valori che questo nuovo indirizzo finisce così per introdurre viene offerta dal più prestigioso studioso della rivoluzione nera di Santo Domingo, Laurent Dubois, il quale, qualche tempo addietro, si è spinto sino ad asserire che la Rivoluzione francese fu a sua volta una rivoluzione intrinsecamente atlantica, ossia non prese forma solo in quello spazio, ma a quell'ambito stesso dovette le ragioni stesse della sua comparsa. Insomma, la Rivoluzione francese «was not just part of an era of Atlantic revolutions that connected it to the American revolution, as Robert Palmer argued decades ago… it was itself, constitutively, Atlantic in its foundations and in its course».[27]

In altre parole, per Dubois sarebbe l'esistenza economica in una prospettiva transoceanica della Francia del XVIII secolo a costituire il presupposto perché il suo mondo politico, nella declinazione d'antico regime prima e rivoluzionaria poi, divenisse espressione di un sistema le cui coordinate sono tutte rintracciabili lungo le coste atlantiche. In breve: la rivoluzione non avrebbe avuto luogo se l'economia non fosse stata fondata sulle ricchezze del nuovo mondo e non avesse dunque risentito della crisi internazionale seguita alla guerra dei sette anni, così come non avrebbe avuto l'esito che conobbe se la rivolta nera di Santo Domingo non avesse

25. Si veda a questo riguardo i saggi contenuti in W.V. Harris, *Rethinking the Mediterranean*, Oxford, Oxford University Press, 2005.

26. Esemplari, a tal proposito, le parole di D. Abulafia, *Mediterranean History as Global History*, in «History and Theory», 50 (2011), pp. 220-228.

27. L. Dubois, *An Atlantic Revolution*, in «French Historical Studies», 32 (2009), pp. 655-661.

finito per costringere Bonaparte primo console a orientare in termini diversi le strategie della Francia su scala internazionale.

Si tratta di un discorso che se certo non va esente da possibili rilievi dispone, non di meno, del pregio di individuare uno spazio geografico ed economico di riferimento, il cui movimento è regolato da una meccanica politica che la crisi finanziaria improvvisamente incepperebbe: da qui una deriva rivoluzionaria le cui forme sarebbero sì diverse, ma la cui medesima origine permetterebbe di comparare. Non a caso, giusto qualche anno addietro, Wim Klooster ha potuto proporre una storia delle rivoluzioni atlantiche, tornando dunque sulla lontana fatica di Palmer per integrarla – oltre alle rivoluzioni d'America e di Francia vi sono aggiunte quella di Santo Domingo e le molteplici guerre d'indipendenza ispanoamericane[28] – ma al tempo stesso contrapporvisi, perché esse son tutte poste sullo stesso piano, vivon tutte di vita propria e le similitudini hanno nettamente la meglio sui punti di contatto. Quattro le linee guida attorno alle quali Klooster sviluppa la propria storia comparata: tutte le rivoluzioni occorse nel mondo atlantico avrebbero avuto inizio nel quadro di un conflitto militare di drammatica onerosità per le collettività locali e tutte sarebbero inoltre state prive di un determinato obiettivo, tanto da concludersi nelle modalità che la congiuntura politica avrebbe volta a volta consentito loro, tutte avrebbero poi mancato di un'ampia partecipazione (perché la guerra civile divampò ogni dove indicando come il dissenso verso le rivoluzioni sempre mantenesse un largo sostegno) e soprattutto tutte avrebbero in larga misura escluso il modello democratico dal loro orizzonte programmatico.[29]

Lungo queste direttrici, la lontana fatica di Palmer finisce per esser relegata nella soffitta dei vecchi utensili storiografici, classificata come una sorta di meritorio antecedente, perché avrebbe posto il problema, al quale avrebbe, non di meno, offerto una risposta sbagliata. Sarebbero infatti state le assenze, ossia la mancanza di determinati, tradizionali prerequisiti ad uniformare le differenti vicende rivoluzionarie e il vento

28. Circa la pluralità delle vicende rivoluzionarie che portarono alla dissoluzione dell'Impero spagnolo si veda tra gli ultimi interventi J.E. Rodriguez O., *The Independence of Spanish America*, Cambridge, Cambridge University Press, 2008 e J. Adelman, *Sovereignty and Revolution in the Iberian Atlantic*, Princeton, Princeton University Press, 2006.

29. W. Klooster, *Revolutions in the Atlantic World. A Comparative History*, New York, New York University Press, 2010. Per alcuni interventi critici sul suo lavoro, si vedano tra le altre, le recensioni di T.J. Coates, in «Entreprise & Society», 11 (2010), pp. 405-406 e di C. Hodson, in «Atlantic Studies», 8 (2011), pp. 125-127.

del cambiamento, che pure si produsse, sarebbe stata occasionale conseguenza anziché la conclusione di un chiaro progetto politico alla mente dei protagonisti di quelle vicende. In definitiva, ad avere un ruolo preponderante nel dramma delle rivolte insorte in area atlantica sarebbe stata giusto la violenta crisi che una condizione di guerra «mondiale» a lungo protrattasi era destinata a scatenare in un quadro che sino ad allora era stato di costante crescita economica.

Da qui, la tendenza di tutti questi movimenti a puntare verso l'indipendenza, che sarebbe altra cosa dalla democrazia e rifletterebbe la mera volontà da parte di alcuni gruppi di uscire – per via insurrezionale e mediante la creazione di nuove statualità – dalla crisi in cui erano nel frattempo precipitati, prontamente orientandosi inoltre verso una soluzione d'ordine, quando non apertamente autoritaria, che era poi l'unica capace di garantire le conquiste nel frattempo ottenute. In ogni caso – ed è un punto che preme sottolineare – in questa comparazione dei singoli avvenimenti la politica non fa certo la parte del leone, perché le vicende sembrano addirittura mancare delle profonde idealità proprie di rivoluzioni che pure avevano tratti volutamente universalistici e i precedenti intellettuali delle stesse sono largamente svalutati: la tradizione del Settecento riformatore – nonostante costituisca un tema che la crisi della rivoluzione quale soggetto storiografico in sé abbia finito per indirettamente molto rilanciare[30]– viene infatti liquidata quale un arsenale di parole d'ordine all'interno del quale scegliere alla bisogna quelle che più convenissero, ma tutto ciò spesso indipendentemente dal profondo coinvolgimento emotivo e ideologico in quelle che pure vennero pronunciate.

In questo modo la proposta di Klooster consente di misurare quanto tempo sia trascorso dalle tesi di Robert Roswell Palmer con le quali si pone a confronto: quella lontana fatica, all'alba degli anni Sessanta del secolo scorso, suggeriva un precedente storico di libertà nell'Atlantico di fine Settecento e soprattutto stabiliva un ordine di merito nei fatti rivoluzionari, che si sarebbero portati da un lato all'altro dell'Atlantico, da occidente verso oriente, dal nuovo al vecchio mondo e proprio in ossequio a quel tragitto impostava sotto il segno dell'insanabile contrasto tra aristocrazia e demo-

30. Sul punto si vedano le note di D. Van Kley, *Religion and the Age of «Patriot» Reform*, in «Journal of Modern History», 80 (2008), pp. 252-295 e i saggi raccolti in *Enlightened Reform in Southern Europe and Its Atlantic Colonies, C. 1750-1830*, ed. G. Paquette, London, Ashgate, 2009.

crazia la trasformazione di quell'area. A distanza di cinquant'anni, non è difficile concludere come della sua proposta – in questo mezzo secolo di tempo sempre citata, ma per la verità assai poco utilizzata – poco o nulla si conservi: e il facile rilievo che in quel suo voluminoso lavoro manchi ogni riferimento all'America centro-meridionale (vi è pochissimo di Haiti e nulla del mondo ispanico)[31] non può indurre a cancellare l'impressione di quanto la parte migliore della sua fatica – quella dove indicava una linea di ricerca fondata sul nesso tra la Rivoluzione americana e quella francese – non solo sia andata perduta, ma venga in qualche modo addirittura deprecata, perché suona come argomento ormai inutile quando non infondato ed appare largamente superato da un indirizzo di studio che potremmo definire sotto il segno di un egualitarismo storiografico intra-rivoluzionario.[32]

Non sembri invece banale ricordare, una volta di più, come esistano delle questioni di scala, ossia delle precise gerarchie nelle vicende storiche e che mai si dovrebbe far strame del peso delle forze concrete che definiscono, alla volta, la qualità, la direzione e la densità stessa delle connessioni attorno alle quali viene prendendo forma un comune spazio politico.[33] In altre parole, non tutte le rivoluzioni sono eguali: perché se è vero che tutte nascono come sedizioni, sollevazioni, rivolte e insurrezioni, poche arrivano però a declinare il loro percorso in modo così originale da giungere a distinguersi dai tumulti che pure attraversano ad ogni latitudine tutta la storia moderna. E solo tra queste ultime è eventualmente possibile sviluppare un confronto, che non necessariamente deve tradursi nei termini della comparazione, una prospettiva che sul terreno delle identità rivoluzionarie si può dimostrare tanto intrigante quanto fuorviante. Anzi: quanto sin qui detto suggerisce di lasciar da parte quell'indirizzo per insistere invece – in un primo momento soltanto, però – su un altro lato della riflessione storica, che è rappresentato dalle contaminazioni reciproche, ossia dagli intrecci che (direttamente oppure indirettamente soltanto) singole congiunture po-

31. Vedi a questo riguardo alcune considerazioni di J. Adelman, *An Age of Imperial Revolutions*, in «American Historical Review», 113 (2008), in particolare pp. 320-321.

32. Sull'opera di Palmer a cinquanta anni di distanza si vedano, per una rassegna in lingua italiana, gli interventi raccolti sotto il titolo *L'era delle rivoluzioni democratiche, di Robert R. Palmer* in «Contemporanea», 10 (2007), pp. 125-156, nonché la tavola rotonda curata da M. Mariano, *Il Mondo atlantico tra storia moderna e contemporanea: periodizzazioni, confini, parole chiave*, in «Ricerche di storia politica», 16 (2013), pp. 199-210.

33. J.P. Zuniga, *L'Histoire impériale à l'heure de l'«histoire globale»*, in «Revue d'histoire moderne et contemporaine», 5 (2007), pp. 54-68.

litiche possono aver finito per sviluppare da un lato all'altro dell'Atlantico mediante un intricato gioco di rimbalzi.

In altre parole: per quanto qui più direttamente preme, ossia nel quadro di uno spazio in rivolta dischiusosi tra Sette e Ottocento d'un lato all'altro dell'oceano, bene sarebbe affrontare il tema scegliendo di parlare – come ha suggerito di recente con una intuizione di grande rilievo Pierre Serna[34] – non tanto di rivoluzioni atlantiche, bensì di repubbliche atlantiche. Su questo terreno propriamente istituzionale – ossia sotto il segno di una forma di statualità affatto originale rispetto al passato – non sarebbe allora difficile cogliere un grande cambiamento politico (le repubbliche di fine Settecento non somigliano d'altronde a quelle di età moderna), mentre sempre nel medesimo ambito diverrebbe possibile metter da canto ogni ipotesi comparatistica per operare invece un accostamento tra i differenti passaggi politici circolati in area atlantica seguendo il ritmo vorticoso delle differenti congiunture internazionali.

D'un lato abbiamo infatti gli Stati Uniti, una repubblica di uguali che nasce a base etnica bianca (perché esclude nel suo stesso atto fondativo pellirosse e africani), dall'altro, diametralmente opposto, si colloca Haiti, dove gli iniziali sogni di eguaglianza si sarebbero presto inabissati nella costruzione (mediante lo sterminio dei bianchi) di una entità a base etnica nera e nel mezzo, a far da elemento di raccordo e al tempo stesso snodo delle molteplici tensioni manifestatesi nell'area atlantica, vi è una nuova Francia, che da subito guarda con un entusiasmo pari alla deferenza alla Rivoluzione americana, ma che deciderà di imitarla sul terreno istituzionale solo quando la sfida degli insorti neri a Santo Domingo del tardo 1791 dimostrerà come la monarchia costituzionale fosse un impossibile equilibrio.

Queste tre repubbliche, comparse l'una dopo l'altra nel breve arco di tempo d'un quarto di secolo, rivelano pertanto nella loro fase costitutiva una pluralità di intrecci che valgono, da soli, a definire un preciso terreno di studio, dove l'interesse per le pratiche politiche, dominate dalla reciprocità delle influenze, sembra di gran lunga più promettente di quanto non possa invece suggerire la declinazione cronologica o territoriale soltanto dei fatti rivoluzionari. In sé la cosa non è certo nuova, perché proprio il

34. Vedi a questo riguardo la sua introduzione a P. Serna, A. De Francesco, J.A. Miller, *Republics at War. Revolutions, Conflicts and Geopolitics in Europe and the Atlantic World*, Basingstoke, Palgrave, 2013, pp. 1-23, nonché sempre del medesimo *Every Revolution is a War of Independence*, in *The French Revolution in Global Perspective*, eds. S. Desan, L. Hunt, W.M. Nelson, Ithaca, Cornell University Press, 2013, pp. 165-182.

grande ritorno di interesse verso il caso di Haiti ha finito per porre le vicende di Santo Domingo di fine secolo XVIII qual crocevia dei futuri destini delle grandi potenze che facevano affaccio sull'Atlantico. Sarà, per esempio, proprio la spina nel fianco della rivolta nera a indurre la repubblica francese, nel quadro del profondo processo di democratizzazione dischiuso dal crollo della monarchia, a dichiarare l'emancipazione delle popolazioni di colore su tutto il proprio territorio, mentre saranno le necessità di rompere un possibile asse tra Stati Uniti e Gran Bretagna a indurre Bonaparte primo console a profittare della breve pace di Amiens per dare esecuzione, mediante l'invasione militare di Santo Domingo, al decreto che reintroduceva la schiavitù nelle colonie.[35] Di più: soltanto il fallimento di quel tentativo avrebbe portato alla nascita della repubblica nera di Haiti, perché in precedenza Toussaint Louverture aveva dimostrato un largo interesse a mantenere il proprio incontrastato potere nell'alveo protettivo di una nominale appartenenza alla repubblica francese,[36] non solo: sempre le difficoltà incontrate nell'isola dalla spedizione affidata da Bonaparte prima a Leclerc e poi a Rochambeau, assieme alla certezza che le ostilità con la Gran Bretagna sarebbero presto riprese, avrebbero indotto il primo console a vita a pressoché regalare la Louisiana agli Stati Uniti, i quali, giusto in cambio di una auspicata alleanza nelle future ostilità, si sarebbero ritrovati senza del tutto saperlo in possesso delle chiavi che dischiudevano la porta all'espansione senza altri ostacoli verso occidente. E ancora: mentre sarebbe largamente segnato dal senno del poi cogliere in quel frangente il destino essenzialmente europeo del futuro Impero dei francesi,[37] non di meno una facile intesa proprio con la Gran Bretagna nella preclusione verso Haiti, la cui nascita non arrivò certo a porre in discussione la schiavitù nel continente americano, proprio perché le grandi potenze avrebbero subito circoscritto la nuova repubblica nera al ruolo di una minuscola e insignificante eccezione del processo storico nel nuovo mondo.[38] La nascita di Haiti, che oggi ap-

35. Vedi a questo proposito gli interventi raccolti in *Napoléon, l'esclavage et les colonies*, ed. T. Lentz, Paris, Fayard, 2006.

36. Utile a tal riguardo J. Gaffield, *Complexities of Imagining Haiti: A Study of National Constitutions, 1801-1807*, in «Journal of Social History», 41 (2007), pp. 81-103.

37. È quanto ancora suggerisce N. Dessens, *Napoleon and Louisiana: New Atlantic Perspectives*, in *Napoleon's Atlantic. The Impact of Napoleonic Empire in the Atlantic World*, eds. C. Brelaubre, J. Dym, J. Savage,Leiden, Brill, 2010, in part. p. 65.

38. Da qui la nascita della vulgata circa la dimensione solo caotica della rivoluzione haitiana che avrebbe a lungo dominato la storiografia internazionale. Vedi a questo proposi-

pare pertanto come un precedente decisivo, attorno al quale ruotò il declino della schiavitù nel nuovo mondo, sembrò allora ai gruppi di potere del quadro atlantico solo una fastidiosa presenza, i cui timori di contagio non dovevano essere sottovalutati, ma neppure esagerati.[39] E di nuovo ancora: proprio la necessità per la Francia ormai imperiale di tenere alto il proprio profilo atlantico nell'intento di contrastare con successo il potere navale di Londra la avrebbe indotta ad intervenire in forze nella questione dinastica spagnola, trasformando quello che era un docile, ma inconsistente alleato in un'altra componente del nuovo sistema di potere napoleonico. Le conseguenze sarebbero però state tanto imprevedibili quanto devastanti, perché la destituzione dei Borbone e la salita al trono, nel 1808, di Giuseppe Bonaparte avrebbero favorito, mediante la guerra di indipendenza, la nascita del costituzionalismo spagnolo e il primo esperimento di libertà in tutto l'Impero, di qua come di là dell'Atlantico.[40] E tuttavia, a questo proposito, neppure andrebbe scordato di sottolineare l'importanza dell'invasione

to M.R. Trouillot, *Silencing the Past. Power and the Production of History*, Boston, Beacon Press, 1995, pp. 88-107.

39. Si veda, sui timori che le vicende di Haiti generarono nei giovani Stati Uniti, A. White, *Encountering Revolution: Haiti and the Making of the Early Republic*, Baltimore, John Hopkins University Press, 2010. Si aggiungano, per l'impatto che gli avvenimenti nell'isola ebbero in varie parti del continente americano oltre al già citato D.P. Geggus, *Impact of the Haitian Revolution in the Atlantic World*, S. Fischer, *Modernity Disavowed: Haiti and the Cultures of Slavery in the Age of Revolution,* Durham, Duke University Press, 2004, nonché *A Turbulent Time. The French Revolution and the Greater Caribbean*, eds. D.P. Geggus, B. Gaspar, Bloomington, Indiana University Press, 2007.

40. Vedi a questo proposito J.M. Portillo Valdés, *Crisis atlántica. Autonomía e independen cia en la crisis de la monarquía hispana*, Madrid, Marcial Pons, 2006, dove si sottolinea il largo impatto – per contrasto – del continente americano nella costruzione della nazionalità spagnola. Al riguardo si veda anche come naturale estensione di questo suo lavoro *El sueño criollo. La formación del doble constitucionalismo en el País Vasco y Navarra*, San Sebastián, Nerea, 2006. Si veda inoltre, per una lettura che tende a fare del costituzionalismo spagnolo un altro volto, affatto originale, degli sviluppi della libertà, nel vecchio come nel nuovo continente, il recente lavoro di J.B. Busaall, *Le spectre du jacobinisme. L'experience constitutionnelle française et le premier libéralisme espagnol*, Madrid, Casa de Velázquez, 2012, dove alla p. 23: «Le fait que de nombreuses constitutions furent redigées après 1789 n'est pas en soi une preuve d'*afrancesamiento* de l'Occident. Aussi, l'analyse du moment auquel la mutation devient perceptible permet de savoir si celle-ci résulte en plus d'un phénomène d'acculturation. Considérer que dans le cas espagnol celle-ci est pour le moins douteuse du point de vue juridique, ne conduit donc pas à relever une exception espagnole mais à comprendre un autre processus d'évolution qui, en incluant l'Amérique hispanique, a concerné la moitié du monde occidental».

francese al riguardo: è vero che questo tema ricorre puntualmente nelle trattazioni che concernono le origini del crollo dell'Impero spagnolo,[41] ma assai di rado vi viene sottolineato il ruolo che vi avrebbe giocato la politica napoleonica.[42] La scelta di rovesciare i Borbone nasceva infatti dal timore che questi ultimi potessero seguire l'esempio del re portoghese di trovar rifugio in Brasile e si proponeva, mediante il cambio della dinastia, di impedire che il nuovo mondo potesse divenire una sorta di santuario del passatismo, l'ultimo rifugio dell'antico regime, dove le monarchie reazionarie dell'intera penisola iberica avrebbero certo potuto – grazie alla puntuale protezione inglese – mantenere viva la minaccia nei confronti della potenza francese. Non è casuale a questo proposito che la politica della mano tesa alle élite del luogo – un elemento che puntualmente ricorre nelle varie fasi dell'espansionismo napoleonico – facesse la propria comparsa in Spagna per il tramite della costituzione di Baiona, dove si tentava di cooptare i tradizionali gruppi di potere, clero incluso, nel quadro di un progetto di governo modernizzatore. Per l'occasione, si stabiliva infatti una composizione delle Cortes che recuperava la tradizionale tripartizione d'antico regime, dove la composizione del terzo stato era assegnata con rigidi criteri proporzionali a proprietari, commercianti ed esponenti delle professioni liberali,[43] cui si aggiungevano, in rappresentanza dei regni e delle province d'America e d'Asia, altri 22 deputati. E proprio il titolo X della carta si incaricava di specificare il nuovo ruolo delle Americhe nel quadro della monarchia iberica: ai territori d'oltremare venivano concessi i medesimi

41. Esemplare a questo riguardo F.X. Guerra, *La desintegración de la monarquía hispánica: la revolución de independencia*, in *De los imperios a las naciones: IberoAmerica*, eds. F.X. Guerra, L. Castro Leiva, A. Annino, Zaragoza, IberCaja, 1994, in particolare alle pp. 198-199.

42. Si vedano le considerazioni introduttive in *Debates sobre las independencias iberoamericanas*, eds. M. Chust, J.A. Serrano, Madrid, Iberoamericana, 2007, pp. 9-25. Ma vedi anche G. Paquette, *The Dissolution of the Spanish Atlantic Monarchy*, in «The Historical Journal», 1 (2009), in particolare pp. 203-204.

43. Importante stabilire un puntuale raffronto con le carte costituzionali date da Bonaparte prima, nel 1802, alla repubblica italiana e quindi, proprio da Baiona e sempre nel 1808, al regno di Napoli: il precedente di Milano, dove era chiaro il tentativo di chiamare a raccolta le sole componenti sociali sulle quali si potesse far conto, veniva replicato nel cattolicissimo mondo borbonico avendo non a caso cura di aggiungervi la rappresentanza anche degli antichi due Stati d'antico regime. Su tutto questo si veda il mio *L'Italia di Bonaparte. Politica, statualità e nazione nella penisola tra due rivoluzioni, 1796-1821*, Torino, Utet, 2011.

diritti della metropoli, mentre si riconosceva loro una piena autonomia di governo e una pari libertà d'industria e commercio.[44]

Era una svolta nei rapporti tra le due componenti della monarchia spagnola destinata a produrre limitati effetti, perché la pronta resistenza al fatto compiuto si trasferì rapidamente dal vecchio al nuovo mondo, dove le autorità di governo guardarono con sospetto ai cambiamenti che il nuovo ordine napoleonico lasciava intravvedere.[45] Prova ne sia che lo stesso Napoleone si vide presto costretto a rilanciare inviando emissari nel nuovo mondo che promettessero alle autorità locali il pieno rispetto della libertà creola, il pronto invio di aiuti militari, nonché il mantenimento di tutte le imposte nel suolo americano. Di lì a breve, poi, quando già appariva chiaro che la strenua resistenza opposta nella penisola iberica bloccava il disegno di un Impero ispanico profondamente rinnovato e solidale con la Francia, Napoleone si decise a giocare la carta dell'indipendenza americana. Nel dicembre del 1809, con una pubblica dichiarazione, ricordando le benemerenze francesi nella nascita degli Stati Uniti d'America, l'imperatore dava la propria piena disponibilità ad appoggiare la nascita di repubbliche sudamericane del tutto distinte dalla madre patria.[46]

Di questa articolata linea politica – e del peso che precedenti siffatti avrebbero avuto nella trasformazione del conflitto politico in terra americana da una resistenza a sostegno del legittimo re Borbone in una lotta per l'acquisizione della piena sovranità – in storiografia non sembra però molto restare: dapprima l'ondata nazionalista, volta a cancellare ogni influenza straniera sulla via dell'indipendenza, quindi, in tempi più recenti, una linea di ricerca orientata a sottolineare l'originalità del contributo latinoamericano alla stagione rivoluzionaria,[47] hanno in pari misura contribuito

44. Si veda a questo riguardo lavori lontani quali W.S. Robertson, *France and Latin American Indipendence*, Baltimore, The John Hopkins Press, 1939 e *Bayona y la política de Napoleón en América*, ed. C. Parra-Perez, Caracas, Tipografía Americana, 1939.

45. Un utile esempio, a questo riguardo, è T. Hawkins, *Napoleonic Subversion and Imperial Defense in Central America, 1808-1812*, in *Napoleon's Atlantic*, in particolare pp. 97-117.

46. A tal riguardo, facendo la tara dell'acceso nazionalismo che contraddistingue quelle pagine, si veda E. de Gandía, *Napoleón y la independencia de América*, Buenos Aires, Ediciones Zamora, 1955, pp. 192-210, cui giova aggiungere, sul versante opposto, il filo-francese C.A. Villanueva, *Historia y diplomacia. Napoleón y la independencia de América*, Paris, Garnier, 1911, pp. 212-215.

47. *Las independencias iberoamericanas en su laberinto. Controversias, cue- stiones, interpretaciones*, ed. M. Chust, Valencia, Publicacions de la Universitat de València, 2010, pp. 15-23.

a lasciarla in disparte, facendole soffrire le scarse attenzioni riservate, soprattutto nel nuovo mondo, ai cosiddetti *afrancesados*.[48]

E tuttavia, l'interesse di Napoleone verso l'indipendenza ispanica sembra d'un lato proseguire aspettative e ambizioni della giovane repubblica francese – già Brissot, come si vedrà in seguito, aveva ipotizzato un intervento delle armi francesi in tutto il mondo ispanico – e dall'altro, pur nel fallimento dei suoi progetti, portare a chiudere in qualche modo il cerchio avviato dal 1776. Nel continente americano, infatti, le repubbliche che a seguito di drammatici conflitti intestini sarebbero infine emerse dalla dissoluzione dell'Impero ispanico avrebbero portato dentro di sé tutte le principali contraddizioni delle nuove statualità sorte all'interno dell'area atlantica nella stagione immediatamente antecedente: anche in quell'ambito, d'altronde, i temi della sovranità e della cittadinanza non sarebbero andati indenni dal confronto con una questione razziale che si è visto, con la propria brutale messa all'ordine del giorno nel tardo 1791, in qualche modo costringere a regolare sul quadrante dell'ordine gli equilibri repubblicani volta a volta raggiunti.

Non di meno – ed è questo l'ultimo punto sul quale seppur brevemente conviene sostare – il quadro qui descritto, che vorrebbe sostituire l'interazione alla comparazione, rimane molto asimmetrico, proprio perché nella loro capacità di una reciproca influenza il differenziale tra le differenti repubbliche apparve presto profondo.[49]

E tuttavia, proprio questo grave squilibrio nell'interazione dei differenti processi politici implica come, in fin dei conti, ad una gerarchia si debba in ogni caso tornare e come questa non possa che inevitabilmente fare perno su quell'asse tra Stati Uniti e Francia attorno al quale Palmer avrebbe a suo tempo costruito la propria ponderosa fatica. Non di meno, proprio la dimensione repubblicana, alla cui luce si è provato a leggere il profilo delle rivoluzioni atlantiche tra Sette e Ottocento, consente di tornare con ben altra forza su quel nesso, in qualche modo rovesciando gli equilibri a tutto vantaggio della repubblica statunitense a suo tempo

48. Dove si è nella sostanza fermi a M. Artola, *Los afrancesados y América*, in «Revista de Indias», 10 (1949), pp. 541-597.

49. Riprendo qui, applicandole al quadro delle pratiche politiche, alcune brillanti considerazioni di J.F. Schaub, *Notes on Some Discontents in the Historical Narrative*, in *Writing the History of the Global. Challenges for the 21st Century*, ed. M. Berg, Oxford, Oxford University Press, 2013, pp. 48-65, dove alla p. 51 si parla delle asimmetrie come «the differential between diverse societies in their capacity to be influential upon one another».

suggeriti da Palmer. Se infatti si abbandona il tradizionale incrocio tra il 1776 e il 1789 – sul quale quanti si riconoscevano nell'idea di rivoluzioni atlantiche non avrebbero mancato di restare – per preferirgli quello, più propriamente repubblicano, tra il 1787 e il 1792 o meglio ancora per sviluppare un confronto a distanza tra i processi politici dei due paesi lungo tutta l'ultima decade del secolo XVIII, le reciproche influenze non solo si moltiplicano, ma assumono un significato per larghi tratti diverso rispetto a quello tradizionalmente proposto e di conseguenza una valenza che meriterebbe ancora approfondire.

Non vi è infatti dubbio che fino al 1792 gli Stati Uniti rappresentassero un mito per tutti i rivoluzionari di Francia, sia per quello che sarebbe divenuto il partito fayettista, sia per il mondo giacobino nel suo insieme.[50] Anzi, il duro scontro all'interno della nuova Assemblea Legislativa tra gli uni che rientravano nel cosiddetto universo fogliante – e gli altri[51] avvenne, non certo a caso, anche attorno al concreto significato del nuovo ordine sorto improvvisamente di là dall'Atlantico e prese forza mediante l'identificazione dei giacobini con quei repubblicani d'oltreoceano che sotto la guida di Madison e di Jefferson sfidavano l'intesa tra il presidente Washington e il partito federalista di Hamilton e Jay.[52] Tuttavia, successivamente, proprio con la nascita di una repubblica in Francia, il quadro era destinato a mutare, perché sarebbe stata Parigi ad assumere la guida della democrazia atlantica: ne fa una clamorosa prova lo spericolato tentativo che a mezzo 1793 il primo ambasciatore repubblicano francese in terra americana, il cittadino Genet, avrebbe condotto contro l'esecutivo di Washington. Appena sbarcato a Charleston, proprio in nome della fratellanza repubblicana, egli fece appello alla rete delle società democratiche per favorire una insurrezione sul modello del 10 agosto parigino, che facesse strame del presidente

50. A questo proposito, si vedano le fortune della cultura politica americana nei primi anni rivoluzionari nel mio *Traduzioni e rivoluzione. La storia meravigliosa della prima traduzione francese del* Federalist *(Parigi, Buisson, 1792)*, in «Rivista storica italiana», 123 (2011), pp. 61-110.

51. Si rinvia, per il conflitto politico in seno alla Legislativa, al recente F. Dendena, *I nostri maledetti scranni. Il movimento fogliante tra la fuga di Varennes e la caduta della monarchia (1791-1792)*, Milano, Guerini, 2013.

52. Sul punto mi permetto di rinviare al mio *Federalist Obsession and Jacobin Conspiracy: France and the United States in a Time of Revolution, 1789-1794*, in *Rethinking the Atlantic World. France and America in the Age of the Democratic Revolutions*, eds. M. Albertone, A. De Francesco, London, Palgrave, 2009, pp. 239-256.

Washington e dei federalisti, raffigurando la loro intesa negli stessi termini di quella, andata travolta grazie all'insurrezione del sovrano popolo di Francia, tra Luigi XVI e il gruppo fogliante.

Né il fallimento di quell'avventura, che molto mise in difficoltà Jefferson all'interno dell'esecutivo statunitense, avrebbe fermato il tentativo dei repubblicani di Francia di dettar la linea anche in terra americana: la politica di intromissione, soprattutto all'indomani del Terrore, anche grazie ai buoni uffici di Paine e dell'ambasciatore a Parigi Monroe, sarebbe tornata a prender forma nella pretesa di un'alleanza militare contro la Gran Bretagna, che i presidenti Washington prima e Adams poi sarebbero riusciti con più d'una difficoltà a rintuzzare, ma che avrebbe portato sull'orlo addirittura di una guerra tra le due repubbliche.[53]

E tuttavia, l'esempio della nuova Francia presso la stessa classe politica statunitense mai sarebbe venuto del tutto meno: non ci si faccia trarre in inganno dal facile senno del poi, che porta sempre a retrodatare giudizi e considerazioni e ad intravedere diversità e contrapposizioni laddove invece ancora mancavano. Si stia, a titolo d'esempio, sul punto delle elezioni presidenziali statunitensi del 1801: per l'occasione Jefferson, finalmente trionfando sul partito federalista, dirà di avere fatto una seconda rivoluzione e si proporrà immediatamente come il vero *rassembleur* dei partiti e delle fazioni che avevano inquinato la scena politica statunitense nei primi anni di esercizio della costituzione di Filadelfia. E per l'occasione – con grande scorno di Thomas Paine, il cui rientro negli Stati Uniti gli varrà solo un profondo isolamento e una grande amarezza[54] – Jefferson aprirà in modo plateale ai federalisti sconfitti. In questa linea politica, dove ogni estremismo politico doveva esser messo da parte e si dovevano tagliar le unghie alle conventicole e alle fazioni, non vi è dubbio alcuno che Jefferson – anche se la cosa non viene affatto sottolineata – facesse proprie le parole d'ordine, nonché la strategia del *ralliement* sulle quali il giovane Bonaparte, all'indomani del Brumaio, aveva fondato l'esperimento consolare.[55] Non sia inutile ricordare come questa prospettiva incontri, però,

53. J.R. Sharp, *France and the United States at the End of the Eighteenth Century*, ivi, pp. 203-218.

54. M. Belissa, *La legende grise des dernières années de Thomas Paine en Amérique, 1802- 1809*, in «Annales historiques de la Révolution française», 2 (2010), pp. 133-172.

55. J.L. Pasley, *1800 as a Revolution in Political Culture. Newspapers, Celebrations, Voting and Democratization in the Early Republic*, in *Democracy, Race and the New Republic. The Election of 1800*, eds. J. Horn, J.E. Lewis, P.S. Onuf, Charlottesville, University

le ferme prese di distanza di quanti insistono invece sull'eccezionalismo statunitense e rifiutano ogni nesso tra l'esperienza napoleonica e i paralleli sviluppi della politica statunitense. Va da sé, tuttavia, che il principale punto d'appoggio di quanti vedono nel 1787 (se non addirittura nel 1776) la data di nascita della diversità statunitense si fondi sull'interessato discorso di parte americana, chiarissimo già a far data dalla presentazione della cosiddetta dottrina Monroe e in larga misura ripreso, in parallelo, da questo lato dell'Atlantico, dove l'irripetibile esperienza di libertà degli Stati Uniti veniva utile, dopo il 1815, per respingere ogni ritorno all'antico regime. Non sembri qui fuori luogo ricordare, d'altronde, come la contrapposizione tra Francia e Stati Uniti – ossia tra il ferreo autoritarismo di Napoleone e la rigogliosa libertà del Congresso – nascesse al tempo della Restaurazione soltanto, perché fino agli anni Venti dell'Ottocento furono minime le fortune – poi prepotenti, invece, d'un lato all'altro dell'Atlantico – della *Storia della guerra dell'indipendenza americana* di Carlo Botta (uscita in prima edizione a Parigi nel 1809).[56] E a conferma di tutto questo non sia inutile sottolineare come solo la genialità di un Michele Amari (ormai nell'Italia degli anni Cinquanta), ascrivendo a Carlo Botta una contrapposizione tra Washington e Bonaparte poi sempre puntualmente ripresa, trasformasse quella lontana fatica del 1809 nel manifesto di quanti rifiutavano il centra-

of Virginia Press, 2004, pp. 121-152. Sul punto, indipendentemente dai molteplici interventi succedutisi, mi sembra sempre di particolare significato la ricostruzione prodotta in anni ormai lontani da D. Sisson, *The American Revolution of 1800*, New York, A. Knopf, 1974. Non sia inutile ricordare come questa prospettiva sia largamente in controtendenza rispetto alla vulgata di un Jefferson altro (e ovviamente migliore) rispetto a Bonaparte: indipendentemente dalla scelta di entrambi di tornare a rifarsi a Washington, proclamandosi in maniera più o meno plausibile, uomini che intendevano riunire anziché dividere e dunque uomini di nessun partito, come lo stesso Bonaparte proclamò in occasione del Brumaio, resta l'impressione che la strategia di Jefferson della mano tesa ai federalisti sia una chiara ripresa di quanto dall'altro lato dell'Atlantico il giovane generale aveva fatto tanto sulla destra come sulla sinistra dello schieramento politico.

56. Sia qui solo il caso di ricordare che all'edizione di New York del *Federalist* del 1788 ne tenesse dietro altra solo nel 1799 (che in realtà è la riproposizione dei volumi rimasti nel frattempo invenduti cui si era solo cambiato il frontespizio) e come solo a far data dal 1802, quando agli articoli si aggiunse il discorso sulla neutralità di Hamilton, il testo iniziasse ad avere una prima, concreta visibilità in una chiave che si profilava di dichiarata diversità agli equilibri politici della vecchia Europa. Sul punto si vedano le lontane pagine del 1944, sulle quali conviene comunque sempre tornare, di D. Adair, *The Authorship of the Disputed Federalist Papers* poi ripubblicate in *Fame and the Founding Fathers. Essays by Douglass Adair*, ed. T. Colbourn, New York, Norton, 1974, pp. 27-74.

lismo napoleonico in nome di una politica di libertà e così disinvoltamente mettendo in quota a uno zelante sostenitore di Napoleone I imperatore dei francesi il proprio specifico rifiuto della politica anti-italiana di Napoleone III.[57] In breve – perché qui altro preme – merita però ricordare come le fortune dell'eccezionalismo americano si siano fondate su una tardiva presa di distanze dall'esempio europeo, alla quale concorsero, per motivi tra sé molto differenti, la politica americana, ma anche il ritmo convulso dell'instabilità europea di primo Ottocento: e non sia qui il caso di scomodare pure Tocqueville, la cui genialità rende difficile restringere nei confini dell'interessata ammirazione verso un modello politico di cui non di meno egli stesso era il primo a paventare – e non poco – l'estensione in Europa.

E tuttavia, qualora si tengano a mente questi procedimenti *à rebours* – volti a cogliere in un lontano passato anticipazioni che solo la congiuntura del tempo presente sembrava rendere chiare e lineari – la repubblica francese torna ad esser d'esempio a quella americana molto più di quanto questa non sia riuscita con quella e un simile aspetto suggerisce, presto nei termini stabilizzatori quando non apertamente conservatori, la centralità del modello francese nella costruzione di uno spazio politico atlantico. D'altronde, il debito nei confronti della Francia consolare può esser colto in modo – più grossolano certo, e dunque ancor più vistoso – negli sviluppi della lotta per l'indipendenza di Santo Domingo. Non sia inutile ricordare come l'esito della rivolta contro la schiavitù si concluda con un drammatico processo di avvitamento – il sogno di una libertà universale andrà infatti presto perduto – che rifletteva non di meno, seppur secondo la declinazione che il contesto isolano poteva consentire, i ritmi, i modi e purtroppo anche i nodi della politica francese: Toussaint Louverture a far data dal 1799 non ebbe altro alla mente che l'idea di poter assurgere al ruolo di un Bonaparte nero, perché si proponeva pacificatore dell'isola, d'un lato mediante la coesistenza razziale, ma dall'altro attraverso il ritorno a quelle colture intensive tradizionali che proprio l'insurrezione della mano d'opera schiava aveva travolto.[58] Non solo: anche dopo la deportazione in Francia di Louverture, nel pieno

57. Sulle fortune dell'opera di Botta, in Italia come negli Stati Uniti, il rinvio sia ai saggi raccolti in *Carlo Botta tra guerra d'indipendenza e ordine napoleonico*, a cura di A. De Francesco, Milano, Guerini, 2014, che si propongono di rivedere in più punti la lettura in chiave antinapoleonica offerta dagli studi raccolti in *Il giacobino pentito. Carlo Botta tra Napoleone e Washington*, a cura di L. Canfora e U. Cardinale, Roma-Bari, Laterza, 2010.

58. Si veda il profilo del rivoluzionario nero di D.P. Geggus, *Toussaint Louverture and the Haitian Revolution*, in *Profiles of Revolutionaries in Atlantic History, 1700-1850*,

del confronto in armi con le truppe di Leclerc, i vari Christophe, Gautier, Petion, Dessalines, ossia le guide militari della popolazione nera, si disputarono accanitamente il ruolo di equivalente del primo console Bonaparte nell'isola e dettero più volte prova, seppur con sensibilità differenti, di avere sempre e soltanto alla mente il modello politico della repubblica madre, dalla quale solo i drammatici avvenimenti della guerra li avrebbero spinti a infine separarsi.[59] Questo non significava che la politica haitiana fosse destinata a distinguersi nel breve periodo da quella francese: Dessalines uscito trionfatore del corpo di spedizione inviato da Bonaparte non mancherà di imitarlo di lì a breve, quando – saputo che l'altro era divenuto Napoleone imperatore dei francesi – correrà a fare altrettanto; così come alcuni decenni più tardi Faustin Souluque si riproporrà a sua volta in quelle vesti maldestramente anticipando addirittura il Secondo Impero.[60]

In questo caso si potrebbe obiettare che la colonia di Santo Domingo prima e la repubblica di Haiti poi, nel loro rapporto con la Francia, in nulla finissero per influenzarla e che il meccanismo di asimmetrie di cui si è sopra detto si dimostrerebbe per l'occasione del tutto inconsistente. Tuttavia, le cose non sembrano stare così qualora si punti l'obiettivo sul tema che rimane centrale nell'intera vicenda atlantica qui presa in esame, ossia la guerra. Non vi è infatti dubbio che correndo dal 1776 ai primi decenni del secolo XIX, il quadro sia dominato dai conflitti, siano questi di indipendenza, civili, o più semplicemente rivoluzionari (ché ogni guerra di liberazione non può esser altro che di natura intestina). E su questo terreno la vicenda della rivolta nera di Santo Domingo acquisisce un rilievo che va ben oltre il quadro americano, supera la stessa questione razziale per tradursi nell'esempio – opposto, ma complementare a quello delle colonie inglesi in rivolta – che avrebbe indotto, in Francia, il partito patriottico a muover guerra all'Europa d'antico regime.

Questa considerazione non sembra essere stata ancora sollevata in maniera convinta, perché il tema della guerra rivoluzionaria in Europa si è

eds. W. Weisberger, D.P. Hupchick, D.L. Anderson, New York, Columbia University Press, 2007, pp. 115-135.

59. Sul punto, si vedano alcuni spunti in P. Girard, *Birth of a Nation: The Creation of the Haitian Flag and Haiti's French Revolutionary Heritage* e in D. Jenson, *Dessalines' American Proclamations of Haitian Independence*, ambedue in «Journal of Haitian Studies», 15 (2009), rispettivamente alle pp. 135-150 e 72-102.

60. Sul punto J.F. Brière, *Haiti et la France, 1804-1848: la rêve brisée*, Paris, Khartala, 2008.

sempre sviluppato lungo coordinate – per restare al solo quadro, limitato e tuttavia probante, della storiografia di secolo XX – dove nessuno, da Jaurès in poi, mai avrebbe contestato come quella decisione presto portasse la nuova Francia a perdere la propria innocenza. E non a caso proprio la preoccupazione di salvar la tradizione democratica dall'accusa di mantener ambigui rapporti con il bellicismo bonapartista ha portato a spender parole su parole per distinguere le posizioni di Brissot, che sosteneva le ragioni di una guerra presto all'Europa intera in nome della libertà da consegnare agli altri popoli, da Robespierre, che temeva dalla scelta delle ostilità un drammatico contraccolpo sui precari equilibri politici della Francia in rivoluzione. Senza che nessuno spiegasse perché la dissennatezza dell'uno trionfasse sull'avvedutezza dell'altro: Jaurès vi avrebbe visto una stanchezza rivoluzionaria che avrebbe indotto i patrioti a rivitalizzarla per la via delle armi, Mathiez la spregiudicatezza d'un partito politico, la Gironda, pronta a tutto sacrificare pur di prendere il potere, Soboul (e altri) l'interesse economico e di classe che spingeva alla guerra al mondo intero, Furet la logica eversiva degli equilibri costituzionali e liberali perseguita da un Brissot, pronto a giocar la carta della guerra all'Europa intera pur di vincere il braccio di ferro con la monarchia.[61]

E nessuno che abbia sottolineato come a metter le ali alla tesi di Brissot e a convincere il club dei Giacobini alla scelta delle armi fosse invece la coscienza che la guerra americana avesse dimostrato come solo attraverso le ostilità prendessero forma le repubbliche e quanto, nella Francia di fine 1791 la situazione apparisse simile a quella del 1776 americano. Brissot era infatti convinto della necessità di una guerra non di conquista, bensì preventiva, a fronte di una minaccia controrivoluzionaria che prendeva le sembianze di un mostro a tre teste: d'un lato erano gli emigrati in armi a Coblenza, segretamente sostenuti dall'imperatore Leopoldo, dall'altro le macchinazioni della corte, che favoriva la protesta dei preti refrattari, alimentava i primi movimenti controrivoluzionari nel paese e tramite un sapiente uso del veto, come dell'azione politica dei foglianti, tentava di mortificare la Legislativa a tutto vantaggio dell'esecutivo, ma dall'altro erano le notizie di Santo Domingo, dove la rivolta dei neri gli sembrava una mossa dei piantatori per liquidare la Société des Amis des Noirs, di cui era

61. Ho ricostruito il dibattito storiografico attorno alla guerra nelle pagine introduttive a J.P. Brissot, M. Robespierre, *Discorsi sulla guerra*, a cura di A. De Francesco, Roma, Viella, 2013.

animatore, chiamare in soccorso gli inglesi e stringere in una morsa la rivoluzione. Da qui la richiesta di una guerra che fosse d'indipendenza come quella americana, cui nei propri discorsi, tanto all'Assemblea Legislativa quanto alla società dei Giacobini, avrebbe puntualmente fatto ricorso: le ostilità avrebbero portato a «une nation régénérée, neuve, morale», perché, in definitiva, contro le persistenze dell'antico regime «la guerre seule peut égaliser les têtes et régénérer les âmes». La Francia doveva infatti seguire l'esempio d'oltre oceano, dove «sept ans de guerre ont valu [...] un siècle de moralité», non doveva temere il tradimento dei militari – che avrebbero fatto la stessa fine dell'americano Arnold, il solo a tradire, perché nessuno lo aveva voluto seguire – e non doveva neppure sospettare che un generale vittorioso potesse porre fine alla rivoluzione, perché «Washington n'eut pas trouvé trente soldats pour soutenir ses trahisons. Nos Français valent les Américains et nous n'aurons pas des rois-Washington».[62]

Nelle argomentazioni di Brissot, la guerra d'America diveniva così un'anticipazione del conflitto che in ogni caso attendeva i francesi e valeva ad esorcizzare ogni timore circa la possibilità di imprevedibili conseguenze. In altre parole, la guerra di libertà avviata dai coloni era il precedente che d'un lato doveva rincuorare il patriottismo nell'ora della prova più difficile e dall'altro dimostrare come dalle ostilità potesse nascere l'identità repubblicana del popolo francese. Queste parole tutto dicono di come alle origini della nascita della repubblica in Francia fosse l'esempio statunitense, che trovava però una significativa legittimazione grazie a quanto stava accadendo nella lontana isola caraibica, dove era un equivalente della componente lealista ai tempi del 1776, ossia i coloni bianchi di Santo Domingo, addirittura disposti a darsi all'inglese pur di frenare la svolta democratica.

In questo quadro prendeva forma la decisione di una spedizione in armi nell'isola, che anziché essere di natura repressiva avrebbe dovuto, ancora una volta assumere una valenza liberatoria. Brissot immaginava infatti che le armi francesi avrebbero scompaginato l'intrigo nell'isola – dove la rivolta dei neri era stata abilmente orchestrata dai loro stessi padroni per impedire l'ampliamento dei diritti civili ai mulatti – per costituire un avamposto di libertà nel quadro della auspicata democratizzazione dell'intero nuovo continente. Così, il modello repubblicano della guerra di liber-

62. Per tutto questo rinvio al mio *The American Origins of the French Revolutionary Wars*, in *Republics at War*, pp. 27-45.

tà, importato in Francia dagli Stati Uniti, immediatamente si restituiva nel nuovo mondo con una carica che di lì a breve la nascita della repubblica nel più antico e popoloso Stato del vecchio continente avrebbe reso incontenibile. Sotto questo segno va letta la decisione degli emissari francesi a Santo Domingo, Sonthonax e Polverel, di abolire la schiavitù: una scelta che seguiva sì il ritmo vorticoso del processo democratizzatore sul territorio metropolitano, ma al tempo stesso molto lo condizionava e informava, perché la mossa dei due inviati anziché indurre pressoché obbligò la giovane repubblica all'abolizione della schiavitù su tutto il territorio che altrimenti avrebbe incontrato ben più risoluti ostacoli.[63] In parallelo a quelle vicende, la guerra di libertà che divampò nel vecchio continente vide il concorso di patrioti ispanici della prima ora come Francisco de Miranda, che aveva sì conosciuto Washington, ma il cui esercizio delle armi in chiave patriottica prese forma solo nel 1792, quando avrebbe coadiuvato il generale Dumouriez nelle operazioni militari in Belgio.[64] Non è un caso che di lì a breve proprio il gruppo di Brissot gli avrebbe offerto di capitanare una spedizione militare nel nuovo mondo, con il dichiarato proposito di coinvolgere tutto il continente americano nel conflitto con gli inglesi appena scoppiato.[65] E al di là delle scelte personali di quest'ultimo, che avrebbe preferito rinunciare, va sottolineato come nascesse proprio in quel concitato clima il mito delle crociate di libertà, un tema patriottico che avrebbe poi trionfato, negli anni del Direttorio, grazie all'azione di generali repubblicani quali Hoche, Championnet, Jourdan e soprattutto Bonaparte, la cui prima campagna d'Italia è tutta sotto questo segno.

Sarebbe stata un'esperienza alla quale il generale corso mai si sarebbe interamente sottratto, neppure negli anni a venire, perché se le sue scelte d'ordine lo avrebbero portato a rivedere le posizioni iniziali, resta il fatto che egli avrebbe puntualmente avuto cura di legittimare sotto questo specifico profilo il costante atteggiamento di belligeranza mantenuto sulla scena internazionale. In questo quadro andrebbe letta la sua azione nella penisola iberica e sempre al mito del generale patriota capace di tradursi in una figura politica di governo – costruito, proprio negli anni del

63. J.D. Popkin, *You Are All Free! The Haitian Revolution and the Abolition of Slavery*, Cambridge, Cambridge University Press, 2010.

64. Sulla figura di Miranda, il rinvio sia ora alla biografia di K. Racine, *Francisco de Miranda. A Transatlantic Life in the Age of Revolution*, Wilmington, SR Books, 2003.

65. Villanueva, *Historia y diplomacia*, pp. 63-74.

consolato, attorno al confronto tra Washington e Bonaparte[66] – avrebbero guardato, nel mondo ispanico, quanti sarebbero emersi negli anni successivi alla guida dei movimenti d'indipendenza.[67] La volontà di insistere su una dimensione nazionale da parte dei vari *libertadores* non deve infatti nascondere come quella scelta fosse dettata dalla necessità di prendere le distanze da ogni influenza straniera: ma merita di porre in risalto come, all'indomani dell'indipendenza, nella difficile costruzione delle nuove statualità repubblicane, l'elemento militare tornasse a guardare con interesse alla figura di Bonaparte, inteso quale un uomo d'armi consegnatosi alla politica nell'intento di assicurare stabilità a quel nuovo ordine cui aveva dato un contributo decisivo sui campi di battaglia. Il modello di riferimento diveniva così quello di Bonaparte legislatore, ordinatore di nazioni per la via di una sapiente azione costituzionale che fondasse la nuova sovranità sulla codificazione di un rapporto, certo squilibrato, tra esecutivo e rappresentanza. Nasceva così il mito di un *caudillismo* comunque rispettoso della pratica costituzionale che avrebbe attraversato larga parte dell'esperienza politica del mondo ispanico.[68] Un altro esempio ancora di come gli intrecci tra le vicende repubblicane nel mondo atlantico a cavaliere del XIX secolo siano lontani dall'esser stati interamente disseppelliti dal cumulo di detriti che la storiografia di secolo XX – ispirata, nello studio della Rivoluzione francese, ad altre preoccupazioni rispetto alla dimensione atlantica – ha finito per rovesciarvi.

66. Sul punto rimane fondamentale la lettura di Bronislaw Baczko, ora disponibile in italiano in *Napoleone e Washington*, Roma, Donzelli 2009. Non sia inutile dire che dall'altro lato dell'Atlantico il nesso viene invece puntigliosamente respinto: esemplare al riguardo il recente J. Flinn, S.E. Griffin, *Washington & Napoleon. Leadership in the Age of Revolution*, Washington DC, Potomac Books, 2012, dove si sostiene che i due soldati avrebbero letto il loro ruolo nei termini più convenienti per le loro rispettive società politiche: così, «the American society, tempered by concepts of English rights, allowed republicanism as the ultimate expression of the Enlightenment. French society born out of absolutism and scarred by revolutionary excesses, recognized Enlightenment principles in despotism» (p. XIII).

67. Vedi a questo proposito M. Ricketts, *Spanish American Napoleons: The Transformation of Military Officers into Political Leaders, Peru, 1790-1830*, in *Napoleon's Atlantic*, pp. 209-212 in particolare.

68. E sempre in riferimento al caso del Perù, si veda a questo proposito C. Aljovin de Losada, *Caudillos y constituciones, Perù: 1821-1845*, Lima, Fondo de cultura económica, 2000.

2. Traduzioni e Rivoluzione. La storia meravigliosa della prima versione in francese del *Federalist* (Paris, Buisson, 1792)

Sono note le fortune della rivoluzione americana in terra di Francia: sin dal 1776, si sviluppò una grande attenzione per le notizie politiche d'oltre Oceano, di cui fanno prova i molteplici scritti presto pubblicati sulle origini del conflitto, attorno al significato dello stesso e soprattutto circa le immediate conseguenze d'ordine costituzionale cui avrebbe condotto la rivolta delle colonie. La nascita di una repubblica affatto diversa da quelle presenti in Europa determinò in Francia una straordinaria mobilitazione di scrittori e stampatori, i quali vollero rifornire di nuovi testi un mercato editoriale che sull'argomento sembrava oltremodo attento. Questa produzione di scritti e documenti sulla repubblica nordamericana, come è stato esaurientemente documentato, rimase costante lungo tutti gli anni Ottanta e si mantenne vivace anche nei primi anni rivoluzionari, quando la svolta del 1789 sembrò addirittura rilanciare l'attenzione ed il confronto con il modello politico d'oltre Atlantico.[1]

1. Desidero molto ringraziare Marcus Mcmorison e il mio amico Carlo Maria Simonetti per l'impareggiabile aiuto nella consultazione degli esemplari della traduzione francese del *Federalist*. Un sentito ringraziamento allo studio bibliografico William Reese Company, New Haven, CT che mi ha consentito di consultare a distanza l'unico esemplare della traduzione del *Federalist* datato anno III e mi ha permesso di riprodurne qui il frontespizio. Grazie anche a Yuri Auderset, che quando questo lavoro era pressoché già terminato mi ha indicato una voce molto importante del *Dictionnaire universel, historique, critique et bibliographique* (1810) dedicata a Pierre Bernard Lamare.

Sul punto si veda B. Fay, *Bibliographie critique des ouvrages francais relatifs aux Etats-Unis, 1770-1800*, Paris, Champion, 1925, nonché D. Echeverria, *Mirage in the West: a history of the French image of American society to 1815*, Princeton, University Press, 1957 e ancor più nel dettaglio D. Echeverria, E.C. Wilkie, *The French Image of America: a chronological and subject bibliography of French books printed before 1816 relating to the British North American colonies and the United States*, Metuchen, Scarecrow Press, 1994.

All'interno dei molti lavori che vennero in quegli anni dati alle stampe è pressoché impossibile distinguere tra quanti si proponevano di informare il pubblico francese circa le grandi novità che la giovane repubblica americana non mancava di prospettare e quelli che si ponevano l'obiettivo, tutto politico invece, di presentare le vicende d'oltre Atlantico come un sicuro punto di riferimento per una società cui la crisi dell'antico regime sembrava suggerire come profondi cambiamenti fossero ormai prossimi. Non di meno, qualora si restringa il campo alle sole traduzioni di testi precedentemente comparsi negli Stati Uniti, il profilo delle iniziative si allarga dal mero proposito di illustrare un sistema politico e costituzionale al quale andava una convinta ammirazione all'ambizione di proporlo quale un modello largamente adattabile anche al pur differente contesto statuale di Francia. La particolarità dell'esempio statunitense, sorto a seguito di una guerra rivoluzionaria e costituitosi in una forma democratica che addirittura conviveva con l'istituto della schiavitù, non sembrava insomma restringere al campo di una seppur straordinaria eccezionalità la vicenda politica d'oltre Oceano. Piuttosto, l'emozionante nascita di un nuovo soggetto istituzionale indicava come il mondo intero fosse in via di trasformazione e come quella straordinaria esperienza in terra americana fosse solo l'anticipazione di quanto non avrebbe mancato di fare riflesso anche da questo lato dell'Atlantico.[2]

2. Il riferimento sia alle pagine di F. Venturi dedicate al significato e all'impatto della *libertas americana* in *Settecento riformatore. La caduta dell'antico regime, 1776-1789*, I, *I grandi stati dell'occidente*, Torino, Einaudi, 1984, pp. 3-145. Ma il tema, indipendentemente dalle pagine che gli avrebbe a suo tempo riservato Robert R. Palmer nel suo *The Age of the Democratic Revolution. A Political History of Europe and America, 1760-1800*, Princeton, Princeton University Press, 1959-1964 [trad. It. *L'era delle rivoluzioni democratiche*, Milano, Rizzoli, 1971], ha sempre attraversato la storiografia di secolo XX. Sia qui giusto il caso di ricordare, tra gli altri, H.E. Bourne, *American Constitutional Precedents in the French National Assembly*, in «American Historical Review», 8 (1903), pp. 466-486; J. Appleby, *America as a Model for the Radical French Reformers of 1789*', in «William and Mary Quarterly», 28 (1971), pp. 267-286; E.H. Lemay, *Lafitau, Démeunier and the Rejection of the American Model at the French National Assembly, 1789-1791*, in *Images of America in Revolutionary France*, ed. M.R. Morris, Washington, Georgetown University 1990, pp. 171-184; C. Bradley Thompson, *The American Founding and the French Revolution*, in *The Legacy of the French Revolution*, eds. R.C. Hancock, L.G. Lambert, Lanham, Rowman and Littlefield, 1996; V. Hunecke, *Die Niederlage der Gemässigten. Die Debatte über die Franzosische Verfassung im Jahr 1789*, in «Francia», 29 (2002), pp. 75-128; H. Dippel, *The ambiguities of modern bi-cameralism:*

Questo auspicio trovò una clamorosa conferma nel 1789, quando la scossa rivoluzionaria che investì la Francia parve, sotto certi aspetti, la prosecuzione di quella che aveva in precedenza portato all'indipendenza delle colonie nordamericane. Sin dai primi dibattiti alla Costituente non mancarono i riferimenti al modello politico statunitense ed è stato ripetutamente osservato come sino a tutto il 1795 la vicenda costituzionale di Francia abbia mantenuto un costante confronto con l'esempio del 1787 di Filadelfia.[3] È significativo, a tale proposito, sottolineare come questa attenzione di parte francese all'esempio statunitense si mantenesse anche dopo la svolta costituzionale del 1791, per conoscere un picco addirittura nella breve stagione politica della Legislativa: proprio della prima metà del 1792 – giusto a ridosso di quella seconda rivoluzione che in Francia avrebbe portato al crollo della monarchia – sono infatti le traduzioni dei due principali testi che illustrano i pregi della costituzione statunitense. Sempre per iniziativa dell'editore parigino François Buisson, comparve dapprima la traduzione della ponderosa opera di John Adams, *A Defence of the Constitutions of Government of the United States of America*, pubblicata inizialmente nel 1787 a Londra[4] e subito dopo la prima versione in lingua francese del *Federalist*, ossia la raccolta di saggi scritti da Hamilton, Madison e Jay per sostenere la ratifica della carta di Filadelfia, pubblicata negli Stati Uniti, solo in forma anonima, nel 1788.[5]

A queste due iniziative editoriali, comparse a poche settimane di distanza l'una dall'altra, la storiografia ha già dimostrato un interesse, che non risulta tuttavia omogeneo, perché mentre sono circostanziati gli interventi sulla traduzione del testo di Adams, un largo silenzio circonda ancor oggi quella del *Federalist*. Le ragioni di questa diversità di attenzione stanno nelle prospettive che l'uso di quelle due iniziative editoriali è parso prospettare: nel caso del testo di Adams, la circostanza

input-vs. Output-oriented concepts in the American and French revolutions, in «Tijdschrift voor Rechtsgeschiedenis», 71 (2003), pp. 409-424.

3. Sul punto, si vedano le recenti note di J.R. Sharp, *France and the United States at the End of the Eighteenth Century*, in *Rethinking the Atlantic World. Europe and America in the Age of Democratic revolutions*, eds. M. Albertone, A. De Francesco, London, Palgrave, 2009, pp. 203-218.

4. J. Adams, *Défense des constitutions américaines, ou de la nécessité d'une balance dans les pouvoirs d'un gouvernement libre, avec des notes et observations de m. De La Croix*, Paris, Buisson, 1792, 2 voll.

5. *Le fédéraliste, ou Collection de quelques Ecrits en faveur de la Constitution proposée aux Etats-Unis de l'Amérique, par la Conventions convoquée en 1787, publiés... par MM. Hamilton, Madisson (sic) et Gay (sic)*, Paris, Buisson, 1792, 2 voll.

che in Francia si pensasse di tradurlo sin dal 1788 per suggerimento di Jefferson, che l'iniziativa venisse presto accantonata per l'intervento di Condorcet, cui sembrava fosse in controtendenza rispetto agli sviluppi politici che la convocazione degli Stati Generali ormai suggeriva e che la scelta di non farne più niente portasse poi alla rottura dei rapporti tra Adams e lo stesso Jefferson, hanno rappresentato un insieme di motivi di riflessione sia per i contraccolpi nel contesto politico statunitense, sia per la visibilità che, sempre grazie a quell'opera, il modello del 1787 sembrava avere subito conosciuto a livello internazionale. Merita tuttavia di sottolineare come, in un quadro siffatto, la traduzione del 1792, subito correttamente indicata come una operazione distinta e diversa da quella programmata e mai portata a termine nel 1788, non assumesse uno specifico interesse.[6] Solo più di recente l'attenzione si è infatti spostata su quest'ultima impresa editoriale, che d'un lato confermava l'importanza del testo di Adams nella cultura costituzionale di fine secolo XVIII, ma dall'altro permetteva pure, in linea con gli indirizzi di ricerca attorno alle fortune del repubblicanesimo classico, di suggerirne l'importanza nel quadro della stessa cultura politica rivoluzionaria.[7]

A fronte di questo largo interesse verso le fortune dell'opera di Adams, la traduzione del *Federalist* non ha conosciuto invece attenzione alcuna.[8] In parte questo è dovuto alla circostanza che i saggi pubblicati in forma anonima nel 1788 sulle prime non ebbero, proprio in terra d'America, quella stessa larga fortuna subito incontrata invece dall'opera di Adams. Sia sufficiente in proposito ricordare come solo nel 1799 si avesse una seconda edizione statunitense del *Federalist*, contro il quale evidentemente giocò, sulle prime almeno, il violento conflitto che contrappose repubblicani e federalisti lungo tutta l'ultima decade del secolo XVIII.[9] La circostanza che Madison e Hamilton, un tempo solidali nella scelta a favore della ratifica

6. J. Appleby, *The Jefferson-Adams Rupture and the First French Translation of John Adams «Defence»*, in «American historical review», 73 (1968), in particolare pp. 1085-1088.

7. C. Bradley Thompson, *John Adams and the Coming of the French Revolution*, in «Journal of the early Republic» 16 (1996), pp. 361-367.

8. Fa eccezione, sul versante in lingua italiana, A. Garosci, *Il pensiero politico degli autori del «Federalist»*, Milano, Edizioni di comunità 1954, che alle pp. 420-423 dedica qualche nota alla traduzione del 1792 in lingua francese.

9. J.R. Sharp, *American Politics in the Early Republic. The New Nation in Crisis*, New Haven, Yale University Press, 1993.

della costituzione del 1787, fossero passati a guidare i due schieramenti contrapposti, impedì all'opera di subito divenire quel monumento della cultura politica americana che il testo di Adams finì sulle prime per invece rappresentare. Per questo motivo, la traduzione in francese appare per certi versi addirittura anticipatrice del successo che il *Federalist* avrebbe solo in un momento successivo conosciuto in America e proprio questa particolarità sembrava di poco interesse per la ricostruzione delle fortune dell'opera nel contesto statunitense.

E tuttavia, proprio la diversa attenzione che in storiografia si è riservata alle versioni in lingua francese della *Defence* e del *Federalist* molto dicono di quanto a lungo le traduzioni siano state circoscritte alla mera funzione di elemento a conferma del rilievo, anche internazionale, delle opere in esame. Non sembri però inutile subito sottolineare come su questo procedimento sia ormai legittimo nutrire molteplici dubbi, perché ogni testo portato in altra lingua subisce un processo di adattamento, di cui fanno prova, oltre alla scelta iniziale da parte del traduttore, la sua trasformazione in ragione delle attese del nuovo pubblico e le modalità concrete mediante le quali l'opera viene integrata ai modelli culturali del paese di recezione.[10] Tutto questo è tanto più vero in riferimento alla traduzione di testi politici del secolo XVIII, quando la pronunciata democratizzazione del mondo intellettuale europeo ulteriormente accelerò, al momento della versione in altra lingua, il processo di metamorfosi dell'opera stessa, spesso portandola ad assumere un significato nel contesto di arrivo che non era tra gli intenti originari dell'autore.[11] In breve: appare evidente come limitare le traduzioni ad un mero segnale della rilevanza internazionale dell'opera o circoscriverle al più ampio ruolo di specchi della circolazione delle idee escluda, in ogni caso, di portare una diretta attenzione agli incroci d'ordine culturale che quelle iniziative comportarono e del tutto sacrifichi gli scenari politici che quelle iniziative riflettevano e al tempo stesso si ripromettevano di preparare.

Nelle pagine che seguono si proverà pertanto a seguire questa differente prospettiva e la traduzione del *Federalist* verrà proposta quale una operazione propriamente politica ancorché culturale, perché l'approccio

10. Vedi al riguardo B. Lépinette, *Traduction et histoire*, in *Historia de la traducción*, eds. B. Lépinette, A. Melero, València, Universitat de València, 2003, pp. 69-91.

11. F. Oz-Salzberger, *The Enlightenment in Translation: Regional and European Aspects*, in «European review of history », 13 (2006), pp. 385-409.

multidisciplinare a quella specifica iniziativa editoriale permetterà di gettare luce su una strategia rivoluzionaria a lungo passata sotto silenzio. L'obiettivo è quello di tornare sullo stretto nesso tra le rivoluzioni d'America e di Francia avendo cura di prospettarle nei termini di processi politici destinati a fare un chiaro impatto l'uno sull'altro: in questo caso, l'analisi delle fortune editoriali del *Federalist* suggerisce come sino a tutto il 1792, ossia sino alla trasformazione della Francia in una repubblica, il modello statunitense disponesse di una primazia politico-culturale, le cui caratteristiche le pagine che seguono intendono appunto lumeggiare e al tempo stesso sottolineare.

All'indomani della caduta della monarchia, nelle concitate settimane che accompagnano le elezioni per la Convenzione nazionale incaricata di dare alla Francia una nuova costituzione, comparve alle stampe a Parigi, per i tipi di François Buisson, una traduzione del *Federalist* dove, per la prima volta, si indicano nel frontespizio i tre autori (vedi fig. 1).[12] Sembra che la nuova classe dirigente repubblicana guardasse con interesse al sistema politico americano, perché il «Patriote François» di Jacques-Pierre Brissot dava notizia della traduzione, ormai il 4 ottobre 1792,[13] con queste parole

> C'est un grand service que rend à la France le libraire Buisson que de publier, dans les circonstances actuelles, le *Fédéraliste*. Cet ouvrage est sans contredit le meilleur qui ait été publié jusqu'à ce jour sur les bases d'un gouvernement fédératif ; et quoique dans certains passages, dans certaines vues on y remarque quelque tendance à l'aristocratie, cependant en général les maximes politiques en sont excellentes et convenables à tous les gouvernements libres qui veulent acquérir quelque stabilité. On y voit les célèbres auteurs qui l'ont composé marcher avec habileté entre les deux écueils les plus dangereux d'une république, la corruption de l'aristocratie ou les fureurs hypocrites de la démagogie. C'est donc un livre qui doit être sans cesse entre les mains des membres de la convention ; ce devrait être *leur manuel*. On a commis une

12. Si veda l'annuncio comparso sul «Moniteur Universel» (= *Mon.*), 17 septembre 1792, p. 710: «*Le Fédéraliste* ou Collection de quelques écrits en faveur de la constitution, proposée aux Etats-Unis de l'Amérique par la Convention convoquée en 1787, publiés dans les Etats-Unis per MM. Hamilton, Madisson et Gay, citoyens de l'état de New Yorck; 2 vol. in-8 de plus de 900 pages. Prix 9 liv., broché, et 10 liv. Franc de port. A Paris, chez M. Buisson, libraire, rue Hautefeuille, n. 20. On en a tiré quelques exemplaires en papier vélin, 13 liv. broché et 14 liv., franc de port». Sulla comparsa dei nomi di Hamilton, Madison e Jay quali autori dell'opera, si veda invece D. Adair, *The authorship of the disputed Federalist papers*, in «William and Mary Quarterly», 3 s., 1 (1944), p. 99.

13. Si veda «Patriote François», 4 octobre 1792, p. 584.

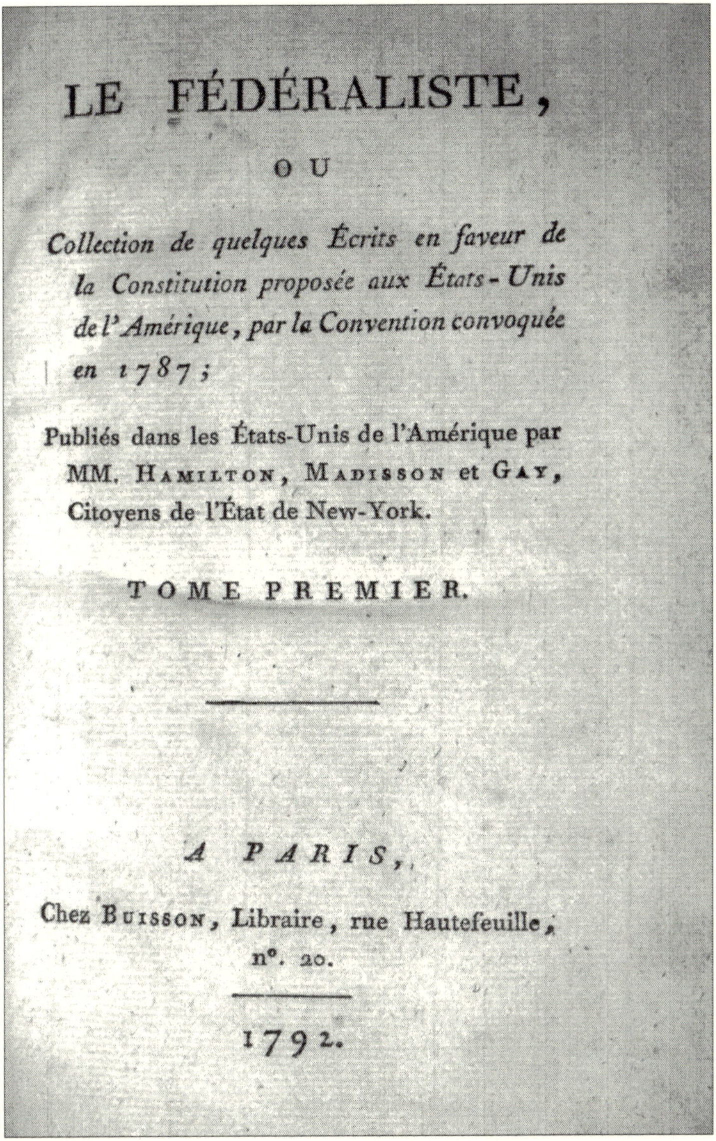

LE FÉDÉRALISTE,

OU

Collection de quelques Écrits en faveur de la Constitution proposée aux États-Unis de l'Amérique, par la Convention convoquée en 1787;

Publiés dans les États-Unis de l'Amérique par MM. Hamilton, Madisson et Gay, Citoyens de l'État de New-York.

TOME PREMIER.

A PARIS,

Chez Buisson, Libraire, rue Hautefeuille, n°. 20.

1792.

Fig. 1. Frontespizio della prima traduzione francese del *Federalist*. Biblioteca nazionale Braidense, Milano.

erreur dans le nom d'un des trois auteurs, M. Jay, qu'on appelle M. Gay: M. Jay est le président du tribunal suprême des Etats-Unis, et un des politiques les plus habiles et les plus profonds.

L'augurio che l'iniziativa di François Buisson fosse coronata dal favore del pubblico non era disinteressato, perché Brissot intratteneva da tempo ottimi rapporti con lo stampatore, che gli aveva finanziato, nella primavera del 1789, il «Patriote françois» e che mai aveva mancato, nei primi anni della rivoluzione francese, di costituire un sicuro punto di appoggio per la pubblicistica di orientamento democratico.[14] Tuttavia, lo stesso Brissot riteneva davvero opportuno che la Convenzione nazionale, ormai riunitasi e istituita la repubblica, potesse disporre in lingua francese dell'opera dove erano elencate le ragioni a sostegno della ratifica della costituzione votata nel 1787 a Filadelfia. È vero che nella recensione erano sollevate delle perplessità circa alcuni argomenti presenti nel *Federalist*, ma queste nascevano dall'interesse di Brissot per alcune forme di autogoverno che la convenzione di Filadelfia aveva invece molto sacrificato.[15]

Nell'insieme, Brissot restava un grande ammiratore della repubblica nordamericana, alla quale guardava da molti anni con grande interesse e la cui dimensione federativa riteneva di sicuro esempio per la Francia rivoluzionaria.[16] E sulla stessa linea, nell'estate del 1792, al momento dello scontro decisivo con Luigi XVI, si erano ormai posizionati i circoli radicali della capitale, per i quali solo la forma repubblicana poteva fondare la democrazia in Francia.

Proprio all'indomani della caduta della monarchia, sul finire dell'agosto 1792, Marie-Joseph Chenier, a nome della sezione della *Bibliothèque*, richiese all'Assemblea Legislativa di concedere la cittadinanza francese agli stranieri che si fossero distinti a favore della causa dell'umanità e tra gli americani indicò, oltre a Paine e a Priestley, proprio James Madison, con la motivazione che aveva «dévéloppé avec profondeur le système des confédérations»;[17] di lì a qualche giorno i deputati gli avevano risposto

14. Vedi a questo riguardo alcune note in C. Hesse, *Publishing and cultural politics in evolutionary Paris, 1789-1810*, Berkeley, University of California Press, 1991, pp. 186-187.

15. P. Gueniffey, *Brissot* in *La Gironde et les Girondins*, sous la direction de F. Furet et M. Ozouf, Paris, Payot 1991, in particolare pp. 445-447.

16. F. Mazzanti Pepe, *Il nuovo mondo di Brissot. Libertà e istituzioni tra antico regime e rivoluzione*, Torino, Giappichelli, 1996, pp. 197-236.

17. M.-J. Chenier, *Oeuvres*, Paris, Guillaume, 1826, t. V, p. 50.

accettando non solo la sua proposta, ma allargandola addirittura ai nomi di Washington e di Hamilton.[18] Se è vero che la decisione dell'Assemblea di aggiungere all'elenco anche il presidente degli Stati Uniti e il responsabile del Tesoro rifletteva il desiderio di non prender partito in quella aspra lotta tra repubblicani e federalisti che già attraversava la vita politica degli Stati Uniti, appare comunque evidente che la scelta di concedere la cittadinanza francese a tutti i principali leader americani implicava il pieno riconoscimento del sistema costituzionale inaugurato dal 1787.

Per questo motivo, la traduzione del *Federalist*, che riprendeva dall'edizione originale del 1788 sia la ripartizione in due volumi che la suddivisione al loro interno dei saggi, se ne discostava tuttavia quanto alla collocazione del testo della costituzione. Nell'originale esso era posto solo al termine degli interventi, mentre nella traduzione francese li precedeva ed era quindi di introduzione alla lettura, anche perché si presentava corredato di alcune note esplicative che il traduttore, rimasto anonimo, riservava a chi non conoscesse ancora nel dettaglio il sistema politico americano.

Tra queste ve ne era una per spiegare che cosa significasse il disposto costituzionale in base al quale la popolazione di ogni stato doveva essere calcolata sommando al totale dei cittadini liberi i tre quinti di tutti gli altri individui presenti: per l'occasione il traduttore sottolineava che

> On entend ici les esclaves ; l'horreur que les rédacteurs de ce projet ont pour un état si contraire au droit naturel, les ont empêchés de faire usage même du mot. C'est ce qui se verra encore plus bas dans le même acte.[19]

Questa considerazione indica come il traduttore, pienamente a conoscenza del problema della schiavitù, intendesse al riguardo scoprire le carte: la sua scelta di usare parole di ripulsa suggerisce che nel difficile clima politico della Francia del 1792, dove proprio le molteplici resistenze addotte dai coloni schiavisti di Santo Domingo nonché la terribile rivolta nera dell'ottobre 1791 erano valse ad esasperare le tensioni in seno alla

18. A.J. Bingham, *Marie-Joseph Chenier and French Culture during the French Revolution*, in «Modern language review», 61 (1966), p. 595. Vedi anche *Procès-verbaux du Comité d'Instruction publique de l'Assemblée législative*, sous la direction de J. Guillaume, Paris, Imprimerie nationale, 1889, p. 116. Vedi inoltre *Archives parlementaires de 1787 à 1860. Première série, 1787 à 1799. Recueil complet des débats législatifs et politiques des Chambres françaises*, Paris, Centre national de la recherche scientifique, 1969, vol. 49, pp. 10 e 118.

19. *Le Fédéraliste*, vol. I, p. xxiii.

Legislativa, egli rimanesse vicino alle posizioni da tempo espresse dalla *Société des Amis des Noirs*. Questo non significa, tuttavia, che il traduttore ritenesse irriformabile il sistema politico statunitense e che dunque, nonostante la drammatica tara della schiavitù, non potesse essere di esempio alla Francia: la circostanza che gli estensori della costituzione di Filadelfia mostrassero orrore verso quella pratica, tanto da non volerla neppure nominare, gli sembrava seppur implicitamente prospettare una prossima soluzione del drammatico problema e confermare come quella inaccettabile presenza non potesse comunque inquinare le benemerenze del modello politico statunitense.

Non è dato sapere se l'iniziativa dello stampatore Buisson di presentare al pubblico di Francia la traduzione del *Federalist* venisse coronata da un largo riscontro di pubblico, ma risulta difficile credere che essa potesse, quand'anche lo avesse ottenuto, a lungo mantenerlo. Come è noto, nelle settimane successive, le tensioni in seno alla Convenzione favorirono la divisione dei repubblicani tra girondini e montagnardi ed allontanarono la Francia dal modello americano. Il violento confronto tra i due partiti comportò infatti la reciproca accusa di attentare all'unità e all'indivisibilità della Repubblica e favorì in entrambi gli schieramenti un uso distorto dei riferimenti al federalismo, presto presentato sotto la forma di una pratica politica volta a frantumare la volontà generale in tante aspettative particolari.

Questi scambi di accuse sarebbero continuati sino alle giornate del 31 maggio e del 2 giugno 1793, quando l'espulsione dei girondini dalla Convenzione occasionò la protesta di alcune città di provincia contro una decisione che suonava come un attentato alla sovranità popolare e precipitò la Francia in una drammatica crisi politica. La Convenzione rispose alla sfida accusando gli avversari di federalismo, perché con le loro proteste avrebbero minato l'unità della Repubblica e puntato a costituire tanti piccoli stati tra sé largamente indipendenti: da quel momento le sorti del modello politico statunitense parvero irrimediabilmente segnate, perché il federalismo venne equiparato ad un crimine politico che il Terrore si sarebbe fatto carico di scoprire e reprimere.[20]

20. La più recente sintesi sulla rivolta federalista è P.R. Hanson, *The Jacobin Republic under Fire: The Federalist Revolt in the French Revolution*, University Park, Pennsylvania State U. Pr., 2003, ma gli si affianchi per lo meno W.D. Edmonds, *Jacobinism and the Revolt of Lyon, 1789-1793*, Oxford, Clarendon Press, 1990, ancora P. R. Hanson, *Provincial Politics in the French Revolution: Caen and Limoges, 1789-1794*, Baton Rouge, Louisiana State University, 1989 e circa una interpretazione in chiave democratica A. De Francesco,

Non possono quindi sussistere dubbi circa il fatto che nella stagione del governo rivoluzionario la traduzione del *Federalist* venisse presto dimenticata. Il clima politico sembrò invece migliorare all'indomani della caduta di Robespierre, quando alcuni girondini sopravvissuti alla violenta repressione lamentarono presso la Convenzione l'ingiustizia della loro precedente espulsione, reclamarono il diritto ad essere reintegrati ed ottennero quanto richiesto nel dicembre del 1794. Costoro però non si accontentarono e presto proposero la piena estensione del reintegro anche a favore dei convenzionali accusati di avere portato le armi contro la Repubblica. Nel corso di un appassionato dibattito parlamentare, essi tornarono pertanto sull'accusa di federalismo rivolta ai ribelli, per dimostrare come essa fosse solo un mostro polemico mediante il quale Robespierre si era più facilmente liberato degli avversari. I risultati non mancarono: nel marzo 1795, la Convenzione estese il reintegro a tutti i parlamentari espulsi, avviò un uguale procedimento nei confronti degli amministratori locali che avevano protestato in loro favore e promise di indennizzare tutti coloro che avessero sofferto della repressione delle proteste.

Non è casuale che in questo nuovo clima politico, caratterizzato[21] da una parziale riabilitazione dei girondini, da taluni settori che avevano patito il Terrore si tornasse ad insistere sulla implausibilità delle accuse di federalismo precedentemente rivolte loro e per l'occasione si arrivasse anche a tentare di rivalutare il modello politico che quell'accusa aveva finito per indebitamente coinvolgere. Agli inizi dell'estate 1795, usciva infatti un opuscolo, a sua volta anonimo, che tornava sulla versione in francese del *Federalist* e faceva luce sull'identità, rimasta sino ad allora nascosta, del traduttore. Ne era autore André Morellet, che aveva accettato di patrocinare la richiesta delle vedove dei due fratelli Trudaine di tornare in possesso dei beni sequestrati ai rispettivi mariti mandati a morte come controrivoluzionari pochi giorni prima della caduta di Robespierre. Forte di una frequentazione di antica data con la famiglia dei Trudaine,[22] Morellet denunciava con forza la violenza perpetrata nei confronti dei due fratelli,

Popular Sovereignty and Executive Power in the Federalist Revolt of 1793, in «French history», 5 (1991), pp. 74-101.

21. A. De Francesco, *Il governo senza testa. Movimento democratico e federalismo nella Francia rivoluzionaria, 1789-1795*, Napoli, Morano, 1992, pp. 415-448.

22. Circa il rapporto di grande amicizia tra Morellet e i Trudaine, vedi D. Medlin, *André Morellet and the Trudaines*, in «Studies on Voltaire and Eighteenth century», 12 (2005), pp. 117-127.

condannati a morte solo perché tra gli uomini più ricchi di Francia e aveva cura di ricordare il patriottismo di entrambi. Tessendo l'elogio del più giovane dei due fratelli, Charles Michel Trudaine, giustiziato a soli 28 anni, egli svelava inoltre che

> [i]l avait traduit de l'anglais un ouvrage estimable et trop peu lu parmi nous, qui eût pu nous être bien utile. *Le Fédéraliste* écrit depuis la révolution de l'Amérique achevée et dont le but était non pas de fédéraliser, au sens donné à ce mot parmi nous, les diverses parties des Etats-Unis, qui existaient déjà séparées et confédérées, mais de démontrer à toutes la nécessité d'un gouvernement unique et central qui tint liées les parties d'un vaste empire, liaison sans laquelle il ne pouvait manquer d'être la proie de l'anarchie ou celle d'un ennemi étranger.[23]

Con questa rivelazione, in precedenza ignorata dallo stesso tribunale rivoluzionario che aveva condannato i Trudaine,[24] Morellet intendeva dimostrare come i due fratelli non fossero dei contro-rivoluzionari, quanto dei meri oppositori del Terrore, così come i molti girondini che, ingiustamente accusati di federalismo, si erano appena visti restituire l'onore politico dalla Convenzione. Tuttavia, dalle sue parole si desume anche altro: in primo luogo la conferma che il testo fosse passato largamente inosservato e in secondo che lo stesso Morellet guardasse con interesse al modello politico statunitense, perché – contro le alchimie della politica del Terrore – esso teneva fermo sulla traduzione illuministica e confermava la lungimiranza delle teorie di Montesquieu. Dalle parole sopra riportate appare infatti chiaro come, nel pieno del 1795, Morellet intendesse suggerire la repubblica federativa, di cui a sua detta il *Federalist* era un puntuale interprete, quale la migliore forma di governo (allora) possibile, perché sarebbe stata la sola, sempre secondo la lezione di Montesquieu, capace di impedire sia la deriva dittatoriale che le aggressioni dall'esterno.

Non sappiamo quanto di queste ultime considerazioni riflettesse il pensiero dei Trudaine o fosse invece il portato delle opinioni di Morellet

23. *Mémoire pour les citoyennes Trudaine veuve Micault, Micault veuve Trudaine et le citoyen vivant Micault-Courbeton fils*, Paris, Maret, an III de la République, pp. 74-5. Sul procedimento giudiziario a carico di Micault e dei Trudaine, qualche nota in L. Baker, *The French Revolution as Local Experience: the Terror in Dijon*, in «The Historian», 67 (2005), in particolare p. 709.

24. Vedi gli atti del processo nei confronti dei fratelli Trudaine in Archives Nationales, série W, carton 432, dossier 971. Utili note sono poi in E. Choullier, *Les Trudaine*, Arcis-sur-Aube, Frémont, 1884, pp. 43-58.

soltanto. Sta di fatto che l'attribuzione al giovane Trudaine del lavoro di traduzione era plausibile: i due fratelli avevano dimostrato un grande interesse nei confronti della Rivoluzione subito accostandosi a La Fayette,[25] entrambi erano risolutamente avversi alla schiavitù tanto da aver militato nella *Société des Amis du Noirs*[26] ed ambedue avevano dimostrato profonda diffidenza verso la deriva democratica del nuovo ordine, perché, assieme all'amico André Chenier, avevano sostenuto le posizioni del partito fogliante all'indomani della scissione del club dei Giacobini.[27]

In una stagione termidoriana dove il desiderio di distinguersi dal Terrore era presto divenuto il principale assillo dei tanti convenzionali che il governo rivoluzionario avevano invece con raro zelo precedentemente sostenuto, il tentativo di presentare i fratelli Trudaine quali vittime sacrificali di un regime che si era accanito soprattutto verso chi più aveva dimostrato entusiasmo per il nuovo ordine, era destinato a dare presto i suoi frutti: a poche settimane dall'uscita del *pamphlet* di Morellet, nel mese di luglio del 1795, la Convenzione riconobbe le ragioni della richiesta e ordinò la restituzione dei beni di famiglia alle vedove Trudaine.[28]

Nel frattempo – con un tempismo che suona sospetto – Buisson era passato a proporre un'altra edizione ancora della traduzione del *Federalist*, dove, accogliendo il rilievo a suo tempo prodotto da Brissot, aveva provveduto a correggere il nome di Gay in Jay (vedi fig. 2). Le ragioni del ritorno in libreria furono, forse, suggerite anche dal dibattito in seno alla Conven-

25. Morellet ricorda in questi termini la carriera politica di Trudaine ainé: «sa conduite publique, dans nos mouvements politiques, n'avait pu être moins estimable, remplissant tous les devoirs personnels du citoyen avec zèle, prodiguant les secours de tous les genres à sa section, il avait été commandant de bataillon par le choix de ses concitoyens et avait rempli cette place à leur generale satisfaction; il ne s'en était retiré qu'à une époque ou quelques violences, appelées alors patriotiques, et qu'on ne juge plus aujourd'hui dignes de ce nom le déterminèrent à donner sa démission». Vedi *Mémoire pour les citoyennes* p. 73. Circa la militanza dei Trudaine nel club del 1789, vedi inoltre M. Olsen, *A Failure of Enlightened Politics in the French Revolution: the Société de 1789*, in «French history», 6 (1992), pp. 303-334.

26. M. Dorigny, B. Gainot, *La Société des amis des noirs, 1788-1799. Contribution à l'histoire de l'abolition de l'esclavage*, Paris, Unesco 1998, rispettivamente alle pp. 29 e 113-114.

27. A.J. Bingham, *Marie-Joseph Chénier, Early Political Life and Ideas, 1789- 1794*, New York, Banta, 1939 e A. Challamel, Les *clubs contre-révolutionnaires. Cercles, comités, sociétés, salons, réunions, cafés, restaurants et librairies*, Paris, Cerf, 1895, in particolare alle pp. 62, 65 e 413.

28. Medlin, *André Morellet and the Trudaines*, p. 123.

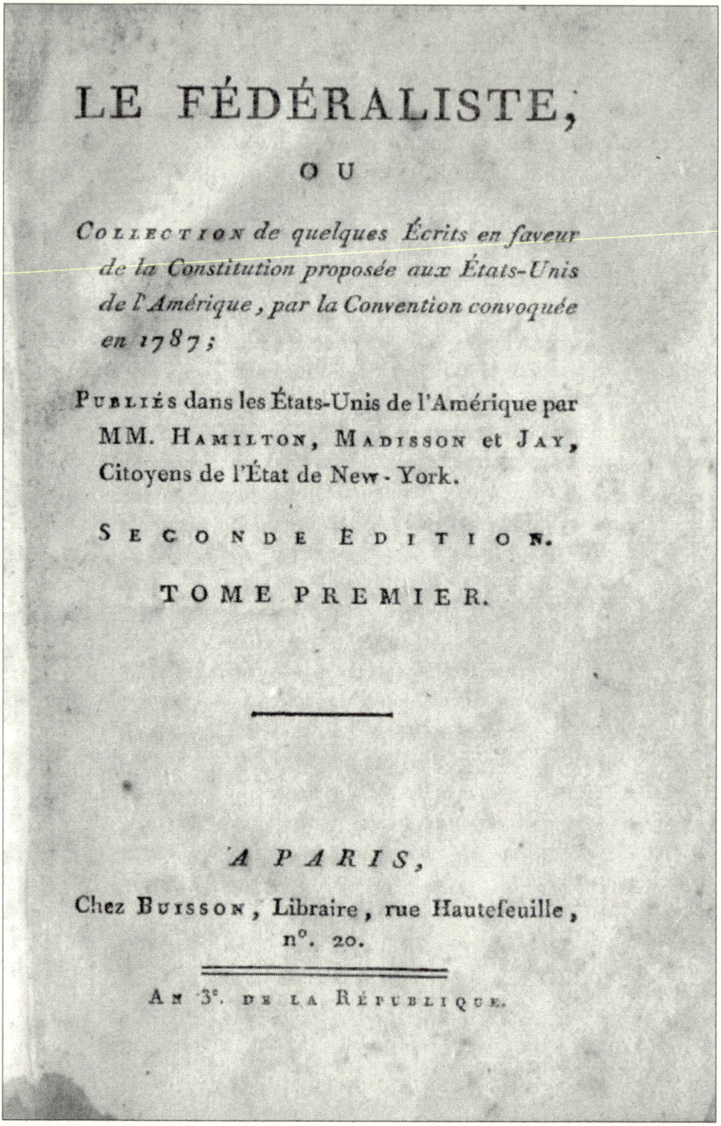

LE FÉDÉRALISTE,

OU

Collection de quelques Écrits en faveur de la Constitution proposée aux États-Unis de l'Amérique, par la Convention convoquée en 1787;

Publiés dans les États-Unis de l'Amérique par MM. Hamilton, Madisson et Jay, Citoyens de l'État de New-York.

Seconde Édition.

TOME PREMIER.

A PARIS,

Chez Buisson, Libraire, rue Hautefeuille, n°. 20.

An 3e. de la République.

Fig. 2. Frontespizio della seconda edizione della prima traduzione francese del *Federalist*. Per gentile concessione dello studio bibliografico William Reese Company, New Haven, CT.

zione sull'istanza delle vedove Trudaine, ma il motivo di fondo era nella sostanza identico a quello che aveva dettato la prima uscita dell'opera: l'editore Buisson, convinto che la riabilitazione dei girondini favorisse un ritorno di interesse verso il modello politico federalista, riteneva che l'opera già pubblicata nel 1792 potesse per l'occasione incontrare un rinnovato interesse. A questo si aggiunga, aspetto ancor più importante, che dopo le giornate insurrezionali del germinale e pratile anno III, la Convenzione si era decisa a ritornare sulla carta costituzionale del 1793 e che era apparso presto chiaro, sempre nella tarda primavera del 1795, come si stesse andando verso una nuova stesura ancora. In un clima politico siffatto, la traduzione del *Federalist* poteva insomma, così come era già successo nel 1792, apparire un utile contributo alla conoscenza del principale modello costituzionale repubblicano con il quale era comunque opportuno che la Francia uscita dal Terrore decidesse di confrontarsi.

Neppure questa volta, però, il calcolo di Buisson si rivelò giusto, perché nel dibattito parlamentare i convenzionali, al di là di un omaggio formale a John Adams, avrebbero di rado fatto un diretto riferimento all'esempio statunitense.[29] Se è vero che la costituzione dell'anno III introduceva il bicameralismo, esso era infatti ben altra cosa rispetto a quello statunitense, mentre altre analogie, che suggeriscano un significativo impatto del modello americano sul dibattito costituzionale del 1795, non sembra possibile rinvenire.

In tal modo, tra il 1792 e il 1795, le possibilità che il *Federalist* divenisse un *best-seller* nella Francia repubblicana si rivelarono pressoché nulle e la congiuntura politica, dopo una iniziale dimostrazione di favore verso l'esempio americano, favorì invece una profonda diffidenza a fronte di un sistema costituzionale che venne puntualmente accusato di riproporre taluni principi in odor di aristocrazia. Non certo a caso, negli anni del Direttorio, dell'opera non si parlò più e la traduzione in lingua francese finì per essere del tutto dimenticata, presto trasferendosi dal campo degli strumenti a sostegno del dibattito politico in quello, di gran lunga più asettico e ristretto, della bibliofilia.

Nel 1803, all'indomani della morte della vedova, l'attribuzione della versione in francese del *Federalist* al giovane Trudaine venne riproposta all'interno del catalogo a stampa della sua biblioteca nel frattempo posta all'asta: per la circostanza si precisava che l'edizione di pregio, già indicata a suo tempo dal *Moniteur*, si componeva di 25 esemplari soltan-

29. M. Troper, *Terminer la Révolution. La constitution de 1795*, Paris, Fayard, 2006

to, uno dei quali posseduto dallo stesso traduttore.[30] Questa indicazione, unita alle argomentazioni di Morellet, avrebbe con tutta probabilità autorizzato, di lì a qualche anno appena, Antoine Barbier a sciogliere ogni rimanente dubbio e ad ascrivere la traduzione a Trudaine all'interno del suo noto *Dictionnaire*.[31]

E tuttavia, il passaggio al campo della bibliografia era destinato ad ulteriormente complicare le vicende della traduzione francese del *Federalist*. Sul versante di lingua inglese, la circostanza che a qualche anno appena dalla comparsa dell'opera, a Parigi fosse subito stata approntata una traduzione, che anticipò il largo interesse che il mondo politico statunitense avrebbe alla stessa riservato solo nel primo Ottocento, suscitò sulle prime sorpresa e curiosità. Proprio nel quadro di questo ritorno di interesse nei confronti di un testo che era ormai divenuto la pietra miliare della cultura politica statunitense, nel 1835, a Londra, Obadiah Rich, nella propria monumentale fatica sulla bibliografia americana, spostava l'attenzione dal nome del traduttore alla circostanza che la seconda edizione della versione in lingua francese, quella dell'anno III, presentava, rispetto alla prima, la curiosa caratteristica di mancare delle prime venti pagine.[32]

Questa considerazione non sarebbe sfuggita a Henry Dawson, che negli anni della guerra civile americana, mise a punto un'importante edizione del *Federalist*, dove, per la prima volta, nell'introduzione viene data larga attenzione a tutte quelle che la avevano preceduta. Per questo motivo, egli offriva un'accurata descrizione bibliografica della traduzione francese, dove, riprendendo le considerazioni di Rich, asseriva che dell'opera si fossero però avute tre distinte edizioni, addirittura due nel 1792 ed una nel 1795. La prima del 1792 conteneva alle pagine III-XXI l'introduzione, che Dawson, sulla traccia di Barbier, ascrive a Trudaine; la seconda, sem-

30. *Catalogue des livres et manuscrits précieux provenant de la bibliothèque de Ch. L. Trudaine, après le décès de madame sa veuve, dont la vente se fera en sa maison, rue Taitbout, au coin du boulevard des italiens, le 25 nivôse an XII (16 jan-vier 1804)*, Paris, Bleuet, 1803, p. 276: «Le Fédéraliste [...] 1787, traduit de l'anglais (par Trudaine de la Sablière), Paris, Buisson, 1792, 2 vol. in 8. pap. vél. mar. bl. d.s.t.»

31. A.A. Barbier, *Dictionnaire des ouvrages anonymes et pseudonymes composes, traduits ou publiés en français et en latin, avec les noms des auteurs, traducteurs et editeurs*, Paris, Barrois, 1822-27, *ad nomen*

32. «[...] translated by Trudaine de la Sablière. In 1795 this work was issued as a second edition, with twenty pages of the introduction cancelled». O. Rich, *Bibliotheca americana nova, or, A Catalogue of Books in Various Languages, Relating to America, Printed since the Year 1700*, London-New York, Harper, 1835, vol. I, pp. 380-381.

pre dello stesso anno e che Dawson suggeriva essere probabilmente uscita dalle stesse forme, ne era invece priva, tanto che la numerazione avviava dalla p. XXII, «without a notice concerning the omission or the causes which led to it».

Dawson sviluppava questa ipotesi non potendo tuttavia contare su una diretta visione degli esemplari: della prima edizione egli aveva accuratamente esaminato quello conservato ad Harvard, che conteneva solo le ultime cinque pagine (e segnatamente dalla XVII alla XXI) dell'introduzione di Trudaine, mentre della seconda aveva giusto ricevuto una descrizione da un conoscente, Alfred Street, che l'aveva esaminata per suo conto nella Library of State of New York ad Albany. Da qui nasceva l'errore, perché il testo conservato in quest'ultima biblioteca avvia sì la numerazione dalla pagina XXII, ma ha quella successiva segnata b. iv (vedi fig. 3) a conferma del fatto che è un esemplare della stessa edizione solo mutilo dell'introduzione. Dawson dava invece una puntuale descrizione bibliografica della terza edizione del 1795, indicando come il nome di Jay fosse correttamente ortografato nel frontespizio,[33] senza tuttavia rilevare come uguale correzione non fosse stata apportata nella prima pagina del testo.[34]

Su questa base, di lì a qualche tempo, sarebbe intervenuto Joseph Sabin, che riprese da Dawson le descrizioni bibliografiche, escludendo, a ragione, la molteplicità delle edizioni, per solo suggerire quanto appare invece incontrovertibile, e cioè che Buisson stampò una sola edizione del *Fédéralist* nel 1792 per riproporla, con frontespizio mutato, nel 1795.[35] Restava, a fare problema, la curiosa circostanza che l'esemplare depositato ad Harvard avesse anche le pagine conclusive dell'introduzione, ma l'argomento non destò interesse alcuno e nessuno, in terra americana, si premurò di leggere che cosa quelle poche pagine potessero indicare o solo suggerire.

33. Si veda *The Federalist, a Collection of Essays, written in Favor of the New Constitution, as Agreed upon by the Federal Convention, September 17, 1787*, reprinted from the original text with an historical introduction and notes by H.B. Dawson, New York, Scribner, 1864, vol. I, pp. LXIII-LXVII. Sulla stessa linea, qualche anno più tardi, si colloca poi P.L. Ford, *Bibliography and Reference List of the History and Literature Relating to the Adoption of the Constitution of the United States, 1787-8*, New York, snt, 1888, pp. 12-13.

34. Debbo questa informazione alla cortesia dello studio bibliografico Reese, che qui molto ringrazio.

35. J. Sabin, *A Dictionary of Books Relating to America, from its Discovery to the Present Time*, New York, Mini Print, 1967 (ma 1873), vol. V, p. 378, H. 23993: «[...] probable that all three are the same edition, in fact – the introduction, for some reason, having been omitted in the second issue of 1792 and in this of 1795».

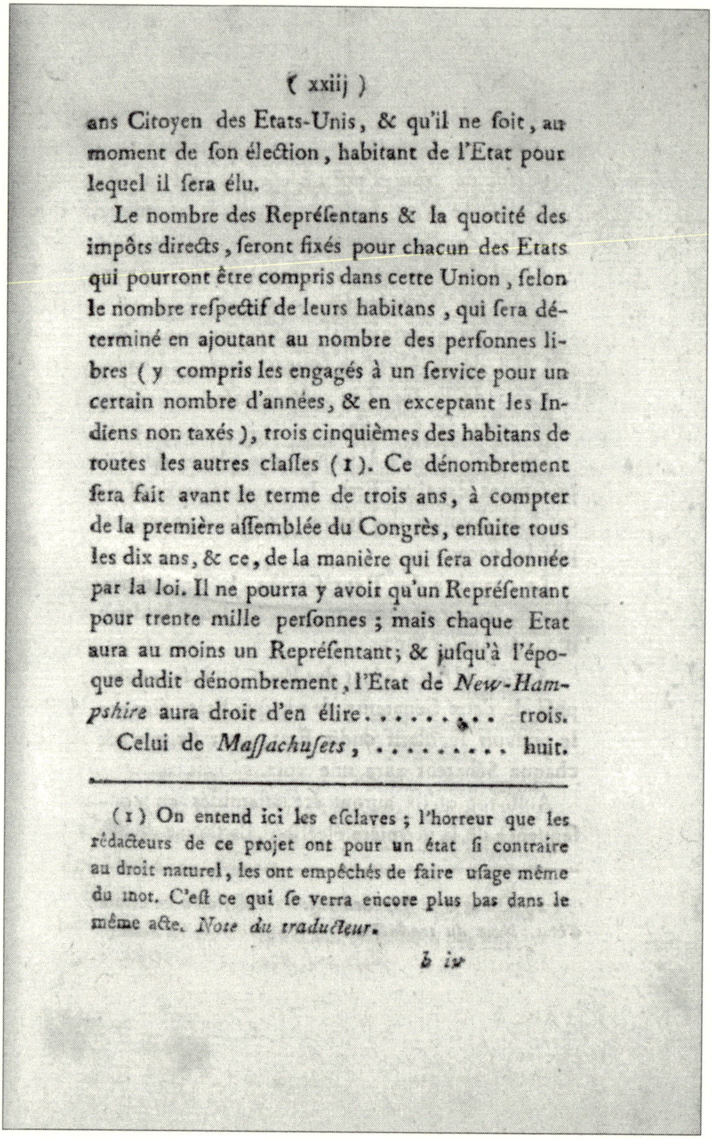

ans Citoyen des Etats-Unis, & qu'il ne ſoit, au moment de ſon élection, habitant de l'Etat pour lequel il ſera élu.

Le nombre des Repréſentans & la quotité des impôts directs, ſeront fixés pour chacun des Etats qui pourront être compris dans cette Union, ſelon le nombre reſpectif de leurs habitans, qui ſera déterminé en ajoutant au nombre des perſonnes libres (y compris les engagés à un ſervice pour un certain nombre d'années, & en exceptant les Indiens non taxés), trois cinquièmes des habitans de toutes les autres claſſes (1). Ce dénombrement ſera fait avant le terme de trois ans, à compter de la première aſſemblée du Congrès, enſuite tous les dix ans, & ce, de la manière qui ſera ordonnée par la loi. Il ne pourra y avoir qu'un Repréſentant pour trente mille perſonnes; mais chaque Etat aura au moins un Repréſentant; & juſqu'à l'époque dudit dénombrement, l'Etat de *New-Hampshire* aura droit d'en élire . . . . trois.

Celui de *Maſſachuſets*, ... huit.

---

(1) On entend ici les eſclaves; l'horreur que les rédacteurs de ce projet ont pour un état ſi contraire au droit naturel, les ont empêchés de faire uſage même du mot. C'eſt ce qui ſe verra encore plus bas dans le même acte. *Note du traducteur.*

b iv

Fig. 3. Pagina XXIII della prima traduzione francese del *Federalist*. Biblioteca nazionale Braidense, Milano.

La notizia rimase inoltre sconosciuta da questo lato dell'oceano, perché in Francia il *Federalist* restò, lungo larga parte del secolo XIX, un'opera largamente ignorata e quando, agli inizi del Novecento, il testo tornò all'attenzione degli studiosi, a fare problema non furono tanto le ragioni della traduzione, quanto l'attribuzione al giovane Trudaine della versione in lingua francese: Gaston Jèze, chiamato a curare una nuova edizione del *Federalist*, avanzò più di una perplessità al riguardo, sottolineando come le molte differenze di stile tra i singoli capitoli suggerissero che più di una persona avesse lavorato alla versione in francese dei testi. E tuttavia, i suoi dubbi non investivano le differenti edizioni dell'opera, che Jèze continuava a ritenere essere tre, facendo in tal modo proprie, senza tuttavia citarle, le considerazioni di Dawson.[36] Poi, il lungo silenzio del Novecento, perché lo scarso interesse della storiografia rivoluzionaria circa l'influenza del modello americano sul 1789, ha fatto sì che l'argomento venisse solo di rado sollevato: la traduzione del *Federalist*, puntualmente attribuita a Trudaine de la Sablière per la via del *Dictionnaire* di Barbier, è stata giusto ricordata nei termini di un tardo (e vano) tentativo di offrire un contributo al dibattito politico dei primi anni rivoluzionari, quando per qualche tempo almeno era sembrato che la grande ammirazione in precedenza nutrita verso la repubblica d'America potesse trasferirsi, all'indomani del 1789, sul terreno dell'emulazione costituzionale.[37]

36. «Barbier [...] attribue la traduction qui parut à cette époque à M. Trudaine de la Sablière. Pour ma part, la comparaison minutieuse que j'ai faite du texte anglais et de l'édition française de 1792 m'a convaincu que la traduction n'était pas l'œuvre d'un seul et même individu. La valeur, en est, en effet, fort inégale. A côté des numéros – assez rares, d'ailleurs – correctement traduits, il en est de nombreux où fourmillent non seulement les négligences, les libertés, mais encore les contre-sens. Quoiqu'il en soit sur ce point, l'édition de 1792 eût un tel succès qu'une réimpression eût lieu la même année, et que, trois ans plus tard, en 1795, parût une seconde édition également en deux volumes. Dans la deuxième édition française le nom de Jay est correctement orthographié: elle porte la date de l'an III de la République». Vedi *Le Fédéraliste*, nouvelle éd. française avec une introduction bibliographique et historique par Gaston Jèze, Paris, Giard & Brière 1902, p. XIII. Vedi anche, per una ripresa delle tesi di Jèze, B. Voyenne, *Histoire de l'idée fédéraliste*, Paris, Presses d'Europe, 1973, in particolare pp. 209-210.

37. Vedi per esempio R. Martucci, *L'ossessione costituente. Forma di governo e costituzione nella Rivoluzione francese, 1789-1799*, Bologna, il Mulino, 2001, pp. 154-155. La stessa lettura Martucci conferma in *Stati Uniti e Francia tra due rivoluzioni costituzionali (1776-1792)*, in «Giornale di storia costituzionale», 9/17 (2009), pp. 43-78, in particolare alla p. 68.

Nel 1810, il nono volume del *Dictionnaire universel, historique, critique et bibliographique* di L. M. Chaudon dedicava una voce a Pierre Bernard Lamare, un traduttore dall'inglese datosi, negli anni rivoluzionari, alla carriera diplomatica, che era scomparso giusto l'anno prima in Romania. Per l'occasione la voce ricordava come Lamare, oltre a ricoprire incarichi nelle colonie, avesse tradotto «une foule d'histoires, de voyages, de romans et d'ouvrages politiques» e tra queste ultime annoverava la *Défense des constitutions américaines* di Adams, mentre assieme a Le Tourneur (che per la verità scomparve alla vigilia della rivoluzione) avrebbe curato «une partie du Fédéraliste américain». A queste fatiche, il *Dictionnaire* aveva poi cura di aggiungere l'*Equiponderateur*, «qui fut envoyé dans tous les départements par ordre du gouvernement».[38]

Curiosamente, questa notizia, che confermava in largo anticipo quanto solo molto tempo dopo intuito da Jèze, è rimasta a lungo sconosciuta e anche chi, in questi ultimi anni, si è avvicinato alla personalità di Lamare non sembra esserne stato a conoscenza. Il ritorno di attenzione per questo traduttore avventuratosi negli anni rivoluzionari lungo la carriera diplomatica non nasce infatti dal suo ruolo di mediatore linguistico dell'universo intellettuale di lingua inglese, quanto dagli interessi di ordine costituzionale di cui dette prova nel corso dell'anno III, quando pubblicò, a spese della Convenzione, proprio l'*Equiponderateur*, un piccolo trattato dove si tessono le lodi dell'equilibrio dei poteri e sull'esempio offerto da John Adams si sostengono le ragioni del bicameralismo.[39] Queste sue parole sono parse un sicuro esempio di come, nella Francia del 1795, la tradizione politica anglo-americana tornasse a costituire un sicuro punto di riferimento[40] e sono suonate conferma dell'esistenza, nelle stesse correnti rivoluzionarie, di un repubblicanesimo classico transitato al campo di Francia tanto per la

38. *Dictionnaire universel, historique, critique et bibliographique*, Paris, Imprimerie des Mame frères 1810, vol. IX, p. 464. Desidero qui molto ringraziare Yuri Auderset per la gentile segnalazione dell'esistenza di questa voce.

39. P.B. Lamare, *L'Équipondérateur, ou une seule manière d'organiser un gouvernement libre*, Paris, Imprimerie nationale, an III.

40. Si veda in particolare R. Hammersley, *French Revolutionaries and English Republicans: The Cordeliers Club, 1790-1794*, Rochester, Boydell Press, 2005 e più di recente A. Jainchill, *Reimagining Politics after the Terror. The Republican Origins of French Liberalism*, Ithaca and London, Cornell University Press, 2008. Più utile, ai fini del presente lavoro, è invece J. Livesey, *Making Democracy in the French Revolution*, Cambridge Ma, Harvard University Press, 2001, pp. 20-47.

via dell'esempio offerto dal 1640 inglese quanto per quella del costituzionalismo statunitense. Il dibattito parlamentare avviato nell'anno III dalla Convenzione per superare la costituzione del 1793 sembrerebbe d'altronde confermare questa lettura: presentando il progetto elaborato dalla Commissione degli Undici, Boissy d'Anglas fece infatti un esplicito riferimento alla teoria dell'equilibrio dei poteri di Adams e sembra che ad orientarlo in quella direzione fosse lo stesso Lamare, il quale, nel proprio lavoro premiato con la pubblicazione dalla Convenzione, dichiarò a sua volta tutta la propria ammirazione per lo scrittore statunitense e per l'occasione ricordò pure di averne tradotto l'opera per i tipi di Buisson nel marzo del 1792.[41]

Da qui a reputare Lamare quale un probante esempio di quanto il repubblicanesimo classico, per la via di Adams, molto arrivasse ad impregnare la cultura politica termidoriana[42] il passo sembra tuttavia lungo. La lettura del dossier di Lamare conservato presso il Ministero degli affari esteri[43] suggerisce infatti una biografia politica di segno molto diverso, dove la dimensione elitaria delle argomentazioni addotte nei propri scritti politici non sembra il riflesso della mera frequentazione delle teorie inerenti il repubblicanesimo classico. Lamare, che aveva vissuto la stagione dell'antico regime facendo il traduttore e si era associato all'avviato studio di Le Tourneur, a sua volta vicino a Malesherbes, era subito passato, in occasione del 1789, al campo rivoluzionario, dove si era accostato al generale La Fayette, a sostegno del quale, proprio presso Buisson, a sua volta entusiasta del generale patriota, aveva dato vita ad un foglio, la «Cocarde nationale», intieramente dedicato alla Guardia nazionale. Negli undici numeri che videro la luce, tutti centrati sull'esperienza politico-culturale dei differenti contingenti nella Francia intera, appare evidente il tentativo di sostenere, attraverso la pubblicazione, il ruolo rivoluzionario di La Fayet-

41. Si veda A. Jainchill, *The Constitution of the Year III and the Persistence of Classical Republicanism*, in «French Historical Studies», 26 (2003), pp. 414-416; S. Luzzatto, *L'autunno della Rivoluzione. Lotta e cultura politica nella Francia del Termidoro*, Torino, Einaudi, 1994, p. 249, n. 1 e M. Lahmer, *La constitution américaine dans le débat français, 1795-1848*, Paris, L'Harmattan, 2001, p. 281.

42. Sulla fortuna della *Defence* di Adams nel dibattito di fine Settecento sulla natura del repubblicanesimo si veda M.N.S. Sellers, *American Republicanism. Roman Ideology in the United States Constitution*, New York, New York University Press, 1994, pp. 33-40.

43. Archives du Ministère des Affaires Étrangères (= AMAE), Personnel, vol. 22 (dossier Delamare) e vol. 42 (dossier Lamarre). La diversa grafia del cognome ha indotto a erroneamente separare documenti che pertengono alla medesima persona

te.[44] E va sottolineato come ai favori di quest'ultimo, il fallimento dell'iniziativa editoriale non facesse poi grave torto, perché all'indomani della conclusione dei lavori della Costituente, subito passato al campo fogliante, Lamare ottenne dal ministro degli esteri Bertrand de Molleville la nomina a commissario civile alle Isole del Vento. Egli riuscì a partire alla volta dei Caraibi solo il 6 agosto 1792 a bordo della *Bienvenue*, e giunse, assieme agli altri due inviati, Leroy de Fontigny e Girault, alla Martinica il 16 settembre. Da qui, i tre vennero subito costretti a riparare nella vicina Santo Domingo, perché al momento del loro arrivo l'isola era già da qualche tempo in mano a quanti contestavano l'applicazione dei decreti dell'aprile 1792 circa i diritti di cittadinanza nelle colonie.[45] Solo a Santo Domingo Lamare venne a sapere dell'insurrezione del 10 agosto 1792 che aveva posto fine alla monarchia e a differenza degli altri due inviati, che rimasero in prudente attesa, decise di prontamente rientrare in Francia per rendere conto della situazione ai Caraibi alla nuova assemblea.

La mossa gli valse di essere escluso dal decreto dei primi di novembre 1792 con il quale la Convenzione destituiva, con l'eccezione di quanti erano a Santo Domingo, tutti i pubblici ufficiali nominati nelle colonie, che apertamente accusava di essere collusi con la politica della Corte.[46] Non a caso, nel mese di dicembre 1792, Lamare consegnava alla Convenzione un documento, anche a nome degli altri due colleghi, dove si spiegavano le ragioni della fuga dalla Martinica, che gli valse dapprima un sussidio[47] e poi, ormai agli inizi del giugno 1793, un indennizzo di £.14.139 per le perdite subite in occasione del saccheggio da parte dei controrivoluzionari della Martinica del naviglio sul quale aveva imbarcato tutti i propri averi.[48] Ottenuta, non senza qualche contestazione,[49] l'aureola del patriota perse-

44. Vedi, *La Cocarde nationale. Journal de correspondance entre toutes les milices du royaume*, Paris, Buisson, 1789-1790. Il giornale che venne avviato nel dicembre 1789 e terminò le pubblicazioni nell'aprile del 1790 contiene, nel *prospectus*, una dedica a La Fayette con parole di grande ammirazione da parte dello stesso Lamare, che rivendica, assieme allo stampatore Buisson, la propria militanza nei reparti della Guardia nazionale parigina.

45. A. Nicolas, *Histoire de la Martinique*, Paris, L'Harmattan, 1996, vol. I, p. 267.

46. Si veda il decreto n. 131 del giorno 8 novembre 1792 riprodotto in *Archives Parlementaires*, vol. 53, p. 315.

47. *Recueil des lois relatives à la marine et aux colonies*, Paris, Imprimerie de la République, 1797-1802, vol. 3, p. 202.

48. *Archives parlementaires*, vol. 66, p. 165.

49. Thounens, *Compte rendu aux comités de marine et des colonies réunis et au public*, Paris, Impr. de Limbourg, s.d. (ma 1794), pp. 12-14, dove l'autore suggerisce come, al

guitato dai coloni schiavisti e controrivoluzionari, Lamare non avrebbe perso tempo per tentare di costruirsi una nuova carriera.

Nella prima metà del 1793, in occasione della presentazione del progetto di costituzione di Condorcet, egli tentava di inserirsi nel dibattito del tempo, proponendo, come unica soluzione per dare stabilità alla giovane Repubblica e al tempo stesso facilitare una rapida via d'uscita dal disastro della guerra in corso, l'immediata adozione del sistema politico statunitense.

> Je sais que ce système par l'effet de diverses circonstances, est devenu impopulaire; mais je sais aussi que l'homme de bien, lorsqu'il est fortement convaincu d'une vérité, d'où il sait que dépend le salut de sa patrie, doit la dire, l'écrire jusqu'à ce qu'il soit devenu inutile d'écrire ou de parler… J'ai dit et imprimé en 1790, 91 et 92 que le corps législatif doit être divisé en deux chambres *égales*, ayant des droits *égaux*. Je le répète en 1793. Puisse-je enfin etre entendu![50]

Insomma, secondo Lamare, l'adozione integrale del modello americano avrebbe, mediante il bicameralismo, portato al contenimento nell'ambito della normale dialettica politica l'opera, altrimenti distruttrice, delle fazioni, mentre l'elezione di un presidente della repubblica avrebbe consentito un forte impulso all'azione di governo, nonché una altrettanto incisiva opera diplomatica. Egli immaginava infatti che il futuro presidente avrebbe potuto ottenere il riconoscimento del nuovo ordine, già accettato per il nord America, anche nel cuore stesso della vecchia Europa, col risultato che l'accettazione internazionale della Repubblica avrebbe presto condotto alla pace.[51] Era una proposta che Lamare sapeva andare incontro

di là delle tanto declamate dichiarazioni patriottiche, la missione dei tre inviati di Luigi XVI alle Isole del Vento fosse orientata ad assicurare il pieno trionfo della controrivoluzione. Queste accuse sarebbero tornate anche nei mesi successivi, perché uno dei tre inviati, Leroy de Fontigny, venne denunciato e arrestato, atteso che era «prevenu d'avoir été nommé par Capet pour aller aux îles à l'effet de favoriser le traître Blanchelande, feuillantin et signataire de pétition anti-civique et ayant presenté des pétitions à la femme Capet». Sotto queste accuse rimase a lungo in carcere, sino a quando venne giustiziato sotto l'accusa di essere promotore di una congiura controrivoluzionaria ordita nelle prigioni parigine. Vedi sull'intera vicenda il suo *dossier* personale in AN, série W, carton 409, dossier 941.

50. *Moyens préparatoires de pacification entre la République de France et les puissances étrangères, par le citoyen Lamare ci-devant commissaire National civil aux Isles du Vent*, s.l., n.d. [ma Parigi, tra il marzo e il maggio 1793], p. 10.

51. «[…] la nation française s'est décidée à prendre pour modèle de son gouvernement celui de ses fidèles alliés les Américains des Etats-Unis, dont plusieurs années de paix et de prospérité, tant pour le peuple que pour ceux qui les gouvernent, attestant l'excellence et

a più di una contestazione e questo è il motivo per il quale si affrettava a ribadire come la scelta dell'istituto presidenziale non fosse il facile *escamotage* per suggerire il ritorno della monarchia.[52]

Di lì a breve, non di meno, le giornate del 31 maggio e del 2 giugno 1793 avrebbero posto una pietra tombale sulle aspettative di Lamare circa una trasformazione in chiave federalista della Francia repubblicana. Si apriva infatti altra, drammatica stagione politica, dove il termine stesso diveniva passibile di denuncia e all'interno della quale Lamare avrebbe non a caso subito tentato di riposizionarsi. Lo testimonia il modo mediante il quale, sin dal luglio 1793, egli molto rivedesse la propria biografia per ottenere un incarico al ministero degli affari esteri: per l'occasione, egli si presentava qual un iscritto della prima ora al club dei Cordiglieri e chiamava a testimone del proprio patriottismo repubblicano lo stesso Danton;[53] di lì a qualche mese, poi, ormai nel pieno del Terrore, in data 24 novembre 1793, in un altro esposto volto ad ottenere un impiego, Lamare avrebbe poi ricordato le principali opere politiche di cui si era nel frattempo reso il benemerito traduttore e in particolare segnalava una

> partie de la *Refutation* de Burke par Priestley, partie du *Fédéraliste*, ou plutôt de l'Antifédéraliste americain et autres ouvrages de politique, tous tendant directement à faire haïr le despotisme et à l'affermissement de la liberté républicaine par l'exemple de nos alliés les américains.[54]

Queste dichiarazioni, prodotte nel pieno dell'offensiva robespierrista contro le fazioni, chiariscono perché Lamare d'un lato interamente tacesse sulla traduzione di Adams e dall'altro precisasse come sarebbe stato ben

auquel vous-mêmes avez donné votre assentiment. Ainsi tout est désormais libre en France. Toute persécution a cessé, et les propriétés y sont garanties. C'est ce que je suis chargé de vous annoncer au nom de la République française, qui m'a choisi pour son président, vous garantit tous les traités que vous aurez conclu avec moi et vous propose de vous envoyer un ambassadeur». Ivi, p. 14.

52. «Optez donc: ou un chef exécutif, ou une guerre éternelle avec tous les monarques de l'Europe. Doit-on conclure delà que pour sauver la patrie il faille, à mon avis, nous redonner au plutôt un roi? Tombent et périssent la langue et la main qui oseraient proférer ou écrire une semblable proposition! Je déclare formellement que mon intention est au contraire d'ôter pour jamais toute espoir aux lâches qui pourraient désirer encore de revoir la France tyrannisée par un homme, soit qu'il portât le titre de roi, de protecteur, de dictateur ou de régulateur. Je voudrais la liberté si prospère des Américains». Ivi, p. 12.

53. AMAE, vol. 22, f. 20

54. AMAE, vol. 22, f. 28.

più opportuno che la traduzione del *Federalist* prendesse piuttosto il nome di *Antifédéraliste*: il suo obiettivo, in ossequio ad una sensibilità politica giacobina che manteneva deferenza verso la rivoluzione americana, ma iniziava a nutrire forti dubbi sul suo modello politico, era quello di distinguere se stesso da quanti, nell'estate appena scorsa, ribellandosi alla Convenzione, erano stati accusati di quel crimine politico.

Lamare avrebbe dato prova di un accorto uso del proprio curriculum professionale anche di lì a breve, quando, all'indomani del Terrore, caduto Robespierre e in disgrazia la Montagna, egli, sempre alla ricerca di un impiego, chiese a Sieyès un incarico presso la Commissione degli Undici incaricata di rivedere la costituzione. Per l'occasione, ricordando la propria preparazione in materia costituzionale, avrebbe tuttavia taciuto della traduzione del *Federalist* per tornare a ricordare invece quella di Adams.[55] La richiesta gli fruttò quell'audizione da parte della Commissione, da cui ottenne la pubblicazione dell'*Equiponderateur*, cui tenne dietro un incarico presso la commissione della pubblica istruzione in seno alla Convenzione e quindi un impiego al ministero degli affari esteri, da dove avrebbe tentato di avviare, senza grandi fortune, la carriera diplomatica.[56] L'occasione parve però presentarsi all'indomani del Brumaio, quando rivolgendosi a Talleyrand in data 10 ottobre 1800, Lamare chiese di essere inserito nell'organico della missione francese destinata agli Stati Uniti. Per l'occasione egli pensava di potersi sbilanciare e ancora una volta tornava a sottolineare di conoscere

> à fond la constitution et les affaires des américains. Il a fait connaître en France plusieurs de leurs écrits et notamment la *Défense des constitutions américaines*, de John Adams, ouvrage dont il entreprit la traduction à l'invitation de MM. Short et Lafayette.[57]

Queste dichiarazioni di Lamare, un uomo che tentava di navigare tra i flutti delle molteplici stagioni politiche della rivoluzione e sulla cui coerenza ideologica è legittimo nutrire forti dubbi, consentono tuttavia di chiarire

55. Ivi, f. 37.

56. F. Masson, *Le Département des affaires étrangères pendant la Révolution, 1787-1804*, Paris, Société d'éditions littéraires et artistiques, 1903, p. 365. Vedi inoltre, limitatamente agli ultimi anni di Lamare, I. Roussev, *La politique menée par la France de Napoléon dans la ragion de la Mer Noire. Le premier consulat français en Bulgarie,* in «Etudes Balkaniques», 3 (2004), pp. 79-107.

57. AMAE, vol. 42, f. 231.

come il suo interesse per la cultura politica americana nascesse nella stagione della Costituente, quando dette alle stampe, nel febbraio 1791, una parte almeno della traduzione delle critiche di Priestley a Burke.[58] Tuttavia, il suo impegno a sostegno della diffusione della cultura politica statunitense data alla stagione successiva, perché le sue più significative prove in tal senso si collocano nel breve tempo della monarchia costituzionale, quando – proprio ai tempi della Legislativa – tradusse dapprima Adams[59] e quindi una parte almeno del *Federalist*.

Ma dalle ultime parole di Lamare sopra riportate emerge anche la sua cerchia politica di riferimento: non soltanto La Fayette, di cui già si è detto e al quale erano notoriamente vicini i fratelli Trudaine, ma anche William Short, il figlioccio di Jefferson che svolse per qualche tempo, seppur in modo informale, l'incarico di rappresentante degli Stati Uniti a Parigi e fu sempre uno zelante sostenitore dei foglianti oltre che l'amante di Madame de La Rochefoucauld.[60] Ve ne è abbastanza per concludere che le traduzioni di Lamare non fossero affatto una mera operazione culturale, ma risultassero al servizio di uno specifico progetto politico tutto volto, dopo la chiusura dei lavori della Costituente, a rivalutare il significato e l'esempio del modello costituzionale statunitense con particolare riguardo al bicameralismo.

La prova sta nella lunga introduzione dello stesso Lamare all'opera di Adams, pagine che per la delicatezza del tema trattato egli preferì solo siglare. La cautela non era esagerata, perché in quel breve testo di accompagnamento il traduttore, subito collocando il trattato nella temperie politica del 1792, proponeva la revisione della costituzione del 1791 mediante l'introduzione di una seconda camera. Al riguardo, Adams era chiamato in soccorso per prospettare l'ipotesi di riservare la composizione di quest'ultima ad una aristocrazia, che non fosse quella d'antico regime, ma includesse, quale *sanior pars* della società, i proprietari terrieri e gli uomini di talento. Proprio questa distinzione gli veniva utile per collegarla al drammatico momento politico vissuto dalla Francia: ricordando che i molti no-

58. *Moniteur*, 21 février 1791, p. 436.

59. Ivi, 26 mars 1792, pp. 727-728.

60. Sulla figura di William Short e sul suo profilo politico nella Francia rivoluzionaria, si veda G.G. Shackelford, *Jefferson's Adoptive Son. The Life of William Short, 1759-1848*, Lexington, University Press of Kentucky 1993, pp. 58-67; vedi inoltre *Lettres de la duchesse de Rochefoucauld à William Short*, sous la direction de D. Pasca Harsanyi, Paris, Mercure de France 2001, pp. 103-145.

bili espatriati costituivano i principali proprietari terrieri ed erano destinati, prima o poi, a rientrare e a riprendere quel primato sociale che il possesso della terra assegnava loro, Lamare lanciava la proposta di riconciliarli con il 1789 riservando loro l'accesso in una seconda camera, eletta a base dipartimentale e rinnovabile ogni sei anni. Per questo motivo, il traduttore, che intendeva difendere l'ordine costituzionale da ogni deriva in senso democratico, rivendicava il sistema politico americano e non quello inglese come il solo punto di riferimento per la nuova monarchia francese.[61]

61. Merita qui di riportare un lungo brano dell'introduzione di Lamare al testo di Adams: «Une portion nombreuse des habitants de la France est expatriée. Soit qu'ils réussissent ou qu'ils échouent dans le projet de nous faire la guerre, et quelle que soit la fin de la querelle, battus ou non battus, il faudra toujours qu'ils rentrent; si ce ne sont pas les pères, ce seront les enfants; s'ils ne reviennent pas tous, ils reviendront au moins en grande nombre. Les uns iront habiter les campagnes, les autres se rapprocheront du pouvoir exécutif. Ceux qui résideront dans les villages, riches et devenus populaires, ne seront-ils pas portés d'élection en élection à l'assemblée législative? [...] Nos ci-devant nobles iront donc à la législature; et lorsqu'une fois ils y formeront majorité, on peut présager quelle seront les suites de ce ralliement. On dira peut-être encore que, dans le système proposé, les mécontents s'introduiront également dans l'une et dans l'autre chambre. Ils s'y introduiront sans doute, mais l'effet sera bien différent. Les membres de la chambre démocratique seront ex professo défenseurs des droits du peuple. Leur devoir, leurs fonctions, leurs opinions mêmes leur seront tracées en quelque sorte. Si quelque membre s'écarte de la ligne, il y sera aussitôt rappelé par la chambre entière, qui sera de plus surveillée par l'œil du peuple. Les sénateurs seront ex professo représentants et défenseurs des corps administratifs qui les auront nommés et leur ligne sera également tracée. Ce Senat sera donc une chambre *aristocratique*, mais non pas une chambre *patricienne*. On y verra un autre Mirabeau à côté d'un ci-devant duc; le curé de village, s'il a fait preuve de génie, à côté du plus riche propriétaire; ce sénat sera temporaire, chaque sénateur devant, après six ans, rentrer dans la classe commune. Ainsi, vous n'aurez à craindre, sous ce rapport, aucun des inconvénients du patriciat[...] On s'apercevra sans doute, en lisant l'ouvrage de M. Adams, que le système ici proposé n'est pas exactement le sien. Il parait même qu'admirateur zélé du gouvernement britannique, il n'était pas autant l'ennemi des nobles anglais que nous pouvons l'être de tous les nobles de la terre. Les Américains n'avaient point sur leurs frontières une horde de rebelles conjurant avec des étrangers la ruine de leur patrie. Mais que devons-nous conclure de- là? Ce qu'en ont conclu les Américains eux-mêmes: que M. Adams eût encore mieux aimé voir s'établir en Amérique la diversité d'ordres et le patriciat d'Angleterre, fortement balancé par deux autres branches, que de voir son pays livré aux horreurs d'un gouvernement simplement démocratique. Quant aux intentions particulières du Traducteur elles sont ici bien clairement énoncées; c'est la législature que j'offre à mes concitoyens pour objet de comparaison et non pas la législature anglaise». Adams, *Défense des constitutions américaines*, vol. I, pp. XVIII-XXIII.

Era una prospettiva sulla quale il gruppo politico nel quale Lamare all'epoca si riconosceva sembra tenere assolutamente fermo, perché la stessa istanza ritorna nelle poche, ultime pagine dell'introduzione al *Federalist* di cui Henri Dawson segnalò a suo tempo l'esistenza nella traduzione pubblicata da Buisson. L'anonimo traduttore, il cui stile sembra molto simile a quello di Lamare, ricorda dapprima che un solo sistema di governo non può trovare indistinta applicazione, sottolinea come la tradizione politica dei singoli stati debba sempre essere salvaguardata e ribadisce come nessun esecutivo possa urtare l'opinione pubblica, la quale costituisce sempre il potere supremo cui ogni governo deve rimettersi. Per questo motivo gli sembra inutile disquisire se gli Stati Uniti siano destinati a divenire una monarchia costituzionale o se la Francia debba tramutarsi in una repubblica presidenziale.[62] In America, il rifiuto del modello britannico, l'insufficienza di una comune coscienza tra i popoli delle ex-colonie e la mancanza di nemici, all'interno e all'esterno, ostano ad una rapida unificazione del territorio e favoriscono di conseguenza la forma repubblicana federativa nei termini di un presidente a capo dell'esecutivo controllato da presso da un Senato dove pari è la rappresentanza dei singoli stati.[63] Diverso è inve-

62. *Fédéraliste*, vol. I, p. XVII: «Il est des esprits exclusifs qui ne connaissent qu'un bon gouvernement et qui voudraient le rendre commun à tous les peuples de la terre. Les uns prétendent qu'un président du congrès suffirait à la France; d'autres assurent qu'avant peu l'Amérique aura besoin d'un roi héréditaire. Sans prétendre à une perfection abstraite et imaginaire, sachons nous contenter du gouvernement qui sera le meilleur pour nous, comme les Athéniens avaient reçu de Solon les meilleurs loix possibles pour les Athéniens. Il faut pour qu'un gouvernement rende heureux les hommes auxquels il est destiné, qu'il soit approprié à leur mœurs, à leurs manières, à leur situation physique et politique. Mais ce n'est pas tout, il faut encore qu'il soit aimé du peuple qui doit y obéir. Dans un pays libre, l'opinion publique que l'on peut appeler aussi l'esprit national, est toujours le premier des pouvoirs, et le gouvernement ne peut avoir de force, quand il est contrarié par ce pouvoir suprême ». Sembra importante sottolineare come il traduttore, nel proposito di assicurare una pronta equivalenza tra il modello costituzionale statunitense e la Francia rivoluzionaria, rifiutasse di considerare la carta di Filadelfia quale un documento destinato a ristabilire la monarchia, ma implicitamente ammettesse – come avrebbe scritto William Short a un amico a Londra – che quel documento potesse trasformare «the thirteen republics into one mixed monarchy». Sotto questo aspetto, sempre utili le note di L.B. Dunbar, *A Study of «Monarchical» Tendencies in the United States from 1776 to 1801*, Urbana, University of Illinois 1923, in particolare alle pp. 99-117.

63. «Il ne s'agit donc pas seulement de savoir si la monarchie serait utile aux habitants de l'Amérique, il faut savoir s'ils voudraient un roi. Les états de l'Amérique, en reconnaissant la nécessité d'un gouvernement central, ne veulent sacrifier au besoin de la défense et

ce il caso francese, dove la monarchia è saldamente radicata nel contesto nazionale, tanto da non esservi dubbio alcuno che le molte pagine d'elogio della repubblica, pure presenti nel *Federalist*, non potranno procurare alcun esempio pernicioso da questo lato dell'oceano.[64] Il traduttore conclude poi ricordando che nel testo sono molte ripetizioni, perché l'opera è una raccolta di articoli comparsi in differenti giornali e che non ha inteso correggere alcunché per evitare di alterare il pensiero di Hamilton e Madison, ma anche perché

> on m'aurait soupçonné peut-être d'avoir préparé ou ménagé des rapprochements qu'on ne pourra manquer de faire entre l'état politique des Américains et le notre, et les réflexions que je publie eussent perdu l'avantage de cette confiance qu'on ne peut refuser aux conseils impartiaux de l'expérience étrangère, et à l'opinion imposante d'une nation déjà paisible et affermie dans l'exercice de ses droits et de sa liberté.[65]

de la protection commune, que la plus petite partie possibile de leur indépendance. Séparés par des intérêts de commerce différents, par de différentes législations, ils sont encore loin de se considérer comme un seul peuple et répugneraient à l'idée d'obéir à un chef commun et héréditaire. Ainsi l'autorité du président du congrès est dépendante de celle d'un Sénat composé de membres nommés par les législatures des états; ainsi cette autorité est limitée au terme de cinq ans, et chaque état conserve l'espérance de voir à son tour sortir de son sein le premier magistrat de l'Amérique». Ivi, pp. XVII-XVIII.

64. «Peut-être aussi les injustices de la métropole dont ils ont secoué le joug, leur ont-elles inspiré du dégout pour la forme de gouvernement à laquelle elle est soumise. On ne sera donc pas étonné de trouver dans cet ouvrage une aversion profonde pour le nom de roi. J'ai cru qu'il était du devoir d'un traducteur fidèle de ne rien retrancher, de ne rien adoucir, persuadé que nos principes sont assez arrêtés à cet égard, et nos dispositions assez constantes pour nous préserver de la contagion de l'exemple. Au reste le sentiment des Américains à cet égard ne paroit pas les avoir trompés. Ils sont assez éloignés des puissances européennes pour craindre peu des attaques soudaines, et leurs relations politiques semblent les en garantir pour longtemps. D'ailleurs ils n'ont à redouter que les sauvages de l'ouest, faibles ennemis dont les attaques irrégulières ne nécessitent pas un système de défense régulière, et que l'approche seul des arts et des inventions européennes détruit insensiblement. Dans cette situation, les Américains n'ont pas besoin d'armer d'une grande force le pouvoir chargé du soin de la défense extérieure. Quant à la paix intérieure, elle n'est pas difficile à maintenir parmi des hommes dont la plupart sont voués à la vie agricole, dispersés sur une vaste superficie et que le goût des émigrations tend à disséminer encore vers les régions de l'ouest, où l'imagination ajoutant aux bienfaits réels de la nature attire tous les jours des colonies nouvelles. Tels sont les motifs qui ont fait adopter et qui feront conserver longtemps à l'Amérique la forme du gouvernement fédératif, avec laquelle la monarchie semble incompatible ». Ivi, pp. XIX-XX.

65. Ivi, pp. XX-XXI.

Queste poche note non possono restituire, ovviamente, il senso complessivo dell'operazione insita nella traduzione del *Federalist*. Tuttavia, quanto rimasto sottolinea la piena compatibilità di una monarchia costituzionale in Francia e di una repubblica federale in America e induce a ritenere che per il traduttore i due sistemi politici non fossero poi così distanti come la forma istituzionale dello stato avrebbe dovuto prospettare.

Si tratta di un aspetto fondamentale per collocare la traduzione del *Federalist* nel quadro della linea politica messa a punto, a far data dagli inizi del 1792, da La Fayette, il cui gruppo prese a reclamare la revisione in chiave bicamerale della costituzione del 1791 per sottrarre il re alle pressioni di una Legislativa sempre più dominata dai giacobini.[66] Questo proposito, che non deve accostare La Fayette ai fratelli Lameth, a Duport e allo stesso Barnave, perché il primo era per una camera elettiva e gli altri per un'assemblea direttamente designata dal sovrano, non ha lasciato una traccia profonda nelle ricostruzioni della breve vicenda della Legislativa. La manovra politica svolse tuttavia un ruolo determinante nella denuncia di quel *Comité autrichien*, intento ad assecondare le mire di Maria Antonietta e Leopoldo II, su cui i giacobini costruirono l'insurrezione del 10 agosto 1792.[67] Infatti, proprio il trionfo delle sezioni di Parigi e il crollo della monarchia, che travolsero La Fayette e tutti i foglianti, finì per precipitare nel vuoto dei complotti controrivoluzionari un progetto politico che era invece di grande originalità, perché puntava, ancora nel 1792, a fare perno sul modello americano per rivedere in senso bicamerale la costituzione del 1791 e giungere alla stabilizzazione della monarchia di Luigi XV.[68] Tuttavia, se la giornata del 10 agosto ha cancellato molte tracce di

66. Si veda, tra gli altri, *Marie-Antoinette, Joseph II und Leopold II. Ihr Briefwechsel*, ed. A. Ritter von Arneth, Leipzig, Kohler, 1866, pp. 240 e 282; *Die Französische Legislative und der Ursprung der Revolutionskriege, 1791-1792*, ed. H. Glagau, Berlin, Ebering, 1896, pp. 299-301 e *Marie-Antoinette et Barnave: correspondance secrète (juillet 1791-janvier 1792)*, ed. A. Soderhjelm, Paris, A. Colin, 1934, pp. 50 e 132.

67. Importante il riferimento a T. Tackett, *Conspiracy Obsession in a Time of Revolution: French Elites and the Origins of the Terror, 1789-1792*, in «American Historical Review», 105 (2000), pp. 690-713. Vedi anche a questo proposito M. Hochedlinger, *«La cause de tous les maux de la France». Die Austrophobie im revolutionären Frankreich und der Sturz des Königstums, 1789-1792*, in «Francia», 24 (1997), pp. 73-120 e T.E. Kaiser, *From the Austrian Committee to the Foreign Plot: Marie-Antoinette, Austrophobia and the Terror*, in «French Historical Studies», 26 (2003), pp. 579-617.

68. A. De Francesco, *Federalist Obsession and Jacobin Conspiracy: France and the United States in a Time of Revolution, 1789-1794*, in *Rethinking the Atlantic world*, pp. 239-256.

quel progetto, proprio le traduzioni di testi della cultura politica americana nei primi mesi del 1792 – quali la *Defence* di Adams e lo stesso *Federalist* – seppur indirettamente lo confermano. In ossequio a questa strategia, il gruppo di La Fayette chiamò a raccolta quanti – per competenze professionali, sensibilità politica e disponibilità finanziarie – potessero essere d'ausilio e fu in questo quadro che Lamare, già forte della traduzione di Adams, incontrò, con tutta probabilità, il giovane Trudaine. Anche per accelerare i tempi della stampa, la traduzione del *Federalist* venne così divisa tra più persone, come già ipotizzava Jeze, che si fecero carico di tradurre singoli capitoli, lasciando tuttavia ad uno solo di loro, rimasto anonimo, il compito di dare un senso politico all'operazione editoriale. È probabile che fosse lo stesso Lamare, o che questi si limitasse a tradurre in un linguaggio politico la sensibilità culturale del giovane Trudaine, sino ad allora distintosi più per la passione letteraria ed artistica che non per i trattati costituzionali.[69] Il lavoro era ormai stato ultimato nella stamperia di Buisson quando un clamoroso imprevisto – la caduta della monarchia in occasione dell'insurrezione del 10 agosto 1792 – costrinse l'editore a fermare la distribuzione dell'opera e lo pose di fronte all'incubo di inviare direttamente al macero un tanto impegnativo lavoro.

E tuttavia, la circostanza che il *Federalist* potesse incontrare il favore del nuovo ordine, atteso che esso era pur sempre un monumento del repubblicanesimo americano, suggerì a Buisson di non ritirare dal mercato l'edizione: per salvare il lavoro – in assenza dei committenti, tutti lontani o datisi nel frattempo alla macchia – era sufficiente eliminare l'intera introduzione, dalle pagine I alla XXI inclusa, dove – come si è visto – torreggiava un chiaro (e ormai pericolosissimo) elogio della monarchia di Francia. Buisson mandò così al macero il primo sedicesimo della stampa, mentre del secondo ritenne opportuno eliminare le sole pagine dalla XVII alla XXII inclusa, che sostituì con un foglio appositamente ristampato dove nel recto pose un breve *Avertissement* e nel verso ripropose la pagina XXII. Questo è il caso dell'esemplare posseduto dalla *Bibliothèque Nationale de Paris* e diffuso in tutte le principali biblioteche d'Europa e d'America. Resta però da chiedersi perché alla Houghton Library di Harvard, ma anche alla Clements Library di Chicago, siano esemplari che contengono invece le pagine dell'introduzione numerate dalla XVII alla XXI. La soluzione è ormai semplice: i due esemplari fa-

69. Morellet, *Mémoire pour les citoyennes*, p. 74.

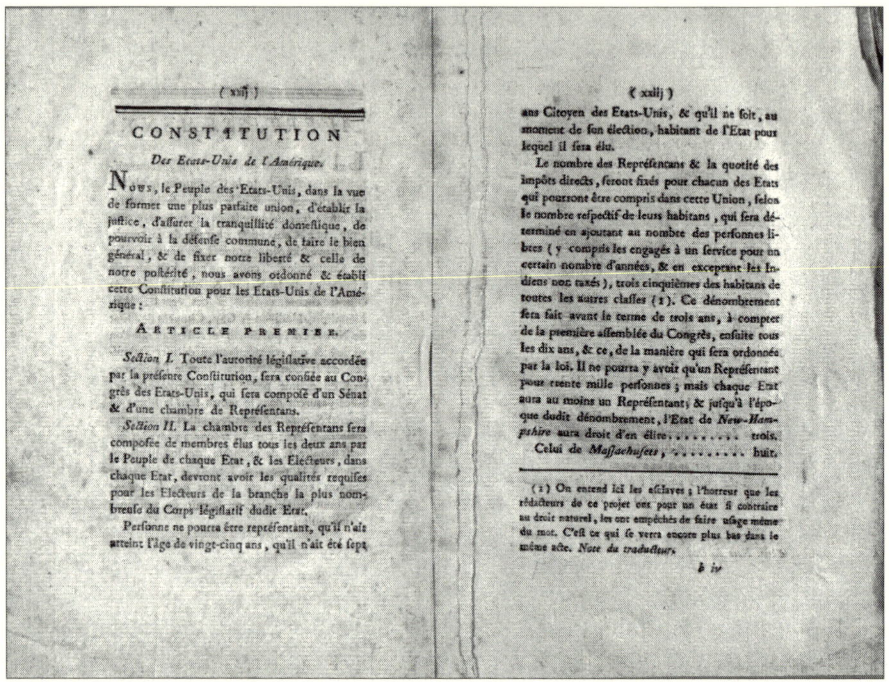

(xxij)

CONSTITUTION

Des Etats-Unis de l'Amérique.

Nous, le Peuple des Etats-Unis, dans la vue de former une plus parfaite union, d'établir la justice, d'assurer la tranquillité domestique, de pourvoir à la défense commune, de faire le bien général, & de fixer notre liberté & celle de notre postérité, nous avons ordonné & établi cette Constitution pour les Etats-Unis de l'Amérique :

ARTICLE PREMIER.

Section I. Toute l'autorité législative accordée par la présente Constitution, sera confiée au Congrès des Etats-Unis, qui sera composé d'un Sénat & d'une chambre de Représentans.

Section II. La chambre des Représentans sera composée de membres élus tous les deux ans par le Peuple de chaque Etat, & les Electeurs, dans chaque Etat, devront avoir les qualités requises pour les Electeurs de la branche la plus nombreuse du Corps législatif dudit Etat.

Personne ne pourra être représentant, qu'il n'ait atteint l'âge de vingt-cinq ans, qu'il n'ait été sept

(xxiij)

ans Citoyen des Etats-Unis, & qu'il ne soit, au moment de son élection, habitant de l'Etat pour lequel il sera élu.

Le nombre des Représentans & la quotité des impôts directs, seront fixés pour chacun des Etats qui pourront être compris dans cette Union, selon le nombre respectif de leurs habitans, qui sera déterminé en ajoutant au nombre des personnes libres (y compris les engagés à un service pour un certain nombre d'années, & en exceptant les Indiens non taxés), trois cinquièmes des habitans de toutes les autres classes (1). Ce dénombrement sera fait avant le terme de trois ans, à compter de la première assemblée du Congrès, ensuite tous les dix ans, & ce, de la manière qui sera ordonnée par la loi. Il ne pourra y avoir qu'un Représentant pour trente mille personnes ; mais chaque Etat aura au moins un Représentant ; & jusqu'à l'époque dudit dénombrement, l'Etat de *New-Hampshire* aura droit d'en élire.......... trois.

Celui de *Massachusetts*, ... huit.

(1) On entend ici les esclaves ; l'horreur que les rédacteurs de ce projet ont pour un état si contraire au droit naturel, les ont empêchés de faire usage même du mot. C'est ce qui se verra encore plus bas dans le même acte. *Note du traducteur.*

b iv

Fig. 4. Pagine XXII-XXIII della prima traduzione francese del *Federalist*. Biblioteca nazionale Braidense, Milano.

cevano parte di un lotto dove venne casualmente dimenticato di estrarre, prima di predisporre la brossura, le poche pagine del secondo sedicesimo che dovevano invece essere distrutte. La dimenticanza non doveva tuttavia essere limitata ai soli due esemplari conservati nelle biblioteche statunitensi, perché presso la Biblioteca nazionale Braidense di Milano ve ne è un altro, acquistato dal futuro vice-presidente della napoleonica Repubblica italiana, Francesco Melzi d'Eril, dove, come da fig. 4, appare chiaro che le pagine dell'introduzione casualmente conservatesi vennero addirittura strappate in un momento successivo.

Questa analisi comparativa degli esemplari permette di concludere che la mancanza dell'introduzione (di Trudaine o di Lamare a questo punto poco importa) fosse dovuta al fatto che essa mostrava grande interesse per il modello federalista americano ribadendo al tempo stesso l'opzione a favore della monarchia in Francia. Essa permette inoltre di stabilire che la pagina dell'*Avertissement* posta all'inizio dell'opera venne redatta, in un momento successivo alla stampa, da altri, di stretta fiducia dello stampatore Buisson, rispetto a chi aveva invece eseguito l'introduzione. Essa così recita:

> Les Etats-Unis de l'Amérique, reconnaissant l'imperfection de la Constitution qu'ils s'étaient donnée pendant le cours de la guerre qui assura leur indépendance, convoquèrent en 1787 une Convention chargée de la revoir. La Convention leur proposa un nouveau plan de Constitution. Tandis qu'elle était soumise à l'examen de la Nation et que les opinions étaient encore divisées à cet égard, MM. Hamilton, Madisson et Gay, citoyens de l'Etat de New-York, publièrent les réflexions que l'on va lire et qui contribuèrent à décider l'admission de la Constitution à laquelle l'Amérique doit en grande partie sa prospérité actuelle. Elles parurent dans le temps sous la forme de journal et ont été depuis recueillies en un corps d'ouvrage. Peut-être lui trouvera-t-on des défauts d'ordre et de méthode, des longueurs qui tiennent à sa première forme; je n'ai pas cru pouvoir corriger ces défauts que le lecteur pardonnera, j'espère, en faveur de quelques vérités utiles.

Se ora confrontiamo le ultime righe con i brani conclusivi delle poche pagine dell'introduzione pervenuteci, le analogie ritornano puntualmente e questa assonanza consente di ipotizzare che l'*Avertissement* altro non fosse che una sintesi, divenuta nel frattempo politicamente accettabile, dell'intero testo andato invece distrutto. Se ne può dedurre che l'introduzione vertesse pertanto su due punti fondamentali: da una parte ricordare come gli Stati Uniti, insoddisfatti degli Articoli di confederazione, avessero deciso di rivedere la costituzione convocando una Convenzione nel 1787 a Filadelfia e dall'altra sottolineare quanto quei lavori fossero stati fruttuosi, perché avevano dato luogo ad una costituzione sulla quale fondavano la prosperità e il benessere di tutti gli stati. È evidente come nelle intenzioni di chi aveva redatto l'introduzione fosse il proposito di suggerire che la Francia stessa potesse seguire la stessa strada, e dunque rivedere la costituzione del 1791 per ottenere, sull'esempio americano, ossia mediante l'introduzione di una seconda camera, quella stabilità politica che ancora le mancava e che il Senato degli Stati Uniti aveva invece saputo assicurare. È ugualmente chiaro, sul lato opposto, come Buisson, mediante le poche parole che gli consentivano di utilizzare la pagina altrimenti bianca, potesse giocare sull'analogia della convocazione di una Convenzione, chiamata a sua volta a dare alla Francia una nuova costituzione, per presentare l'opera quale un contributo fondamentale al dibattito politico all'indomani del crollo della monarchia.

Nel caso della prima traduzione del *Federalist* possiamo pertanto concludere che l'iniziativa editoriale riflettesse un progetto di impronta monarchica, ma che, una volta confezionato il volume, un nuovo clima politico, improvvisamente stravolto dalla giornata del 10 agosto 1792, imponesse di proporre il medesimo lavoro sotto il segno, esattamente opposto, dell'elogio del repubblicanesimo. Questo uso disinvolto del medesimo lavoro non deve tuttavia far dimenticare come la traduzione del *Federalist*, di stretta intesa con quella immediatamente precedente della *Defence* di Adams, fosse parte integrante di un disegno volto a coniugare la monarchia di Francia con un bicameralismo elettivo sul modello americano.

Questa prospettiva non era affatto nuova nel panorama politico di Francia, perché sin dal 1788, in occasione del dibattito circa le competenze degli Stati generali appena convocati, Rabaut de Saint Etienne aveva indicato nella costituzione statunitense del 1787 un sicuro esempio. Sottolineando come un passaggio fondamentale il fatto che a Filadelfia gli americani avessero rivisto gli Articoli di Confederazione e suggerendo una facile equivalenza tra i poteri del presidente degli Stati Uniti e quelli tradizionalmente spettanti ad un sovrano, Rabaut poteva concludere per la compatibilità del nuovo ordine d'oltre Atlantico con le prospettive di rinnovamento politico-costituzionale cui erano chiamati gli Stati Generali.[70] Tuttavia, nel 1792, gli stessi argomenti, ormai collocati in una situazione politica diversa, dove l'ordine monarchico era platealmente contestato

70. «On objectera que le gouvernement républicain des provinces américaines ne peut pas être comparé à celui d'une monarchie, ni lui server de modèle; cette objection se réduit à ceci: il est permis aux Américains, qui sont des républicains, de reformer leurs loix et d'améliorer leur constitution; mais, ce qui est juste et vrai en Amérique, ne l'est pas en France: le gouvernement français étant monarchique, ne peut pas être changé et ses loix doivent être éternellement vicieuses. Un pareil raisonnement serait absurde et on nous dispenserait d'y répondre; mais l'objection tombera d'elle-même lorsqu'on saura que les américains viennent de changer entièrement leur constitution; de républicaine qu'elle était ils l'ont rendue mixte et c'est dans ce sens que nous la proposons pour exemple. Le pouvoir législatif est divisé entre une chambre de représentants, un Sénat et un président: et ce président, sans avoir le nom de Roi a, de fait, par la loi, les pouvoirs les plus étendus; son autorité est presque égale à celle du roi d'Angleterre». [Rabaut de Saint-Etienne], *A la Nation française. Sur les vices de son gouvernement. Sur la nécessité d'établir une constitution, et sur la composition des états gén*éraux, Paris, snt., 1788, pp. 31-32.

dal giacobinismo, prendevano un significato largamente diverso, perché fornivano ai circoli favorevoli ad una monarchia costituzionale la possibilità di perorare la causa dell'ordine che la costituzione del 1791 sembrava incapace di assicurare e al tempo stesso permettevano loro di reggere il confronto, proprio sul terreno della modernità politica, con gli avversari repubblicani. Questa prospettiva, che nell'estate del 1792 era ormai al centro dell'azione politica di La Fayette, nulla divideva, però, con i presupposti teorici del repubblicanesimo classico e sembra suggerire come la (ri)scoperta del modello americano avvenisse per la via dell'attenzione ad una pratica politica che sembrava assicurare equilibrio e stabilità al quadro rivoluzionario dischiuso dal 1789. In altri termini, contrariamente a quanto sempre sottolineato, il federalismo americano costituì certo una importante occasione di confronto per taluni repubblicani, come Brissot e Condorcet, ma rappresentò la via maestra alla politica soprattutto per quel gruppo liberale, presto raccoltosi attorno a La Fayette, che mai rinunciò a sostenere le ragioni del nuovo ordine anche a fronte della crescita del movimento democratico. Proprio questo aspetto – ossia la circostanza che il modello americano fosse, ancora nel 1792, un sicuro patrimonio della cultura politica fogliante – permette di rileggere in termini più precisi perché, all'indomani del 10 agosto, la repubblica statunitense, alla quale molti patrioti avevano in precedenza guardato con interesse, perdesse immediatamente consensi e si levassero presto le insinuazioni a sottolineare come, sotto la voce del federalismo, potessero trovare motivo di conforto addirittura i nemici della democrazia.

Le pagine precedenti indicano l'apparente contraddizione di come il rifiuto del modello politico statunitense avesse luogo proprio all'indomani del 10 agosto 1792, ossia quando la Francia era a sua volta divenuta una repubblica per volontà di un ceto politico patriottico che sino ad allora non aveva mai mancato di enunciare profondi elogi nei con fronti dell'America. Esse suggeriscono però anche una lettura in qualche modo diversa delle ragioni che portarono il movimento democratico di Francia a dichiarare esaurito ogni debito, politico e culturale, nei confronti dell'altrettanto giovane repubblica d'oltre Oceano. Già le parole con le quali il «Patriote françois» recensiva, nell'ottobre del 1792, la traduzione del *Federalist* sono al riguardo illuminanti: in quelle brevi note non manca infatti un accenno a come taluni aspetti dell'opera potessero favorire l'aristocrazia e questa precisazione sembra suggerire come il giornale, che rispondeva direttamente a Brissot, sapesse delle precedenti, ambigue frequentazioni politiche dello stampatore Buisson.

Alla precisazione circa la dimensione aristocratica di talune affermazioni presenti nel *Federalist*, lo stesso Brissot si sarebbe d'altronde sentito obbligato – e per più di un motivo – in prima persona: d'un lato, egli era certo a conoscenza di come i rapporti tra Madison e Hamilton si fossero nel frattempo deteriorati e di quanto i due fossero alla guida di gruppi politici non solo diversi, ma ormai anche apertamente contrapposti. Dall'altro, tuttavia, gli suggeriva grande prudenza al riguardo anche la circostanza che il suo entusiasmo per l'esempio americano fosse, da qualche tempo ormai, un motivo di sospetto nel suo stesso campo. Sul finire del 1791, egli aveva infatti voluto la guerra sostenendo, contro l'opinione di Robespierre, come i francesi dovessero emulare l'esempio americano e grazie a quell'analogia, ripetuta mente evocata, aveva portato dalla propria parte la Società dei Giacobini.[71] Quella scelta gli era tuttavia costata l'accusa di essere un alleato segreto di La Fayette, perché Camille Desmoulins, proprio ricordando come entrambi fossero ammiratori del modello americano, aveva insinuato che Brissot promuovesse la guerra perché il generale patriota – emulando Cromwell anziché Washington – assumesse il potere.[72]

Per questo motivo, all'indomani dell'aprile 1792, a guerra ormai avviata, l'insuccesso delle operazioni militari aveva molto indebolito Brissot,[73] contro il quale erano presto riprese le accuse di connivenza con la Corte.[74] Il fallimento della dimostrazione del 20 giugno 1792 e il minaccioso ritorno di La Fayette a Parigi, dove nel mese di luglio recla-

71. Si veda F. Furet, *Les Girondins et la guerre: les débuts de l'Assemblée legislative*, in *La Gironde et les Girondins* cit., pp. 189-205. Sul punto mi permetto inoltre di anticipare un mio prossimo articolo in lingua inglese, dal titolo *The American Origins of the French Revolutionary War, 1791-1792*, qui ripubblicato col titolo *Le origini americane della guerra rivoluzionaria francese, 1791-1792*.

72. *La Tribune des patriotes, ou journal de la majorité, pour servir de suite au n. 86 du Journal des Révolutions de France et de Brabant*, n. 1, p. 12. Vedi anche, sempre dello stesso, C. Desmoulins, *Jean-Pierre Brissot demasqué*, s.l.n.d., in particolare le denunce dello stesso tenore rivolte sempre a Brissot alle pp. 23-24.

73. B. Reilly, *Rethoric and Ambition: the Impolitic Foreign Policy of J. P. Brissot*, in *Profiles of Revolutionaries in Atlantic History*, eds. R.W. Weisberger, D.P. Hupchick, D.L. Anderson, Boulder, Social science monograph, 2007, pp. 195-201. Vedi anche a tal proposito P. Chastain Howe, *Foreign Policy and the French Revolution. Charles-François Dumouriez, Pierre LeBrun and the Belgian Plan, 1789-1793*, London, Palgrave, 2008, pp. 56-57

74. «Révolutions de Paris», 12-19 mai 1792, pp. 289-296. Si veda inoltre E. Ellery, *Brissot de Warville. A Study in the History of the French Revolution,* Boston, Houghton and Mifflin, 1915, pp. 268-277.

mò alla Legislativa la chiusura del club dei Giacobini, rilanciarono poi le insinuazioni che volevano Brissot segretamente appoggiare l'azione politica del generale e anche per questo motivo dalla tribuna della Legislativa egli si affrettò a chiederne, seppur inutilmente, l'incriminazione sotto l'accusa di tradimento.[75]

Con questi precedenti, neppure il crollo della monarchia riuscì a rilanciare la fortuna politica di Brissot. Sul finire di agosto, il giornale «Révolutions de Paris» di Prudhomme, sempre ricordando la sua *liaison* con La Fayette, sconsigliò di eleggerlo alla Convenzione[76] e anche quanti avevano sempre guardato con simpatia al modello della repubblica federativa ne presero presto le distanze. Anacharsis Cloots, che pure aveva sostenuto le posizioni di Brissot in occasione del dibattito sulla guerra[77] e trovò poi il modo di ricordare, facendo tuttavia molta confusione, come fossero proprio gli americani i più desiderosi di trasformare gli stati della loro unione in altrettanti dipartimenti sul modello francese,[78] volle subi-

75. *Archives parlementaires*, vol. 47, p. 268. Si veda anche Ellery, *Brissot de Warville*, p. 290.

76. «[Brissot] connait l'Angleterre, peut-être trop; car il y a contracté le caractère astucieux des insulaires. Il n'a point fait un assez long séjour dans les Etats-Unis de l'Amérique. Il a vu [...] la succession rapide de ministres et de généraux plus détestables les uns que les autres. Il les a démasqués avec courage, avec force; pas tous, cependant: car on lui a reproché sa prévention (pour ne pas nous servir d'un autre mot) en faveur de La Fayette et de Narbonne». «Révolutions de Paris», 25 août-1 septembre 1792, p. 387. La campagna di denigrazione di Brissot, come noto, sortì l'effetto voluto, perché egli non venne eletto a Parigi, ma in tre dipartimenti. Ellery, *Brissot de Warville*, pp. 303-304.

77. «Les 83 cases du damier de la France seront augmentées de 12 cases nouvelles, dont le record sera le Rhin et les sommets des Alpes, si toutefois l'intérêt de l'Europe libre n'exigeait pas un damier plus étendu». *Discours d'Anacharsis Cloots orateur du genre humain prononcé à la Société, dans la séance du 1 janvier 1792*, Paris, Imprimerie du Patriote Français, 1792, p. 3.

78. A. Cloots, *Nouvelles combinaisons de l'art social,* in *La République universelle, ou adresse aux tyrannicides*, Paris, chez les marchands des nouveautés, an IV de la Rédemption [1792], pp. 104-105: «Les treize états de l'Amérique ont tellement senti les inconvénients de leur agrégation fédérative et de l'inégalité des sections et du morcellement de la souveraineté qu'ils ont constamment travaillé depuis la paix à donner au congrès les principales facultés de l'autorité suprême. La convention de New Yorck fit un grand pas vers l'unité souveraine et tous les bons esprits de l'Amérique se proposent d'imiter notre division départementale à la première convention qui aura lieu sur le continent du Mississippi. Les riverains de la Delaware et du Connecticut seront aussi sages, aussi prévoyans que nos ci-devant Dauphinois et nos ci- devant Bretons. Le petit état de Rhode Island ne sera plus influencé par le grand état de Pennsylvanie: tous les intérêts partiels seront jetés

to differenziarsi dai girondini, accusandoli di stravolgere il senso stesso dell'istanza federativa.[79] Sul punto, Prudhomme andò presto oltre, sconsigliando addirittura ogni emulazione del sistema politico statunitense, che non esitò a bollare come sostanzialmente monarchico.[80] Così, nonostante

dans la masse de l'intérêt commun. La concorde, la sécurité et la puissance seront le résultat de la sagesse française. Déjà le congrès a tracé sur la carte les cases qu'occuperont les états futurs de l'Ohio et des Appalaches; et à mesure que les déserts, divisés en portion égales, se peupleront, on sentira la nécessité et la facilité d'introduire en Amérique la géométrie sublime de Emmanuel Sieyès. Il serait bien singulier que nos départements agissent en sens contraire des états de l'Amérique et que nous ne puissions rester unis sans un roi gothique, un anneau de verre, pendant que les Américains perfectionnent de jour en jour leur union sans autre véhicule que le bon sens et l'intérêt public. [...]».

79. Si vedano le accuse di federalismo rivolte ai principali componenti del gruppo girondino in *Ni Marat, ni Roland. Opinion d'Anacharsis Cloots*, Paris, Desenne, 1792, dove alla p. 9 si ricorda una riunione in casa dei Roland nella quale Buzot avrebbe perorato la causa delle piccole repubbliche federative, Rebecqui avrebbe avversato addirittura l'annessione di Nizza, mentre Roland che inveiva contro Parigi «[...] se facha puérilement lorsqu'après avoir repoussé ses arguties fédératives, je lui conseillai la lecture d'un ouvrage qu'il ne connaissait pas, et qu'il affecta de mépriser, en disant que ce livre anglais avait eu bien peu d'influence en Amérique». È qui, con tutta probabilità, un riferimento al *Federalist*, denunziato come opera di genio britannico e convaliderebbe l'ipotesi che nel mondo girondino l'interesse per l'America rimanesse declinato, secondo l'esempio di Brissot, attorno ad alcuni valori d'autogoverno propri della cultura politica degli avversari della costituzione del 1787.

80. «Révolutions de Paris», 15-22 septembre 1792, pp. 527-8: «N'écoutez point ceux qui, dans votre sein même prétendent ou que le peuple veut la loi agraire ou que ses amis la veulent pour lui. En vous présentant une idée absurde et qui révolterait les esprits sensés on veut les rejeter subitement dans un autre coté et faire passer à l'aide de quelques déclamations et de quelques citations modernes le plan des propriétés territoriales. On ne vous le présentera pas ouvertement, mais on vous proposera des exemples tirés d'une constitution qui ne convient nullement à la France, qui peut être appropriée à des habitants disséminées sur une surface quelconque, mais nullement à des habitants rassemblés en société journalière et intime, que resserrent continuellement les besoins et les habitudes de la vie; d'une constitution qui n'est point sans défauts et que peut-être notre génération actuelle verra dégénérer en monarchie d'abord constitutionnelle et nos neveux en despotisme. On sait bien qu'Adams a des projets ambitieux; on sait bien que ces nombreuses sociétés établies sous ses auspices dans beaucoup d'endroits ne sont pas indifférentes à sa grandeur personnelle et à l'asservissement de l'Amérique; on sait bien que le sort de ce beau pays repose sur les vertus de Washington; et malheur à toute nation dont la destinée dépendra jamais d'un seul homme! Or, c'est dans la constitution même des Etats-Unis que réside le germe de cette corruption future; et si nous entreprenions de la discuter nous prouverions comment elle sera ruinée par elle-même et comment elle est assez fragile pour ne dépendre en effet que de la modération d'un seul. Législateurs! N'allez donc pas vous trainer servilement sur les pas

Bancal ricordasse nelle stesse settimane come il *Federalist* proponesse l'unità tra gli stati e non la loro divisione,[81] al club dei Giacobini Chabot arrivò presto a proporre come traditore della Repubblica chiunque avesse suggerito alla Convenzione di adottare il modello costituzionale statunitense.[82] Di lì a breve, il giorno 10 ottobre, Brissot venne poi espulso dai Giacobini sotto l'accusa di essere stato il complice di La Fayette[83] e a quel punto le gravi divisioni in seno ai repubblicani ridussero al silenzio anche chi sino ad allora aveva sempre inteso salvaguardare il ruolo politico dei dipartimenti. I convenzionali Billaud-Varenne e Lavicomterie, che in precedenza avevano molto scritto in favore di una repubblica federativa,[84] cancellarono quel tema dalla loro agenda politica e soltanto Cloots, nei mesi successivi, sostenendo la dimensione dipartimentale dell'unità e dell'indivisibilità della repubblica, rimase ad elogiare, addirittura sin oltre la caduta della Gironda, quel modello politico.[85]

des étrangers! Il a été un temps où nos esprits bornés ne voyaient de meilleure constitution que la constitution anglaise. Le génie de la liberté nous a défilé les yeux: serions-nous encore assez enfants pour imiter servilement un autre peuple? Non, n'imitez personne; soyez justes, et vous ferez un bon gouvernement; servez loyalement et franchement le peuple qui vous a fait ce que vous êtes. *C'est un si bon maître!*»

81. «Le *Fédéraliste*, fait par des américains, à en juger seulement par son titre, seroit un ouvrage à reprouver selon vous. Cependant il a été fait pour prouver à ceux des états américains qui voulaient se séparer du congrès, les avantages de l'union; et je ne crois pas que, dans les circonstances où nous sommes, il y ait de livre plus utile à la Convention et au peuple français pour maintenir l'indivisibilité de la République». *Henri Bancal, député à la Convention à Anacharsis Clootz, son collègue*, Paris, Imprimerie du cercle Social, 1792, p. 11.

82. *La Société des Jacobins. Recueil de documents pour l'histoire du club des Jacobins de Paris*, sous la direction de A. Aulard, Paris, Quantin, 1889-1897, vol. 4, pp. 328-329 e 406.

83. Ellery, *Brissot de Warville*, pp. 303-304.

84. Sulla fortuna dei modelli federativi in Francia, dalla crisi di Varennes sino alle prime settimane della Repubblica, De Francesco, *Il governo senza testa*, pp. 173-181.

85. «Une portion du genre humain ne saurait s'isoler sans être rebelle et le privilège dont elle se targue est un crime de lèse-démocratie. Cette vérité a été tellement sentie par les états particuliers de l'Amérique qu'il ne reste plus à leurs législatures locales, à leurs souverainetés partielles qu'un vain nom: tout se réduit chez eux à des fonctions moins importantes que celles de nos administrations départementaires. Les choses ne changent pas de nature par le changement des noms. Il n'y a pas plus de raison d'ériger un département en souverain, qu'un district, un canton, une municipalité, une famille, un individu. Chaque homme si vous le voulez est un souverain bien entendu que sa souveraineté n'empiète pas sur la souveraineté individuelle des autres hommes. Il ne s'agit pas ici d'une dispute de mots [...] Quant au congrès unique, il n'y a de différence entre les Américains et nous,

Le sfortune politiche di La Fayette prima e di Brissot subito dopo procurarono insomma un danno irreparabile al modello politico statunitense, perché avvalorarono presso l'opinione pubblica patriottica che esso fosse lo strumento mediante il quale si voleva frenare il processo rivoluzionario.

Sulla base dell'iniziale significato della traduzione del *Federalist*, possiamo dire che, seppur solo in parte, l'impressione non fosse del tutto infondata, poiché il gruppo che faceva capo a La Fayette aveva davvero sperato di trarre dall'esempio statunitense l'occasione per rivedere la costituzione del 1791. Sotto questa luce, il nesso tra federalismo e aristocrazia, anziché un mostro polemico privo di senso, quale i girondini non avrebbero mancato di denunciare, aveva una sua logica argomentativa, perché serviva a dare una forma concreta all'incubo dei giacobini che la repubblica fosse sotto assedio e che, oltre le parole d'ordine d'impronta democratica, nell'elogio del modello politico statunitense si celasse un sapiente maneggio controrivoluzionario. A quel punto, la divaricazione del processo politico di Francia dal modello di Filadelfia era un fatto compiuto, che sarebbe addirittura volto in contrapposizione aperta in occasione della crisi dell'estate del 1793, quando le proteste della provincia contro l'espulsione dei girondini vennero subito etichettate alla stregua di un complotto «federalista» per rovesciare la democrazia repubblicana. In tal modo, nella guerra civile che ne derivò, venne definitivamente meno quello stretto nesso con gli Stati Uniti del quale, nei mesi precedenti, nessun repubblicano di Francia aveva osato dubitare.

Lungo questa prospettiva, nonostante le dichiarazioni di maniera, diventa difficile credere che dopo il Terrore il modello politico statunitense potesse in qualche modo risalire la china e non sembrano smentire questa impressione neppure le vicende, in questi ultimi anni sovente evocate, del passaggio parlamentare che, nell'estate del 1795, portò all'approvazione della costituzione dell'anno III. Quando la Commissione degli Undici presentò alla Convenzione il nuovo testo costituzionale, il suo presidente, Boissy d'Anglas, nella seduta del 23 giugno, per giustificare la scelta del bicameralismo, fece infatti un esplicito riferimento al modello statuniten-

qu'une plus grande sévérité dans nos expressions et une plus parfaite organisation dans nos distributions géométriques. Voudrions-nous imiter leurs défauts après avoir imité leurs vertus? Notre horloge est plus simple, plus solide, elle marche plus régulièrement. Ajouterons-nous des rouages inutiles et dispendieuses par un servile esprit d'imitation?». A. Cloots, *Bases constitutionnelles de la République du genre humain*, Paris, Imprimerie nationale, 1793, pp. 7-8.

se, addirittura citando la *Defence* di Adams quale una sorta di stella polare per il lavoro di preparazione del testo.[86] Questo passo è stato di recente proposto alla stregua di uno dei più evidenti segnali di come, nella cultura politica del l'anno III, il repubblicanesimo classico avesse ormai sormontato gli ideali democratici del 1793 e si riproponesse pertanto quale un sicuro punto di riferimento per la costruzione di una cultura politica liberale nella Francia rivoluzionaria. La circostanza che Lamare fosse stato ascoltato dalla Commissione degli Undici e che il suo *Equiponderateur* fosse stato pubblicato a spese della Convenzione ha inoltre indotto a suggerire come, proprio per questa via, le dottrine di Adams trovassero ampio consenso nella classe politica francese post-robespierrista.[87]

Questa lettura tende però a sottovalutare come sia la congiuntura politica, ancor prima dei riferimenti ideologici, a dominare la pratica discorsiva e quanto le citazioni possano pertanto rispondere a preoccupazioni del frangente che poco o nulla riflettono circa una conoscenza puntuale dell'argomento. Boissy d'Anglas, citando Adams, lo confuse infatti con il cugino Samuel e il *lapsus* è indicatore di una lettura assai superficiale del modello politico americano, che porta a molto dubitare della sua conoscenza della *Defence*. È assai più probabile, invece, che egli avesse trovato il modo di sfogliare un altro testo, dedicato alla costituzione del Massachusetts, pubblicato in quegli stessi giorni da Adrien Lezay-Marnésia e dove, non certo a caso, tornava il medesimo fraintendimento circa il vero autore della *Defence*.[88] Nell'opuscolo Lezay-Marnésia sosteneva come il più grave pericolo

86. Troper, *Terminer la Révolution*, pp. 72-78.

87. Jainchill, *Reimagining Politics*, p. 31.

88. Sul punto si veda ancora Troper, *Terminer la Révolution*, p. 75, al quale si aggiunga ora Ph. Ziesche, *Cosmopolitan Patriots. Americans in Paris in the Age of Revolution*, Charlottesville, University Press of Virginia, 2010, pp. 104-105. Circa la citazione sbagliata di Samuel Adams quale autore della *Defence*, vedi A. Lezay, *Qu'est-ce que la constitution de 93? Constitution de Massachusett*, Paris, Migneret, an III, p. 6. Appare non di meno importante precisare come lo stesso Lezay fosse incorso in errore appoggiandosi a sua volta ad altra precedente fatica, e segnatamente i *Voyages de M. le Marquis de Chastellux dans l'Amérique septentrionale, dans les années 1780, 1781 et 1782*, Paris, Prault, 1786, dove compare per la prima volta il fraintendimento tra Samuel e John Adams. L'errore di Chastellux venne subito notato nell'edizione dell'opera in lingua inglese dove il traduttore sottolineò come «the admirable form of government for Massachusetts Bay is not the work of Mr. Samuel Adams, but of Mr John Adams, the present minister plenipotentiary from the United States in England». Vedi a tal proposito *Travels in North America in the Years 1780, 1781 and 1782, by the Marquis de Chastellux, one of the Fourty Members of the French*

che minacciasse la Francia infine liberatasi di Robespierre fosse proprio la costituzione del 1793 e sosteneva che la Convenzione dovesse prontamente rivederla introducendo una seconda camera chiamata ad impedire il dominio dell'assemblea sugli altri poteri dello stato. Questo lavoro tornava insomma a proporre una revisione della costituzione francese in termini assai simili a quelli che nel 1792, mediante la traduzione della *Defence* e del *Federalist*, si era inteso avanzare e curiosamente conteneva tutti i riferimenti al modello statunitense che Boissy avrebbe poi introdotto nel proprio discorso d'introduzione al progetto costituzionale dell'anno III.

Lezay-Marnésia dichiarava infatti di avere compiuto un viaggio (ovviamente immaginario) in America, dove avrebbe incontrato Samuel Adams, l'autore della costituzione bicamerale del Massachusetts e con il quale si sarebbe poi recato a Boston per incontrare Benjamin Franklin, presentato quale l'autore della costituzione unicamerale della Pennsylvania. Nella conversazione circa quale dei due modelli costituzionali fosse da preferire, Adams – sottolineando come la Georgia e la Pennsylvania, i soli stati dalla costituzione monocamerale, fossero molto turbati dalle discordie intestine – sarebbe riuscito facile vincitore, tanto che lo stesso Franklin si sarebbe visto costretto a riconoscere il primato del modello costituzionale dell'altro.

L'invenzione di questo dialogo veniva utile a Lezay-Marnésia non tanto e non solo per schierarsi dalla parte di Samuel Adams, ma quanto per introdurre un sicuro paragone tra la costituzione della Pennsylvania e quella della Francia del 1793. Suggerendo addirittura come nel testo di questa fossero non pochi espliciti riferimenti all'altra, Lezay-Marnésia, contando sul fatto che la carta della Pennsylvania fosse stata rivista in termini bicamerali sin dal 1790, poteva pertanto sferrare un violento attacco al testo francese dell'anno I e denunciare la natura sostanzialmente arcaica della cultura politica giacobina. La costituzione del 1793 gli appariva infatti l'esito di un inaccettabile utopismo, destinato a generare le lotte di fazione e la deriva autoritaria in luogo della dichiarata eguaglianza.

Merita tuttavia di sottolineare come Lezay-Marnésia avesse appena pubblicato il proprio lavoro quando l'insurrezione del Pratile anno III intervenne a confermare addirittura in modo drammatico i suoi sinistri avvertimenti. Per questo motivo, egli ritenne opportuno insistere sull'argomento

Academy, and Major General in the French Army, serving under the count of Rochambeau, translated from the French by an English Gentleman, who resided in America at that period, with notes by the translator, London, Robinson, 1787, vol. I, p. 275.

e proporre prontamente un altro testo ancora, dove, esplicitamente evocando l'insurrezione popolare e deplorando per l'occasione la debolezza della Convenzione, sottolineava, al tempo stesso, il coraggioso atteggiamento di Boissy d'Anglas, che in quelle orribili circostanze era stato il solo ad opporsi con fermezza repubblicana a quanti, tra gli insorti, gli mostravano la testa mozza del convenzionale Féraud.[89] Gli elogi di Lezay-Marnésia nei confronti di Boissy erano tuttavia così insistiti da suggerire come, per quella via, egli intendesse avviarsi alla carriera politica e richiedesse la protezione dello stesso convenzionale. Suggerisce questa lettura la circostanza che all'epoca Lezay-Marnésia frequentasse il salotto di Madame de Staël, dove aveva fatto la conoscenza di Boissy[90] ed è pertanto assai probabile che egli divenisse presto una delle tante penne al servizio della Commissione degli Undici. Non sappiamo se lo scrittore direttamente intervenisse nella stesura del discorso introduttivo al progetto costituzionale che Boissy poi lesse in seno alla Convenzione: in ogni caso, sembra evidente che fossero i suoi *pamphlets* – e non quello di Lamare, e men che meno la ponderosa *Defence* di Adams – il punto di riferimento per l'intervento dell'altro. Nel suo discorso, infatti, Boissy non solo ripeteva il fraintendimento tra John e Samuel Adams, ma ricordava pure come la Pennsylvania, travolta dalle lotte di fazione, avesse infine abbandonato l'unicameralismo a vantaggio del più equilibrato sistema delle due camere.[91] Anche la scelta di questa

89. A. Lezay-Marnésia, *Les ruines ou Voyage en France pour servir de suite à celui de la Grèce*, Paris, Migneret, an III, pp. V-VII: «un peuple entier marcha à la réforme par le crime [...] Il a vu des monstres nouveaux, des tombeaux parmi les ruines, des crimes et des malheurs d'une espèce nouvelle, et cherchant toujours la vertu sans la jamais découvrir, il la croyait perdue, lorsque le premier Prairial il la trouva présidant le sénat français. Un homme devenu Dieu, sur l'autel meme où il devait tomber comme victime, l'a à la fin payé de ses recherches: cet homme qui fut si grand lorsque la Convention fut si petite, a paru ignorer sa grandeur; et le public qui ne se connait plus qu'en grands crimes, a à peine parlé de ce Boissy, que l'avenir, juge plus équitable que le temps, reprendra sans doute à un siècle auquel il n'appartenait pas».

90. E. Westerholt, *Lezay Marnesia. Sohn der Aufklärung und Präfekt Napoleons, 1769-1814*, Meisenheim, Hain, 1958, pp. 43-45.

91. Si veda P. Avril, *Le «bicamerisme» de l'an III*, in *La constitution de l'an III, ou l'ordre républicain*, Dijon, Editions universitaires de Dijon, 1998, pp. 183-198; F. Luchaire, *Boissy d'Anglas et la constituion de l'an III* e C. Courvoisier, *Boissy d'Anglas, rapporteur du projet de la constitution de l'an III*, in *La constitution de l'an III. Boissy d'Anglas et la naissance du libéralisme constitutionnel*, sous la direction de G. Conac et de J.P. Machelon, Paris, PUF, 1999, rispettivamente pp. 43-50 e 101-109.

citazione, puntualmente tratta dal *pamphlet* di Lezay. Non era ovviamente dovuta al caso: essa rifletteva la preoccupazione di sottolineare come l'opzione per il bicameralismo nascesse quale un sicuro antidoto alle fazioni e al tempo stesso, mediante il ricorso all'esempio statunitense, si proponeva il compito di dissipare i dubbi che le due camere po tessero preludere al ritorno in forze dell'aristocrazia. Il riferimento al modello costituzionale d'oltre Atlantico era dunque una sorta di passaggio obbligato per scongiurare la facile accusa, che pure non sarebbe mancata, di seguire invece l'esempio britannico e di voler giusto restituire, con la creazione di una seconda camera, l'onore politico ai ceti privilegiati.

Sotto questa luce, il motivo della citazione, per altro errata, della *Defence* appare ancor più chiaro: il riferimento ad Adams, teorico dell'equilibrio dei poteri, ma all'epoca anche vice-presidente degli Stati Uniti, suggerendo un accostamento tra la Francia e la repubblica statunitense, dimostrava la natura democratica della nuova costituzione e confermava come la scelta del bicameralismo si prefiggesse di combattere in pari tempo la demagogia (ossia lo spirito di fazione proprio del giacobinismo), ma anche l'aristocrazia, e cioè la controrivoluzione monarchica.

Da qui a ritenere che nelle menti dei convenzionali della Commissione degli Undici l'esempio statunitense fosse in agenda, il passo rimane tuttavia lungo e lo dimostra il fatto che nel 1792, alla vigilia della caduta della monarchia, lo stesso Boissy d'Anglas fosse tra i primi a dichiarare di non ritenere affatto compatibile il modello federalista con la nascita di una repubblica in Francia.[92] L'uomo non aveva dunque mai dimostrato interesse alcuno verso il sistema politico statunitense e la scelta di corredare la presentazione del progetto costituzionale dell'anno III con un esplicito omaggio alla Repubblica d'oltre oceano era giusto un modo di allontanare da sé le accuse di cripto-realismo che l'opposizione neo-giacobina non avrebbe mancato di presto riservargli.[93]

92. Ch. Le Bozec, *Les idées politiques de Boissy d'Anglas*, ivi, pp. 141-151. Ma vedi anche, proprio di Boissy d'Anglas, *Quelques idées sur la liberté, la révolution, le gouvernement républicain et la constitution française*, Paris, snt, 5 juin 1792, p. 24 in particolare.

93. P. Gueniffey, *La révolution ambigüe de l'an III*, in *1795. Pour une République sans révolution*, sous la direction de R. Dupuy et M. Morabito, Rennes, Pur, 1996, p. 50. Lo stesso Lezay d'altronde avrebbe presto contestato che la costituzione del 1795 potesse condurre ad una effettiva separazione dei poteri. Vedi, a tal proposito, le sue considerazioni in A. Lezay, *Qu'est-ce que la constitution de 95?* Paris, Migneret, an III, poi confermate in Id., *Des causes de la révolution et de ses résultats*, Paris, Desenne 1797, pp. 62-65 e ribadite

D'altronde, in questa preclusione verso il modello di Filadelfia, all'interno della Convenzione, Boissy era in buona compagnia e le dichiarazioni di quanti intervennero in occasione della discussione circa l'opportunità di introdurre in Francia il bicameralismo stanno a confermare la natura largamente strumentale delle sue dichiarazioni. Furono infatti pochi a fare un esplicito riferimento al modello americano e quasi tutti –sia che sostenessero la scelta del bicameralismo, sia che la rifiutassero – puntualmente negarono che il testo proposto dalla Commissione degli Undici potesse essere accostato all'esempio di Filadelfia.

Dalla sinistra dello schieramento, prese ad esempio la parola Joseph Eschassériaux, il quale, contestando la distribuzione dei compiti legislativi tra le due camere, negò che il sistema proposto avesse nulla a che fare con la costituzione del 1787, dove lo strumento regolatore delle inevitabili tensioni interne alle due camere era non a caso individuato in un terzo potere ancora. La differenza, sulla quale molto insisteva, gli veniva d'altronde utile per sottolineare come il testo proposto dalla Commissione degli Undici fosse un progetto completamente diverso rispetto al modello americano al quale diceva di essersi ispirata, perché dall'esempio di Filadelfia non recuperava la misura e la lungimiranza che Eschassériaux volentieri riconosceva ai costituenti statunitensi.[94]

Questa opinione, che smontava ogni facile accostamento sul terreno della proposta costituzionale trai due paesi, trovò consensi addirittura all'interno della stessa Commissione degli Undici, perché uno dei suoi componenti, La Revellière-Lepeaux, confermò le profonde differenze che intercorrevano al riguardo tra le due sponde dell'Atlantico, ma solo per ricordare come gli stessi americani residenti a Parigi giudicassero il progetto dell'anno III addirittura superiore alla loro costituzione. Infatti, La Revellière-Lepeaux rivendicava come un merito della commissione di cui faceva parte avere escluso il diritto di veto dell'esecutivo che in America era invece riservato al presidente e per l'occasione sottolineava come solo la saggezza di George Washington avesse sino ad allora impedito la guerra civile negli Stati Uniti.[95]

Con gli interventi di Eschassériaux e di La Revellière-Lepeaux l'ambito all'interno del quale la discussione avrebbe avuto luogo era ormai

una volta di più in Id., *Lettre à un Suisse sur la nouvelle constitution hélvetique, précédée de cette constitution*, Paris, Imprimerie de Roederer, an VI, pp. 41-44.

94. Troper, *Terminer la Révolution*, p. 375.

95. Ivi, pp. 382-383.

tracciato: d'un lato, tra gli oppositori, era chi faceva addirittura ricorso al modello americano per indicare la arretratezza, sul terreno del costituzionalismo repubblicano, della proposta presentata all'assemblea; dall'altro, tra quanti peroravano la pronta accettazione del testo, si tentava di presentarlo come la più fine elaborazione costituzionale sino ad allora compiuta e si rivendicava con orgoglio il primato repubblicano di Francia rispetto alla piccola sorella d'oltre oceano.

Proprio per smontare quest'ultima pretesa, un altro convenzionale dai trascorsi risolutamente a sinistra, l'antico montagnardo Alexandre Deleyre, ritenne opportuno spostare l'attenzione su quanto il bicameralismo altro non fosse che la traduzione istituzionale del ruolo politico riservato all'aristocrazia e per questa via si decideva ad accostare il progetto francese a quello americano, ma solo per denunciare come entrambi fossero presto destinati a soccombere al richiamo del modello britannico.[96] Era una chiara ripresa della denuncia del federalismo quale anticamera dell'aristocrazia che tra il 1792 e il 1793 aveva favorito il trionfo della Montagna sulla Gironda e assicurato quella *surenchère* rivoluzionaria che la Convenzione liberatasi di Robespierre non intendeva però più avallare. Per questo motivo, il ritorno degli antichi fantasmi suggerì, dall'altro lato dello schieramento, di infrangere il tabù che circondava il modello costituzionale britannico: Cambacères, rilevando nel progetto presentato una larga imprecisione nella suddivisione dei compiti riservati alle due camere, preferì apertamente lodare e il modello politico statunitense e quello inglese, accostandoli sul terreno della difesa delle prerogative di libertà e ponendoli quale il solo vero punto di riferimento al quale guardare con attenzione.[97] Per motivi opposti, le posizioni di Deleyre come quelle di Cambacerès erano però destinate a non trovare alcun ascolto all'interno dell'assemblea: nella sua grande maggioranza, la Convenzione intendeva infatti approvare un testo costituzionale di profilo diverso, che ufficialmente escludesse ogni largo debito nei confronti di altre tradizioni politiche e che potesse pertanto sembrare quale una specifica risultante del peculiare processo politico avviato in Francia all'indomani del rovesciamento della monarchia. Da questo punto di vista, la soluzione di un bicameralismo privo di un esecutivo dotato di diritto di veto si riduceva ad un bilanciamento dei poteri all'interno del solo legislativo e sembrava la risposta più semplice al nodo della gover-

96. Ivi, pp. 385-390.
97. Ivi, pp. 390-391.

nabilità che la vicenda rivoluzionaria non sembrava essere ancora stata in grado di sciogliere. Infatti, quella soluzione si prefiggeva di dare risposta ai due drammatici problemi sollevati dai recenti trascorsi rivoluzionari: d'un lato, l'esperienza del Terrore obbligava a introdurre una seconda camera, che prevenisse il dominio del potere legislativo da parte di una fazione liberticida a sua volta irresistibilmente portata a precipitare la Francia in un altro Terrore ancora; dall'altro, il deleterio uso del diritto di veto fatto a suo tempo da Luigi XVI obbligava ad escludere per sempre quella prerogativa dalle attribuzioni riservate all'esecutivo, perché ogni cedimento in tal senso avrebbe dischiuso le porte al ritorno in forze dell'aristocrazia.

Il tracciato era dunque stretto e la scelta di rifiutare il bilanciamento dei poteri per solo riequilibrare il legislativo rispetto all'esecutivo mediante la sua ripartizione in due camere consentì di escludere anche formalmente ogni debito verso il modello statunitense. Ma anche in questo caso a fare premio sulle scelte d'ordine costituzionale furono le contingenze del processo politico anziché gli orientamenti d'ordine ideologico: sotto quest'ultimo angolo, anzi, non mancarono le voci a ricordare come l'esempio d'oltre Oceano fosse da tenere sempre alla mente e quanto a quel punto di riferimento si sarebbe sempre dovuto guardare per inserirsi a pieno titolo nel dibattito costituzionale di fine Settecento. La circostanza che la Francia repubblicana seguisse altro percorso e nella sostanza escludesse ogni debito nei confronti del modello americano suona però come obbligo e necessità anziché come deliberato e convinto rifiuto: in altre parole, anche sul terreno propriamente costituzionale, il rilancio al tavolo del processo di nazionalizzazione, con la necessità di sempre e comunque distinguersi da ogni altro precedente, sembrava ormai un fatto compiuto.

La traduzione del *Federalist* comparsa nel 1792 costituisce un affascinante esempio non tanto dell'interesse nutrito in Francia per il modello politico statunitense, quanto dell'uso predatorio – volta a volta differente, quando addirittura non contrapposto – che del riferimento al 1787 i rivoluzionari non mancarono di ripetutamente fare. Nato sotto il segno della compatibilità del sistema federalista con la monarchia, questo interesse parve acquisire una forte valenza democratica all'indomani del 10 agosto, salvo essere ricondotto, in occasione del dibattito costituzionale dell'anno III, ad un elemento di con fronto per una stabilizzazione in chiave conservatrice del nuovo ordine repubblicano.

In ogni caso, appare evidente come la vicenda americana rimanesse agli occhi dei rivoluzionari francesi un punto di riferimento costante, da essere emulato oppure da guardare con sospetto a seconda degli sviluppi della situazione politica interna. Proprio la ricerca di una via originale alla modernità politica, che sempre attraversò il processo rivoluzionario di Francia e sul quale trovò straordinaria forza l'opera di nazionalizzazione, suggerisce come, sotto la coltre di questa preoccupazione l'America rimanesse un esempio dal quale ci si sarebbe presto dovuti discostare, che certo si sarebbe dovuto superare, ma che mai avrebbe potuto essere interamente negato.

Sotto questo profilo, le vicende che abbiamo qui ricostruito offrono più di una conferma: ancora nel 1792, negli ambienti favorevoli alla monarchia, si pensò di fare conto sull'esempio americano per stabilizzare il nuovo ordine; dopo il 10 agosto, il precedente di Filadelfia sembrò illuminare i compiti che attendevano la Convenzione; nel corso del conflitto tra girondini e montagnardi le reciproche accuse di federalismo portarono non tanto sulla denuncia del modello statunitense quanto sull'uso proditorio e criminoso che di quella formula proprio gli ambienti vicini alla Corona avevano precedentemente fatto. In ogni caso, sino a tutto il 1795 (ma anche oltre), fino a quando il trattato di Jay e la *quasi-war* non convinsero il Direttorio che aiutando i patrioti americani si era in realtà coltivata una serpe in seno, il riferimento all'America rimase costante nella cultura politica rivoluzionaria e questo aspetto investì assai più la pratica rivoluzionaria che non la riflessione teoretica. Fuor di ogni riferimento d'ordine culturale oppure ideologico, a dettare l'interesse per la giovane repubblica americana era l'auspicio (o l'incubo) che quanto aveva avuto luogo al di là dell'oceano potesse riproporsi anche in Francia.

Era una attenzione costante verso le vicende seguite all'entrata in esercizio della costituzione del 1787 sulla quale, tuttavia, la storiografia non ha mai prestato una significativa attenzione. Ancora oggi, infatti, nel confronto tra la rivoluzione americana e quella francese, a dominare son le voci che sottolineano la irricomponibile diversità dei due processi politici, tanto da proporli, non di rado, come due prospettive addirittura contrapposte.[98] Su questo ha giocato (e tuttora svolge) un ruolo schiacciante la tradizione

98. «The French Revolution could never have happened in America, and the American Revolution could never have happened in France». Queste le lapidarie parole di J.R. Censer, *The Two Revolutions*, in *The Legacy of the French Revolution*, EDS. R.C. Hancock, L.G. Lambert, Lanham, Rowman and Littlefield, 1996, pp. 81-107. Ma vedi anche per una più articolata considerazione, che tuttavia conduce al medesimo esito H. Meadwell, *Republics, Nations and Transitions to Modernity*, in «Nations and nationalism», 5 (1999), pp. 23-25.

storiografica anglo-americana, solita ascrivere il modello federalista del 1787 al repubblicanesimo classico e portata a contrapporre, con un immediato giudizio di merito, l'equilibrio dei poteri e la stabilità politica del modello americano alla deriva autoritaria presto conosciuta invece dal processo rivoluzionario in Francia.[99] E per molto tempo, seppur sotto un segno interpretativo opposto, questa ricostruzione è stata accettata anche dalla storiografia francese, che a sua volta ha sempre sostenuto l'eccezionalità (intesa ovviamente come primato) del 1789 ed ha strettamente congiunto l'ascesa politica del giacobinismo con le origini della democrazia.[100]

Tuttavia, ora che le storiografie nazionali hanno terminato la loro lunga e pur meritoria traiettoria, questa eccezionalità dei percorsi storici nazionali appare dubbia e non sembra più possibile avallare una interpretazione tutta volta a differenziare anziché accostare i processi politici di Francia e America. L'interesse per il modello politico del 1787, che queste pagine hanno preso in esame con particolare riguardo agli anni della Convenzione, suggerisce infatti una differente lettura, che sottolinei come la diversità dei due sistemi politici fosse solo la conseguenza e non la causa delle specifiche vicende rivoluzionarie.[101]

99. Si veda, tra i più recenti lavori al riguardo, soprattutto P. Higonnet, *Sister Republics: The Origins of French and American Republicanism*, Cambridge MA, Harvard University Press, 1988; *L'Amérique et la France: deux revolutions*, sous la direction de E. Marienstras, Paris, Publications de la Sorbonne, 1990; S. Dunn, *Sister Revolutions: French Lightining, American Light*, New York, Faber & Faber, 1999 e M. Hulliung, *Citizens and Citoyens: Republicans and Liberals in America and France*, Cambridge MA, Harvard University Press, 2002.

100. Vedi a tal riguardo per una descrizione riassuntiva delle posizioni in campo O. Betourné, A.I. Hartig, *Penser l'histoire de la Révolution. Deux siècles de passion française*, Paris, Editions La Découverte, 1989. Il quadro in questi anni è tuttavia molto cambiato: si pensi, ad es., al lavoro di A. Jourdan, *La Révolution, une exception française?*, Paris, Flammarion, 2005, in particolare alle pp. 353-374 dove il nesso con il mondo atlantico è nuovamente proposto; sebbene da punti di vista dif ferenti, il tema di un incrocio politico tra le due sponde dell'Atlantico è presente anche in S.P. Newman, *American Political Culture and the French and Haitian Revolutions. Nathaniel Cutting and the Jeffersonian Republicans*, in *The Impact of the Haitian Revolution in the Atlantic World*, ed. D.P. Geggus, Columbia SC, University of South Carolina, 2001, pp. 73-78 e in Ph. Ziesche, *Exporting American Revolutions. Gouverneur Morris, Thomas Jefferson, and the National Struggle for Universal Rights in Revolutionary France,* in «Journal of the Early Republic», 26 (2006), pp. 419-445.

101. Sulla nascita e sull'evoluzione della storiografia Americana, si veda a titolo di esempio *Imagined Histories. American Historians Interpret the Past*, eds. A. Molho, G.

Si tratta di un rovesciamento di posizioni destinato ad incontrare gli strali di quanti, sostenendo il primato di un modello politico-culturale fondato sul repubblicanesimo classico, tendono a ricondurre a poca cosa il 1789 rispetto ad una modernità che avrebbe avuto origine e sviluppi sempre e comunque altrove. Tuttavia, sul terreno della storia delle rivoluzioni, sembra giunto il tempo di lasciare il campo della comparazione, per insistere sullo studio delle concrete dinamiche politiche e dei molti quadri – talvolta veri, talvolta solo immaginati – che le specifiche congiunture contribuivano a continuamente proporre. Lungo questa direttrice non solo la circolazione delle idee, ma soprattutto l'emulazione e la concorrenza assumono un rilievo passato a lungo sotto silenzio e suggeriscono di rileggere la storia atlantica nei termini di rivoluzioni che fecero invece costantemente incrocio, perché d'un lato all'altro dell'oceano l'impatto delle dinamiche politiche altrui si rivelò comunque decisivo per suggerire, se non imporre, in Francia come negli Stati Uniti, peculiari scelte di governo.

Wood, Princeton, Princeton University Press, 1998. Una rilettura in un più ampio quadro della storia americana è di recente offerta da Th. Bender, *A Nation among Nations. America's Place in World History*, New York, Hill and Wang, 2006.

3. Quando il *Federalist* non era ancora il *Federalist*. Alle origini di un classico della teoria politica (1788-1865)

1. *Binney vs. Jefferson*

> [France has...] made great progress, since her first revolution, in political knowledge, which has thus far guarded her against those scenes of violence and blood shed which marked the first, but there are great difficulties before her. She is entering on an untrodden path; to reconstruct society, as well as government; with materials not well suited to either purpose. I shall watch the attempt with profound interest, but with little expectation of its success. I hope she will be permitted to have a fair opportunity, so that if she fails, it will be attributed to the intrinsick difficulty of the task, and not to interference and difficulties from without. If, under such circumstances, she should fail, I see no alternative for her, but an *Imperial Government.*[1]

Con queste parole, dal tratto che si sarebbe rivelato di lì a breve profetico, John Calhoun, in una lettera datata 26 maggio 1848, commentando gli sviluppi della rivoluzione in Europa, aveva parole di grave perplessità circa gli avvenimenti di Francia. A suo dire, se tutte le dinastie del vecchio continente avevano i giorni contati, vi era comunque da far poco conto sugli sviluppi del repubblicanesimo nel vecchio continente. La Francia, certo, aveva di nuovo rovesciato una monarchia, ma l'endiadi libertà ed eguaglianza – che avrebbe tra l'altro presto portato all'abolizione della schiavitù – gli sembrava, proprio per questo motivo, un presupposto dai risvolti inquietanti, che avrebbe inevitabilmente precipitato quel Paese nell'anarchia e di rimbalzo nell'autoritarismo di governo.[2]

1. Lettera di John Calhoun a Thomas Green Clemson del 26 maggio 1848, in *Correspondence of John C. Calhoun*, ed. J. Franklin Jameson, in «American Historical Association, Annual Report», 16/2 (1899), pp. 756-757.

2. Sul punto Ch.M. Wiltse, *A Critical Southerner: John C. Calhoun on the Revolutions of 1848*, in «Journal of Southern History», 15 (1949), pp. 299-310. D'obbligo ricord-

Le brillanti considerazioni di Calhoun non possono comunque nascondere come le sue idee riguardo alla Francia fossero largamente in circolo negli ambienti politici e culturali statunitensi, dove proprio il fallimento della prima repubblica e l'ascesa di Napoleone avevano convinto i più dell'irrepetibilità dell'esperimento costituzionale avviato con successo, invece, oltre l'oceano.[3] Ancora nel 1850 – quando pure la seconda repubblica di Francia era ancora al suo posto e un altro Brumaio di là da venire – in un sermone tenuto nel New Jersey, Robert Davidson, un pastore presbiteriano, tornava sul punto per magnificare la svolta del 1787, che aveva assicurato, almeno a suo dire, un chiaro primato alla giovane repubblica, facendone un caso del tutto ineguagliabile nel panorama istituzionale del tempo.[4]

La costituzione uscita dalla convenzione di Filadelfia e poi approvata dai tredici Stati rappresentava insomma un *unicum* al quale nessuno, per lo meno nella vecchia Europa, avrebbe mai potuto accostarsi. D'altronde, la nazionalizzazione degli Stati Uniti passava da quel presupposto e se la secessione degli Stati del Sud ne mise presto in rilievo tutta la fragilità, la vittoria dell'Unione permise però di rilanciarlo con più forza ancora. Le quotazioni del modello del 1787 uscirono ingigantite dalla conclusione della guerra civile e lo dimostra la circostanza che proprio mentre il conflitto volgeva ormai a favore dell'Unione comparvero due edizioni del *Federalist*, ossia la raccolta dei saggi di Alexander Hamilton, John Jay e James Madison, pubblicati in volume per la prima volta a New York nel 1788 per sostenere la ratifica della costituzione di Filadelfia. Recensendo la fatica di Henry B. Dawson – che si era proposto di riportare all'attenzione del pubblico i saggi così come erano inizialmente comparsi su alcuni giornali della città di New York[5] – il «New England», un foglio letterario, così ricordava:

are il profilo di Calhoun tracciato da M. Salvadori, *Potere e libertà nel mondo moderno, John C. Calhoun: un genio imbarazzante*, Roma-Bari, Laterza, 1996.

3. R.C. Rohrs, *American Critics of the French Revolution of 1848*, in «Journal of the Early Republic», 14 (1994), pp. 359-377.

4. Con riferimento alla data cruciale del 1787, così ad esempio si esprimeva: «From that time the United States started on that career of uninterrupted progress, which has given them face to afce on the Pacific with Asia; has made them the second, if not the first, commercial power in the world; and has rendered our flag the admiration or the envy of all the nations», R. Davidson, *The Evils of Disunion. A Discourse delivered on Thanksgiving Day December 12, 1850*, New Brunswick NJ, Terhune and Son, 1850, p. 9.

5. *The Federalist, a Collection of Essays in Favor of the New Constitution, as agreed upon by the Federal Convention, 17 September 1787, with an historical introduction and notes by H.B. Dawson*, New York, Scribner, 1863.

> Now that the Southern rebellion appears to be approaching its close, our attention is drawn more and more towards the form of government established by our patriot fathers of the revolution, the principles upon which it was founden and the peril that then threatened it and that threaten it now. A successfull experiment of more than seventy years has dispelled many of the terrors that appalled our fathers as they looked into the untried future; but some of them at this day present themselves to our mindswith as much force as they then did to theirs. In no other work are the principles of the Constitution so thoroughly discussed as in the Federalist.[6]

Sono parole che illuminano su come, terminato il conflitto, il *Federalist* sarebbe divenuto la stella polare nella difficile navigazione dell'Unione per i mari della modernità. E in effetti, dando stavolta un chiaro impulso a un'istanza che si era solo affacciata agli inizi del XIX secolo, nei decenni immediatamente successivi alla fine del conflitto intestine iniziarono a circolare anche le prime edizioni universitarie dell'opera, ormai proposta quale breviario politico-costituzionale sul quale le nuove generazioni statunitensi erano chiamate a compiere il loro percorso di formazione alla citta dinanza.[7] Non si trattò, a dire il vero, di una riscoperta, perché lungo tutto il primo Ottocento le edizioni del *Federalist* – come vedremo meglio in seguito – mai erano mancate; e tuttavia, soltanto la conclusione della guerra civile gli assicurò quel profilo costituzionale, che in precedenza era stato sì prospettato, ma al quale aveva fatto immancabilmente velo la necessità dei vari esecutivi di presentare quelle pagine anche a sostegno della loro linea politica.

Questo approccio, che ostacolava una lettura di stampo prettamente giuridico dei saggi, si era manifestato sin dai primi anni di esercizio della costituzione, quando i due principali autori dell'opera – Hamilton e Madison – si erano presto contrapposti e avevano addirittura animato i partiti federalista e democratico-repubblicano duramente combattutisi sino all'elezione di Jefferson del 1800. Questi aveva poi in qualche modo ricomposto la frattura, subordinando le ragioni di un forte governo centrale a quelle della libertà di manovra dei singoli Stati senza che una scelta siffatta impli-

6. «New England», 18 (1864), p. 116.

7. *The Federalist: A Collection of Essays written in Favor of the New Constitution, as agreed upon by the Federal Convention, 17 September 1787, reprinted from the original text under the editorial supervision of H.B. Dawson*, New York, Scribner, 1865. Altre edizioni seguirono nel 1867, 1870 e 1873.

casse l'esplicita presa di distanze dal *Federalist*; su questa strada, inutile dirlo, marciò in seguito lo stesso Madison, nel frattempo divenuto presidente, nonché subito dopo Monroe, altro virginiano vicino a Jefferson, fino a quando Andrew Jackson e i suoi successori, ampliando l'esercizio della democrazia e nulla toccando dei diritti degli Stati – tra i quali era anche quello di dire la loro sulla schiavitù – non finirono per portare allo scoperto le contraddizioni di un sistema politico che non trovava equilibrio tra le ragioni del governo centrale e le prerogative delle singole statualità.

Tutto questo segnalò, proprio nel pieno della guerra di secessione, Horace Binney, un uomo all'epoca ormai anziano, che aveva vissuto l'intera vicenda politica statunitense, era sempre rimasto un federalista vicino a Hamilton e reputava Jefferson un «diavolo nel nostro paradiso»,[8] per via della scelta di smantellare il forte esecutivo che le amministrazioni di Washington e Adams avevano invece stabilito. Rileggendo l'edizione del *Federalist* nel frattempo curata dallo stesso figlio di Alexander Hamilton, egli additava nella presidenza di Jefferson e nelle scelte di continuità delle amministrazioni che le avrebbero tenuto dietro le cause profonde della secessione.[9] In tal modo Binney suggeriva anche come del testo se ne fosse data lungo tutto l'Ottocento una lettura ampiamente distorta, perché la tradizione jeffersoniana aveva tenuto di lato quanto i saggi non mancavano invece di suggerire, ossia la necessità di un esecutivo che sapesse dettare la linea ai singoli Stati.

Qualche tempo più in là, a Binney avrebbe indirettamente fatto eco John Bach McMaster: pubblicando, ormai nel 1883, una storia degli Stati Uniti, datava solo a mezzo Ottocento le origini della fortuna del *Federalist* come testo a commento della costituzione del 1787.[10] Al tempo l'opera era già divenuta il monumento dell'eccezionalismo statunitense e per questo motivo le sue fortune rimasero ancora circoscritte al continen te americano. Solo il XX secolo, accompagnando il successo internazionale degli Stati Uniti, avrebbe ingigantito le sue fortune oltre l'oceano, ma i suoi

8. *The Life of Horace Binney with Selection of his Letters*, Philadelphia, Lippincott, 1903, p. 75.

9. «When I see the vicious doctrines of Jefferson reproduced as they are in State rights and in all the spawn of rebellion, I feel that evil is not to die by the arms of man», ivi, p. 406.

10. «Indeed, six administrations passed away, and a new generation sprang up, before it was discovered that the modest volume of essays about which editors and biographers were wrangling, was, after all, the best commentary on the Constitution that could be written», J.B. McMaster, *History of the People of the United States from the Revolution to the Civil War*, New York, Appleton, 1883, I, p. 484.

trionfi in un mondo vieppiù loro politicamente collegato non dovrebbero far scordare come l'opera nascesse nel quadro di una drammatica temperie politica, rispondesse a un serrato confronto tra sostenitori e avversari della revisione costituzionale approvata dalla Convenzione di Filadelfia e che per questo motivo incontrasse non pochi ostacoli per divenire sul breve periodo il testo di riferimento dell'identità costituzionale statunitense.

In questo lungo tragitto – che va dalla comparsa del *Federalist* nel 1788 sino alla sua convinta riproposta dopo la guerra civile statunitense – l'opera è stata soprattutto uno strumento di lotta politica, perché, proprio in nome della sovranità popolare quale origine di ogni potere, venne evocata dalle diverse parti in causa a sostegno delle rispettive proposte di governo. Le pagine che seguono sono dedicate a queste diverse letture dell'opera negli anni che vanno dalla sua comparsa sino alla conclusione della guerra di secessione e insistono attorno all'ipotesi che, sulle prime almeno, il motivo di interesse non risiedesse affatto nel nuovo modello di repubblicanesimo pure prospettato. Piuttosto, come si avrà modo di illustrare, la circostanza che anche taluni circoli monarchici, di qua come di là dall'oceano, vi si accostassero, venne suggerisce che l'opera alimentasse interesse perché la sua proposta costituzionale sembrava di gran lunga tra valicare il dibattito sulla forma istituzionale. Al termine di questa disamina sulla sua iniziale ricezione, dovrebbe farsi largo e trovare conferma l'impressione che, per un lungo periodo di tempo almeno, il *Federalist* non sembrasse affatto quel monumento del moderno repubblicanesimo che oggi conosciamo.

2. *Tutto tranne che un best-seller...*

Si torni qui a ricordare, seppur brevemente, la genesi dell'opera, che compare sotto la forma di articoli – a firma di Publius, chiaro rimando al console della repubblica romana chia mato a sedare le lotte di fazione – tutti pubblicati, nel corso delle stesse settimane, su differenti fogli della città di New York per iniziativa di Alexander Hamilton. Il proposito era chiaro: i saggi dovevano contribuire alla campagna elettorale per la ratifica nei vari Stati della nuova carta costituzionale. La frenesia del confronto politico portò i tre autori a molto impegnarsi con la penna, tanto da arrivare, nel volgere di breve tempo, alla stesura di molti più saggi di quelli inizialmente preventivati: si cominciò il giorno 30 ottobre 1787 con il primo di questi comparso sull'«Independent Journal» – e si proseguì molto spediti.

La fretta era dettata dalla preoccupazione che proprio lo Stato di New York potesse voltare le spalle al progetto costituzionale, perché il governatore Clinton era apertamente contrario e la sua capacità di controllare le scelte dell'elettorato lasciava intendere che il risultato del voto fosse in bilico.[11]

La cosa viene confermata da una circostanza curiosa: il «New York Journal», che a sua volta aveva preso a pubblicare i saggi di Publius, il 24 dicembre del 1787 venne invitato a interrompersi da ben ventisette lettori, pronti a disdire l'abbonamento qualora si fosse intestardito nell'iniziativa.[12] L'episodio, che dice quanto forte fosse l'opposizione a Hamilton nella sua stessa città, spiega anche perché questi molto si adoperasse, non badando certo a spese, perché la campagna sugli organi di stampa si facesse presto martellante. Nelle settimane successive, i saggi, puntualmente pubblicizzati, si rincorsero l'un l'altro nelle pagine dei principali fogli di New York e proprio la necessità di tenere alto il livello dello scontro politico portò alla decisione di raccoglierli presto in volume.[13]

La notizia venne data dallo stesso Archibald McLean, lo stampatore dell'«Independent Journal» che ospitava gli interventi di Publius, nei primi giorni del 1788[14] e i saggi composero due volumi, il primo uscito nel mese di marzo[15] e il secondo alla fine di maggio.[16] Si trattava di una stampa

11. L.G. DePauw, *The Eleventh Pillar. New York State and the Federal Constitution*, Ithaca NY, Cornell U.P., 1966, pp. 104-113.

12. «We are disappointed for the purpose of sewing up the same Publius at our expence; [...] we are imposed on by being made to pay for the very same Publius, who has become nauseous», in «New York Journal and Daily Patriotic Register», 1 January 1788, issue 2179, p. 2.

13. Sulla genesi dell'opera e sulle sue fortune nella stampa dell'epoca, il rinvio sia a F. Fantoni, *L'effetto «Publius». Problemi storiografici e vicende editoriali del «Federalist»*, in «Il Politico», 60 (1995), pp. 649-666.

14. «The number of pages the volume will contain cannot rightly be ascertained as the author has not yet done publishing but the printers engage to deliver them to subscribers at the very reasonnable rate of five shillings for 200 pages, six shillings if 250 and alla bove gratis. (The number already published will make more than 200 pages and the author does not seem to be right a close»), in «Independent Journal», 2 Jan 1788, issue 427, p. 3.

15. «This day is published, price to subscribers only three shillings, the Federalist, volume first. A desire to throw full light upon so interesting subject has led [...] to a more copious discussion than was at first intended and [...] it is judged adviseable to divide the collection in two volumes. The several matters which are contained in these papers, are immediately interwoven with the very existence of this new Empire, and ought to be well understoodby every citizen of America», ivi, 22 March 1788, issue 450, p. 3.

16. «This day is published the Federalist, volume second. This inestimable work is offered to non subscribers at the low rate of eight shillings the two volumes which contain

interamente finanziata dai gruppi federalisti raccolti attorno a Hamilton, perché qualche tempo dopo, Samuel Loudon, un altro tipografo loro vicino, ebbe a lamentarsi di non aver ricevuto la commessa, che evidentemente prevedeva l'acquisto di un congruo numero di esemplari e lasciava intendere un'operazione editoriale priva di rischi.[17]

In realtà le cose non andarono affatto bene per McLean: l'opera era nel frattempo cresciuta di dimensioni rispetto agli accordi iniziali e già nel mese di ottobre Hamilton, che aveva finanziato l'iniziativa tramite l'intermediazione del suo antico compagno d'armi nonché collega di partito Robert Troup, ricevette le ferme proteste dello stampatore, che era stato costretto a pubblicare molte più pagine di quelle pattuite senza trarre un riscontro economico sufficiente a coprire le spese.[18] Non è dato sapere se i circoli federalisti abbiano garantito una qualche soddisfazione alle richieste di un solido conguaglio rispetto al prezzo pattuito. Di certo, però, sempre gli stessi ambienti molto si impegnarono, invece, perché i volumi venissero per lo più spediti negli Stati dove l'esito del voto suonava incerto per essere distribuiti tra quanti, anche nelle assemblee locali, potessero dire la loro a sostegno della ratifica della nuova costituzione.

upwards of six hundred pages [...] the cheapest as well as most valuable publication ever offered to the American public», ivi, 28 May 1788, issue 469, p. 3.

17. Samuel Loudon, con una missiva del 22 maggio 1789, chiedeva aiuto a Hamilton per mantenere la privativa della pubblicazione degli atti di governo e per l'occasione lamentava di non essere stato scelto per la pubblicazione del *Federalist*: «Give me leave to mention one circumstance here which perhaps (as well as Mr. Troup) you was made to believe, that we could not have printed Publius as well as McLean. Mr. T. told me so. It is true he McL. had the profit of printing it – the preference was given to him – but be assured, we could have printed as well and as expediciously as he did», *The Papers of Alexander Hamilton*, ed. H.C. Syrett, New York, Columbia U.P., 1962, V, pp. 341-342.

18. «Sir, The inclosed account is my charge for printing and binding the Federalist. When Coll.Hamilton or the gentlemen of the Committee examine the work they will find the charge exceeding low, considering the bulk of it [...]. The work increased from 25 numbers to 85, so that instead of giving the subscribers one volume containing 200 pages for 6 shillings, I was obliged to give them two volumes containing upwards of 600 pages. The money expended for printing, paper, journeyman's wages and binding was upwards of two hundred and twenty pounds; of which sum I have charged coll. Hamilton with 144 pounds, which is not three shillings per vol; I have several hundred copies remaining on hand and even allowing they were all sold at the low price I am obliged to sell them I would not clear five pounds on the whole impression», A. McLane Hamilton, *The Intimate Life of Alexander Hamilton*, New York, Scribner's, 1911, p. 82.

Le dettagliate ricerche sugli esemplari posseduti da soggetti pubblici e privati statunitensi (e non solo) – meritoriamente condotte dalla William Reese and Co., uno dei principali operatori sul mercato dei libri d'antiquariato negli Stati Uniti – offrono molti spunti al riguardo. Tra quanti vennero in possesso di un esemplare della prima edizione erano, ad esempio, John Brooks, governatore del Massachusetts, William L. Smith, componente della camera del South Carolina (che lo ebbe quale dono personale dello stesso Hamilton), John Chester, pubblico ufficiale del Connecticut, John van Rensselaer, di una nota famiglia patriottica di New York, William Bingham delegato al congresso continentale e amico personale di Hamilton, Robert C. Livingston dell'assemblea di New York chiamata a ratificare la costituzione, Ezekiel Williams, sceriffo della contea di Hartford nel Connecticut, Isaac B. Barber dell'assemblea del Maryland, Samuel McClellan, brigadiere generale dell'esercito continentale, Philip Schuyler, poi senatore dello Stato di New York, Samuel Prescott che fu alla difesa di Lexington, Jonathan Jackson delegato alla Convenzione, il prussiano von Steuben che ebbe un ruolo decisivo nella preparazione militare dell'esercito di Washington.[19]

Questa breve (e parziale) rassegna sulle firme a sigillo di proprietà dei singoli esemplari suggerisce come la circolazione non venisse veicolata dalle vendite, quanto dalla diretta consegna a personalità – politiche e militari – sul cui ascendente presso le rispettive comunità i promotori dell'iniziativa molto facevano conto in vista della battaglia per la ratifica. Nella Virginia, un altro Stato chiave per l'adozione della nuova costituzione, giunsero, ad esempio, molti esemplari e Madison in persona si impegnò a distribuirli,[20] in primo luogo allo stesso George Washington,[21] ma tra gli

19. Gli esemplari sono posseduti rispettivamente da: John Block, un privato di Pittsburgh; la University of Chicago Library; la Connecticut Historical Society; la Library Company of Philadelphia (sia quello di von Rensselaer che quello di Bingham), la American Antiquarian Society; il Trinity College nel Connecticut; la Detroit Public Library; la William Goldmann Law Library, la California State Library e il librario antiquario Peter Kraus. Desidero qui molto ringraziare la William Reese & Co. per avermi consentito – tramite un'apposita fellowship presso la William Clements Library della University of Michigan – di condurre le ricerche che trovano qui una prima definizione.

20. «The number of the volumes of the F. which you desired have been forwarded as well the second as first, to the care of governor Randolph», Lettera di Hamilton a Madison, New York, 8 June 1788, in *The Papers of Alexander Hamilton*, V, p. 3.

21. «I have delivered to Mr. Madison to be forwarded to you a sett of the papers under the signature of Publius neatly enough bound, to be honored with a place in your library. I

altri anche a James Mc Henry, Henry Remsey, James Maury, che sarebbe stato segretario di Jefferson, John Hunter, Joseph Cabell e James Breckinridge della Camera della Virginia.[22]

Tuttavia, diventa difficile stabilire quale peso i saggi di Publius avessero nelle scelte dei singoli componenti delle assemblee legislative e una seppur sommaria ricerca all'interno dei dibattiti parlamentari del tempo lascia molto delusi, perché non sembra che il *Federalist* sia stato un sicuro punto di riferimento per quanti si battevano a favore della ratifica.[23] Per fare un solo esempio, conviene ricordare come proprio John Marshall, il futuro presidente della corte costituzionale statunitense, disponesse presto dell'opera, ma che, pur intervenendo tre volte nell'assemblea della Virginia a favore della ratifica del testo costituzionale mai ritenne, non di meno, di citare il *Federalist*.[24]

Insomma, il testo – facendo eccezione per le copie spedite a fini elettorali – non fu certo un successo e questo è testimoniato dal fatto che tra i pochi esemplari che risultano acquistati nessuno venne comperato nel corso del dibattito, bensì a cose fatte, quando, evidentemente, taluni vollero approfondire il quadro costituzionale nel quale avrebbero da allora in poi vissuto.[25] Un altro esempio delle modeste fortune del *Federalist* giunge poi dal registro dei prestiti della biblioteca di New York: sino a tutto il 1792 l'opera ebbe due soli lettori, tra l'altro del tutto sconosciuti e con degli interessi, visti gli altri volumi consultati, sostanzialmente letterari.[26]

presume you have understood that the writers of these papers are chiefly Mr. Madison and myself with some aid from Mr. Jay», Lettera di Hamilton a Washington, 13 August 1788. Si veda anche la risposta di Washington a Hamilton, nella quale loda la «production of the triumvirate», ivi, p. 201 e p. 207.

22. Gli esemplari citati sono posseduti, rispettivamente, dalla Watkinson Library di Hartford (CT), la Wake Forest University (NC), un privato di New York (Michael Zinman), e la University of Virginia che possiede gli ultimi tre.

23. G. Dietze, *The Federalist. A Classic on Federalism and Free Government*, Baltimore, John Hopkins University, 2019, pp. 4-7.

24. *The Papers of John Marshall. Correspondence and papers*, ed. H.A. Johnson, Chapel Hill NC, University of North Carolina Press, 1974, p. 409.

25. Si vedano gli esemplari posseduti dall'American Antiquarian Socie ty: uno venne acquistato a Filadelfia nel gennaio 1792 da un certo James R. English e un altro a New York il 1 ottobre 1789 da Joseph Dixon.

26. Il primo era un certo C.V. Allen che ritirò il primo volume in deposi to il 24 giugno del 1791 per riportarlo dopo una settimana appena (https://cityreaders.nysoclib.org/Detail/entities/15) e l'altro, Henry Mitchell, lo prese in prestito il 17 dicembre dello stesso anno per restituirlo il 5 gennaio del 1792 (https://cityreaders.nysoclib.org/Detail/objects/174).

Ma la prova provata del fiasco editoriale la si ebbe alcuni anni più tardi, segnatamente nel 1799, quando un altro stampatore di New York, John Tiebout, si accinse, nel pieno della drammatica campagna elettorale che avrebbe poi visto Jefferson prevalere sul presidente uscente Adams, a riproporre sempre in due volumi il *Federalist*. I dieci anni trascorsi dalla prima edizione avevano visto il difficile avvio dell'esercizio della nuova costituzione, che non era riuscita ad assicurare la stabilità politica tanto promessa: il confronto tra il partito federalista di Hamilton, Jay e presto Washington e quello democratico-repubblicano organizzato da Madison e Jefferson aveva raggiunto una tale intensità da costringere nel 1796 al ritiro lo stesso presidente Washington e da segnare come un momento di acute tensioni intestine la successiva presidenza Adams. Le elezioni presidenziali, ormai alle viste agli inizi del 1799, lasciavano intendere un ancor più serrato confronto e questo spiega la decisione di Tiebout di tornare a riproporre il *Federalist*.

L'uomo e la sua impresa avevano d'altronde una chiara collocazione politica, perché solo qualche tempo addietro aveva pubblicato più di un lavoro molto critico verso la rivoluzione francese e dunque era vicino alle ragioni dei circoli federalisti che, in tempi di una quasi guerra con la Francia, erano molto ostili verso l'altra repubblica d'oltre oceano.[27] I due volumi del *Federalist* vennero annunciati con un puntuale *battage* pubblicitario:[28] tuttavia, come è stato da tempo dimostrato,[29] un pur sommario confronto tra le due edizioni ci dice che Tiebout si era limitato a rilevare da Archibald McLean – che tra l'altro operava nella medesima strada – lo stock degli esemplari rimasti invenduti nel 1788, cui aveva giusto cambiato il

Insomma, data la brevità del prestito non sembra che l'opera incontrasse i favori dell'uno come dell'altro.

27. *Characteristics in the prophecies applicable to, and descriptive of, the power and duration of the French Republic. Also, a few observations illus- trative of the probable result of the present disordered state of the civil and political world*, New York, Tiebout, 1798 e [J.C. Lavater], *Remonstrances, addressed to the Executive Directory of the French Republic, against the in- vasion of Switzerland*, New York, Tiebout, 1799.

28. Il lancio fu nel mese di agosto tramite annunci sulla «New York Gazette»: si vedano i numeri dei giorni 6, 12, 16, 21, 22 24, 27 e 30 agosto 1799.

29. Si veda a questo proposito la descrizione inserita nel primo volume dell'esemplare posseduto dalla Clements Library University of Michigan (Fe 1) di pugno di James B. Bell, un bibliofilo collezionista delle varie edizioni del *Federalist*: «2/14/09 Tiebout's Federalist is M'Lean with new title page to each volume. I have examined and compared the two and find that they are identic with the exception of the title pages».

frontespizio. Insomma, Tiebout aveva creduto che nel quadro politico di un confronto acceso per la presidenza tra Adams e Jefferson il testo potesse tornare in circolo, ma si era guardato da una decisa esposizione finanziaria e probabilmente si era prestato a una richiesta che gli giungeva una volta di più dal partito di Hamilton.

Di lì a breve, però, gli elettori dello Stato di New York – auspice Aaron Burr, poi vice-presidente con Jefferson – voltarono le spalle al partito di Hamilton e di Adams e questo spiegherebbe perché, nonostante una serrata campagna di stampa, gli esemplari acquisiti da Tiebout rimanessero in magazzino. Soltanto alla metà del mese di marzo 1800 egli si decise ad annunciare la pubblicazione dell'opera e nei giorni successivi insistette con gli annunci tipografici così come aveva fatto in precedenza,[30] quasi credesse che l'apertura ufficiale del mandato di Jefferson dischiudesse nuove possibilità per il *Federalist*. Il discorso inaugurale del nuovo presidente, che aveva proclamato come tutti fossero democratico-repubblicani e tutti al tempo stesso federalisti e come insomma le divisioni di un tempo dovessero aver fine, gli sembrava, con tutta probabilità, potesse rilanciare un lavoro steso da uomini – Hamilton, Madison e Jay – che avevano militato negli anni precedenti in campi contrapposti, che molto si erano combattuti e che proprio per questa ragione avevano avuto più di un motivo per far passare sotto traccia la testimonianza della loro precedente collaborazione.

3. *In cerca di un significato politico*

Difficile dire se Tiebout sia mai rientrato nelle spese cui andò incontro, ma è certo che l'idea di poter fare dell'opera il monumento della ritrovata armonia tra le parti non ebbe alcun successo: troppo profondi i motivi di tensione per consentire a un antico lavoro intellettuale comune di sopperire al profondo solco che pratiche politiche presto contrapposte avevano scavato. Lo dimostra la circostanza che di lì a breve i federalisti, sconfitti, parvero fare muro nei riguardi di Jefferson, riproponendosi quali i soli autentici interpreti del dettato costituzionale. Il *Federalist* sembrò loro un utile strumento per dimostrare come l'azione della presidenza Jefferson fosse in controtendenza rispetto alle indicazioni della Convenzione di Fila-

30. Si veda l'annuncio della pubblicazione sull'«American Citizen» del 15 marzo 1800, cui tennero dietro ripetuti annunci sino alla fine del mese.

delfia e in qualche misura allontanasse la politica statunitense dal sentiero costituzionale che in quella sede si era stabilito. Non a caso, già nel 1802, un altro imprenditore del libro, George Foliett Hopkins, da tempo in società con Noah Webstser e dunque in quota a sua volta al partito federalista,[31] proponeva – stavolta per davvero – una nuova edizione del *Federalist*, che faceva di Hamilton soltanto il suo autentico autore.[32]

Ufficialmente il curatore dell'opera era John Wells, giudice di pace a New York e negli anni precedenti ardente federalista,[33] ma non sembra sia da escludere il diretto intervento dello stesso Hamilton, perché l'edizione aggiungeva agli 85 saggi anche un suo testo, sotto lo pseudonimodi Pacificus, scritto nel 1793 per sostenere le ragioni della neutralità statunitense a fronte della guerra tra Francia e Gran Bretagna:[34] per l'occasione l'editore ricordava con ammirazione come proprio Hamilton fosse l'autore del capolavoro di sagacia politica al quale gli Stati Uniti dovevano la loro stessa sopravvivenza a fronte del gravissimo rischio di prendere posizione per la Francia nel corso del conflitto appena concluso con la pace di Amiens.[35] In

31. Si veda N. Webster, *A letter to the governors, instructors and trustees of the universities, and other seminaries of learning, in the United States, on the errors of English grammars*, G.F. Hopkins, New York, 1798. Sui rapporti tra i due si veda anche S.C. Smith, *An Empire of Print. The New York Publishing Trade in the Early American Republic*, Philadelphia, Penn State U.P., 2017, p. 113.

32. *The Federalist, on the new Constitution, by Publius, written in 1788, to which is added Pacificus on the proclamation of neutrality written in 1793 likewise the federal constitution with all the amendments, revised and corrected*, New York, G.F. Hopkins, 1802, I, III: «The work is principally the production of a man, whose talents and integrity render him the ornament and boast of this country. The name of Hamilton will be held in sacred respect, long after the malignant attempts which have been made to slander his fame shall have sunk, with their authors, into oblivion».

33. *Memorial of the life and character of John Wells, with reminiscences of the judiciary and members of the New York bar*, New York, J.F. Trow, 1874, pp. 50-54.

34. Gli articoli, a firma Pacificus, pubblicati nel corso del luglio 1793 da Alexander Hamilton – e che dettero luogo alla risposta di Madison sotto il *nom de plume* di Helvidius – possono essere letti in A. Hamilton, J. Madison, *The Pacificus-Helvidius Debates of 1793-1794. Toward the Completion of the American Founding*, Indianapolis, Liberty Fund, 2007.

35. «The Federalist» 1802, I: «In what condition should we now be, had our government given way to the enthusiasm which at that time swelled the bosoms of our countrymen in favour of the French Revolution? If it had been suffered to pursue its own course we should have been hurried into a war which would have added us to the victims of folly and perfidy, which have been produced as well by Gallic alliance, as by Gallic conquest. Every considerate man will therefore admire the wisdom which foresaw so dreadful a con-

altri termini, l'iniziativa editoriale d'un lato ricordava il ruolo di Hamilton nella ratifica della costituzione del 1787, ma dall'altro intendeva orientare la politica estera statunitense lungo le coordinate federaliste e mettere a tacere le sirene favorevoli alla Francia, alle quali mai erano rimasti insensibili, invece, Jefferson, Madison e Monroe.

Di lì a breve la drammatica morte in duello dello stesso Hamilton, ucciso dal vice-presidente Burr, sembrò annullare quei propositi. Ai federalisti rimase la roccaforte della corte suprema, dove John Marshall, che era dei loro e si assunse il compito di controllare da presso l'amministrazione Jefferson, fece un accurato uso politico dell'opera e molto contribuì a darle quel profilo strettamente costituzionale che da allora le sarebbe sempre stato riconosciuto. Nel frattempo Jefferson non rinunciò al proposito di limitare il potere del governo federale, restituendo ampi margini di manovra ai singoli Stati. I cosiddetti antifederalisti – coloro che avevano osteggiato la carta costituzionale del 1787 e tra i quali erano state le voci più critiche verso gli scritti di Publius – trovarono insomma più d'una consolazione nella presidenza Jefferson, che mentre restituiva piena centralità ai singoli Stati tentava anche di scardinare quella contrapposizione tra partiti, cui proprio il dibattito sulla riforma costituzionale aveva a suo tempo dato carburante.

Su quest'ultimo terreno, però, i risultati stentarono a giungere e le tensioni tra le parti, solo sopite dalla politica inclusiva di Jefferson, si ripresentarono quando proprio James Madison, uno degli autori del *Federalist*, si candidò alla successione. Fu appunto allora, all'indomani del suo giuramento, che l'opera uscì dal cono d'ombra degli anni precedenti per tornare di pubblico interesse e si avanzò la proposta di ripubblicarla. Il senso dell'iniziativa non era però quello di rendere omaggio al presidente in carica, bensì si prefiggeva di magnificare il contributo del suo avversario prematuramente scomparso: l'iniziativa, inutile dirlo, era di quanto restava del partito federalista, pronto a denunciare Madison come un apostata, un traditore della causa del 1787, un uomo che aveva rinnegato il fronte comune, pur fatto a suo tempo con Hamilton, per mera ambizione di potere.[36] Curiosamente, in questa denuncia gli ultimi federalisti riprendevano

sequence, and the firmness which guarded us from it, by arresting at once the mad career of popular delusion».

36. «Another charge the faction bring forward against Mr. Madison is that he is versatile and a trimmer, that he joined Jay and Hamilton in writing the Federalist and then deserted them and the Washington administration and became an insurgent against their doctrines», in «Carolina Gazette», 14 October 1808, issue 562, 2. Le accuse nei confronti di

però una polemica in circolo nello stesso partito di Madison al tempo della sua contestata candidatura alla presidenza, quando soprattutto i gruppi democratico-repubblicani della sua stessa Virginia oltre che di New York, criticandolo, ne avevano ricordato il ruolo nella composizione dell'opera e insinuato che con quei precedenti potesse presto scegliere una rotta diversa da quella che Jefferson aveva invece indicato.[37]

In questo quadro si colloca la proposta di uno stampatore di Boston, Thomas Baker Wait, a lungo vicino ai federalisti,[38] di procedere a una nuova edizione del *Federalist*. L'annuncio venne dato sul «Repertory» del 3 marzo 1809, giusto alla vigilia quindi dell'avvio della presidenza Madison e si proponeva di dimostrare l'importanza dell'opera proprio in riferimento al tempo presente, dove le tensioni e le contrapposizioni che avevano avuto luogo tra gli stessi democratico-repubblicani circa la scelta del successore di Jefferson riproponevano il conflitto tra i sostenitori del governo centrale e i fautori dei diritti dei singoli Stati.[39] Proprio su questo terreno, il suo tentativo di stare in equilibrio tra la memoria di Hamilton e la presidenza di Madison era destinato al fallimento: all'editore dovettero giungere segnali sinistri se di lì a qualche tempo, sempre alla ricerca di sottoscrizioni, finì per magnificare la figura di Hamilton quale autentico artefice dell'opera.[40] L'improvvisa virata era con tutta probabilità dovuta alla notizia che anche altri, da posizioni apertamente federaliste, intendeva porre mano a

Madison continuarono a lungo: ancora nel 1814, la «Salem Gazette» (19 April 1814, issue 31, 1) ricordava che «James Madison was a federalist till Hamilton was made secretary of the Treasury under Washington when he became an apostate from the federal ranks!».

37. «Is James Madison such a man? We ask for energy and we are told of his moderation. We ask for talents and the reply is his unassuming merit; we ask what were his services in the cause of public liberty, and we are directed to the papers of the Federalist, written in conjuction with Alexander Hamilton and John Jay, in which the most extravagant of their doctrines are maintained and propagated», in «New York Commercial Advertiser», 9 March 1808, issue 3983, p. 2.

38. Ph. M. Marsh, *Maine's First Newspaper Editor: Thomas Wait*, in «New England Quarterly», 28 (1955), p. 529.

39. «At this moment doubts are entertained by some excellent men as to the extent of the powers granted to the general government: and others are ventured to question whether there were any constitutional remedies reserved to the states or the people in case of usurpation by that government. Some have even supposed that the will of the majority, expressed in the elections to federal offices, is binding and cannot in any quiet or order ly manner be opposed; and even that such opposition would be criminal if not treasonable», in «Repertory», 3 March 1809, issue 18, p. 4.

40. *Freeman's Friend*, 3 June 1809, issue 25, p. 1.

una ristampa dell'opera. Già agli inizi del 1810 due editori di New York, Williams e Whiting, si fecero avanti per pubblicare l'intero corpus degli scritti di Alexander Hamilton, riservando due dei tre volumi previsti proprio al *Federalist*.[41] A qualche settimana appena dal lancio della nuova sottoscrizione Wait lasciava d'altronde loro il campo, cedendo ai nuovi arrivati l'elenco dei propri sottoscrittori.[42]

A conferma di come l'operazione commerciale restasse comunque in salita sta il fatto che l'opera vide la luce solo nel mese di ottobre, quando il «Commercial Advertiser» di New York dette ufficialmente la notizia dell'uscita del *Federalist*, un'edizione che era ornata del ritratto degli autori e dove per ogni saggio era chiaramente indicata la paternità.[43] Si trattava di un'operazione che – come si è ricordato avrebbe portato in seguito a molte polemiche sull'autenticità delle ascrizioni dei singoli contributi. Le indicazioni degli autori fondavano infatti su un presunto memorandum che lo stesso Hamilton avrebbe nascosto in un volume della biblioteca del notaio Egbert Benson, suo compagno di partito, quasi presagendo che l'imminente duello con Burr potesse condurlo a morte. Al di là della fantasiosità dell'episodio – che molto porta a credere fossero i posteri ad attribuire a Hamilton la pretesa di essere ricordato quale fondatore del sistema costituzionale statunitense – la più prosaica realtà suggerisce che la ripartizione dei saggi tra i tre autori originasse da quanto a suo tempo lasciato trapelare da alcuni degli stessi autori e soprattutto dalle testimonianze di chi li aveva

41. «The Balance & New York State Journal», 5 January 1810, issue 2, p. 4, poi proseguiti per tutto il mese di febbraio, quando si aggiunsero anche i librai Farrand e Mallory di Boston nella pubblicizzazione dell'iniziativa dalle colonne del «New Hampshire Centinel», 3 February 1810, issue 564, p. 1.

42. «Thomas B. Wait & Co. Have relinquished their proposed edition of the *Federalist* and have deposited thir list of subscribers with the poresent intended publishers», in «Repertory», 20 February 1810, issue 15, p. 3.

43. *Advertiser*, 20 October 1810, issue 4797, p. 2. Si veda *The works of Alexander Hamilton comprising the most important official reports; an improved edition of the Federalist on the new constitution written in 1788 and Pacificus on the proclamation of neutrality, written in 1793, in three volumes*, Williams and Whiting, New York 1810, I, III: «In these documents are constellated more than the learning and the wisdom of other days. The native, the original conceptions of his creative genius, give life and light to every subject. Every page bears its own peculiar testimony to the vastness of his mind – the soundness of his judgement – the clearness of his views – and the integrity of his heart. The humblest peasant, who loves his country and participates in her weal and wo, as well as the statesman and politician whose feelings and interests are more particularly identified with the subject, will read these reports with mingled wonder and delight».

frequentati.[44] In ogni caso, quelle indicazioni – che trovano nell'edizione del 1810 la prima messa a punto ufficiale – rispondevano al chiaro proposito di mettere di lato Madison per consegnare piena centralità alla penna di Hamilton nella stesura dell'opera.[45]

Ve ne era abbastanza, perché l'edizione incontrasse il profondo dissenso del presidente in carica, il quale tuttavia, negli anni immediatamente successivi fu in ben altre faccende preso – si pensi alla guerra del 1812 contro l'Inghilterra[46] – e solo al termine del suo secondo mandato ritenne opportuno affrontare la questione, anche perché, nel frattempo, le fortune di Hamilton avevano fatto altra strada ancora: nel 1816 un medaglione della sua vita pubblica, tracciato da Joseph Delaplaine, ribadì una volta di più come soprattutto alla sua penna si dovesse la pregevolezza del *Federalist*[47] e l'anno successivo a Filadelfia venne pubblicata un'altra edizione ancora

44. I segnali in tal senso abbondano: agli esempi addotti da Dietze, *The Federalist*, pp. 4-5 sia sufficiente aggiungere la corrispondenza di Alexander Hamilton, dalla quale si evince che gli autori fossero presto noti negli ambienti politici del tempo. Si vedano le parole di Washington stesso (in *The Papers of Alexander Hamilton*, V, p. 207) e del viceconsole francese Ducher (ivi, p. 493).

45. «The *Federalist*, this publication implied, had not only been the original conception of a single man; it was for all practical purposes the creation of one individual», Adair, *The Authorship*, p. 102.

46. Che gli valsero una ripresa delle accuse di aver tradito Hamilton e di essere un pericoloso rivoluzionario vicino ai francesi. Si veda *The republican, crisis: or an exposition of the political jesuitism of James Madison, president of the United States of America, by an observant citizen of the district of Columbia*, Alexandria, printed for the author, 1812, pp. 50-51: «we chain ourselves to the triumphal car of the great military despot of Europe, who, if he succeeds in his ambitious views of annihilating the power of Britain, will next turn his attention to the destruction of republicanism in America, as he has done in every part of the old world; not a vestige of a representative government has he suffered to remain on the continent of Europe an what are we to expect from his gracious indulgence, when we enable him to prostrate the power of Britain».

47. «Besides being the most enlightened, profound, and practicable disquisition on the principles of a federal representative government that has ever appeared, it is a luminous and elegant commentary on the republican establishments of our own country… The part which colonel Hamilton bore in this publication, although concealed for a time, has been at length discovered. Indeed had no key to the authorship ever been found, readers of taste and critical discern ment would be able to recognize, without such assistance, the traces of his pen. Although his coadjutors possessed the resources of statesmen and the learning of scholars, their productions are greatly inferior to his», *Delaplaine's Repository of the Lives and Portraits of Distinguished American Characters*, Philadelphia, Brown, 1815, I, p. 69.

dell'opera,[48] che confermava le attribuzioni fatte in quella del 1810.[49] A fronte di questa offensiva per rilanciare l'immagine di Hamilton quale una sorta di padre della patria, Madison guardò con interesse al tipografo Jacob Gideon[50] perché promuovesse una ristampa del *Federalist* che lo coinvolgesse direttamente, un poco come era stato per Hamilton in occasione dell'edizione del 1802.[51]

Trovato l'accordo, Madison ristabilì la (sua) verità circa la paternità dei singoli saggi. Così, rispetto all'edizione del 1810, in quella del 1818 al presidente venivano attribuiti i saggi numerati da 18 a 20 nonché quelli dal 48 sino al 63, con la sola eccezione di quelli numerati 60 e 61, tutti precedentemente assegnati invece ad Hamilton. Non solo: l'edizione di Gideon manteneva sì il saggio di Hamilton sulla neutralità, ma vi aggiungeva quello scritto lo stesso anno 1793 da Madison con lo pseudonimo di Helvidius, per contrapporsi alla deriva favorevole all'Inghilterra dell'amministrazione Washington.[52]

In tal modo gli equilibri sembravano pienamente ristabiliti, perché Madison tornava al centro di una iniziativa costituzionale in precedenza puntualmente attribuita soprattutto al suo rivale Hamilton. La decisione di porre sul lo stesso piano i due anche sul versante delle grandi scelte di politica estera – in tal modo derubricando a poca cosa il contributo di Jay – dimostra come l'edizione si pretendesse come definitiva e chiamasse

48. *The Federalist, on the new Constitution, written in 1788 by Mr. Hamilton, Mr. Jay and Mr. Madison*, Philadelphia, Warner, 1817.

49. P.L. Ford, *Bibliotheca Hamiltoniana; a list of books written by, or relating to Alexander Hamilton*, New York, Knickerbocker Press, 1886, p. 19.

50. Si veda la lettera di Madison a Richard Cutts del 6 gennaio 1818, «What is the personal and other character of Mr. Jacob Gideon who is about a new edition of the *Federalist*?», in «The Papers of James Madison», Retirement series, I, p. 200.

51. «Being about to commence the publication of that highly estima ble work, the federalist, within the district of Columbia, I have taken the liberty of inclosing herewith a list of the several numbers composing that valuable book, with a request that you would do me the favor of adding the names of the authors to their respective numbers. I am induced to make this request of you, Sir, from the circumstance of your being the only one now remaining who took part in that interesting discussion», ivi, pp. 205-206.

52. *The Federalist, on the New Constitution, written in the year 1788, by Mr. Hamilton, Mr. Madison, and Mr. Jay, with an appendix, containing the Letters of Pacificus and Helvidius, on the Proclamation of Neutrality of 1793; also the original Articles of Confederation, and the Constitution of the United States, with the amendments made thereto. A new edition. The numbers written by Mr. Madison corrected by himself*, Washington, Gideon, 1818.

una volta di più a raccolta sotto comuni insegne tutta la società politica statunitense. Per la verità, la proposta non andò molto oltre l'ambito delle buone intenzioni, perché negli anni a venire il testo finì per collocarsi in una terra di mezzo, in parte strumento a supporto della democrazia agraria magnificata dai presidenti virginiani e poi da Andrew Jackson (e dunque a sostegno dell'orientamento politico della maggioranza democratico-repubblicana), in parte – per impulso della suprema Corte che sino al 1835 il federalista John Marshall guidò con mano ferrea – quale breviario di carattere giuridico per dirimere questioni di ordine costituzionale.

Al centro del dibattito politico restava, sostanzialmente irrisolto, il tema dei rapporti tra il potere federale e quello dei singoli Stati e da questo punto di vista la circostanza che uno degli estensori dell'opera avesse sostenuto il diritto di resistenza alle decisioni del governo, mentre l'altro avesse affermato l'esatto contrario, impediva quella uniformità di lettura che sarebbe stata necessaria perché il *Federalist* divenisse presto un'opera di riferimento comune.

E tuttavia, con un curioso rovesciamento di prospettiva, se nel quadro della lotta politica statunitense la ricchezza dell'opera rappresentò un motivo di debolezza, altrove proprio la sua capacità di prospettare un superamento delle teorie politiche del tempo costituì invece il principale motivo di interesse. Tutto questo è testimoniato dalla comparsa in terra di Francia nel 1792 di una traduzione sulla quale conviene un poco sostare perché costituisce un'occasione di grande rilievo per sottolineare come l'importanza del testo fosse presto colta anche fuori d'America e molto permeasse il dibattito politico seguito al 1789.

4. *Una monarchia democratica*

Sulle fortune del *Federalist* nella Francia rivoluzionaria mi sono qualche tempo addietro soffermato per introdurre più d'una perplessità sull'opinione che all'entusiasmo per il 1776 tenesse dietro più di un sospetto a fronte della svolta del 1787. Si è spesso suggerito come il testo licenziato a Filadelfia sembrasse a molti cultori europei di cose americane – Condorcet, Mirabeau, Mazzei, Brissot – una sorta di riavvicinamento, per certi versi preoccupante, al modello politico inglese. Tuttavia, se queste perplessità, pure presenti, spiegherebbero perché, dopo il 1789, il monocameralismo fosse la stella polare per giungere alla costituzionalizzazione del regno di Francia, resta comunque riduttivo concludere che le novità di Filadelfia non avessero incontrato ampio consenso in Francia. Piuttosto, la svolta del 1787 fu l'occasione per un confronto (presto divenuto scontro) tra i differenti gruppi interessati alla vicende d'America e in questo quadro una netta preferenza per la nuova carta costituzionale dimostrò la cerchia di diplomatici francesi presenti in terra americana. Costoro mostrarono subito interesse per una soluzione destinata a restituire autorevolezza a un potere esecutivo che gli Articoli di Confederazione posponevano invece alla sacralità dei diritti dei singoli Stati e non vi è dubbio che molti guardassero con ammirazione al modo con il quale la presidenza Washington volesse porre termine in positivo alla rivoluzione consegnando grande autorevolezza al governo centrale.

Il principale punto di riferimento di questo gruppo era ovviamente La Fayette, da subito vicino alle posizioni espresse da Washington, Hamilton e Jay, tanto da svolgere un ruolo di mediatore tra questi ultimi e i francesi che, per motivi anche diversi, si decidevano a raggiungere gli Stati Uniti. Tra questi era Victor Marie Dupont de Nemours, il primogenito di Pierre Samuel, che partì per New York nell'ottobre del 1787 con la qualifica di *attaché* della legazione francese.[53] Egli avrebbe fatto una prima volta ritorno in Francia sul finire del 1789 per divenire l'aiuto di campo di La Fayette, nel frattempo chiamato al comando della Guardia Nazionale. Tuttavia, nei due anni di soggiorno negli Stati Uniti, dividendosi tra Filadelfia e New York, recandosi pure a Mount Vernon a rendere omaggio a Washington, il giovane Dupont de Nemours, presto munitosi di una copia del *Federalist*,[54] non mancò di informare il genitore degli sviluppi della situazione politica prendendo risolutamente le parti del gruppo di Hamilton anche contro il connazionale Brissot, che a sua volta sempre a La Fayette aveva fatto ricorso per essere introdotto nei circoli politici statunitensi.[55]

53. M. Bouloiseau, *Bourgeoisie et Révolution. Les Du Pont de Nemours (1788-1799)*, Paris, Bibliothèque Nationale, 1972, pp. 20-23.

54. L'esemplare di sua proprietà è ora conservato alla Harlan Crow Library di Dallas.

55. Bouloiseau, *Bourgeoisie et Révolution*, 155-156. Ma si veda la sua corrispondenza col padre d'inizi luglio 1788 in *The Documentary History of the Ratification of the Constitution Digital Edition*, https:// csac.history.wisc.edu/wpcontent/uploads/sites/281/2017/07/ victor_ to_pierre7.01.pdf. Sulla segnalazione di Brissot a Hamilton si veda invece la lettera di La Fayette del 24 maggio 1788, dove si legge che «this letter will be delivered by Mr de Warville, who although he has written against Chastellux's journal is a writer in favor of America and liberty, and wishes to write on American affairs», https://founders.archives. gov/ documents/Hamilton/01-04-02-0239.

Non stupisce pertanto che nei circoli vicini a La Fayette il modello statunitense, proprio nella declinazione stabilita dalla nuova costituzione, fosse un esempio cui guardare attentamente e l'interesse era destinato a crescere in parallelo alla radicalizzazione del processo rivoluzionario in Francia, che suggeriva la ricerca di nuove straregie, anche costituzionali, per arrestarne la deriva in senso democraticistico. Come è noto, dopo la fallita fuga del re e le fucilate del Campo di Marte, nell'estate del 1791 il gruppo di La Fayette si separò, assieme ad altri circoli liberali, dalla Società dei Giacobini per dare vita al club dei Foglianti. Il gruppo, ancora maggioritario alla Costituente, accettò, non senza qualche perplessità, la nuova carta costituzionale, sulla base della quale venne subito dopo eletta la prima assemblea legislativa, ma non ci volle molto tempo perché si ricredesse su quella soluzione e ritenesse opportuno almeno in parte modificare il dettato costituzionale.[56]

A Parigi, le elezioni alla Legislativa furono deludenti per il gruppo fogliante, che pensò di prendersi la rivincita alle elezioni del novembre 1791 per il rinnovo delle cariche municipali della capitale. I foglianti candidarono proprio La Fayette, che aveva appena portato a termine il mandato di comandante della Guardia nazionale e – novello Washington – si era ritirato nella sua tenuta, ma i risultati furono addirittura disastrosi, perché la bassissima partecipazione al voto favorì la vittoria a mani basse del giacobino Pétion. Probabilmente quel drammatico scacco – che lasciava intendere come la rivoluzione stesse conoscendo un *dérapage* – convinse molti foglianti circa la necessità di una pronta revisione della costituzione appena entrata in esercizio.[57]

Proprio negli ambienti vicini a La Fayette prese così forma l'idea di presentare al pubblico francese alcuni testi della politica statunitense, che meglio di altri illuminassero sulle benemerenze di un bicameralismo comunque elettivo e che dunque li preservassero dalle facili accuse di sostenere il modello inglese, dove la seconda camera era appannaggio dell'aristocrazia soltanto. L'editore Buisson venne incaricato di pubblicare dapprima la traduzione della *Defence of the american constitutions* di John Adams – che era uscita a Londra nel 1787 – e poi quella del *Federalist*. Le due traduzioni comparvero a breve distanza l'una dall'altra nella prima

56. Su tutto questo il rinvio a F. Dendena, *I nostri maledetti scranni. Il movimento fogliante tra la fuga di Varennes e la caduta della monarchia, 1791-1792*, Milano, Guerini, 2013, in particolare pp. 25-39.

57. Ivi, pp. 118-119.

metà del 1792 ed erano state entrambe curate da Pierre Bernard Lamare, un oscuro uomo di lettere vicino a La Fayette, che nella prefazione alla *Defence* di Adams, sotto il manto dell'acronimo, dichiarò apertamente come la traduzione intendesse promuovere la revisione della carta costituzionale francese del 1791. L'obiettivo era quello di introdurre, proprio sul modello statunitense del 1787, una seconda camera elettiva, nella quale prendessero posto proprietari e *savants* e fosse una mano tesa a quella aristocrazia francese che aveva preferito la via dell'emigrazione.

Nel frattempo Lamare aveva concluso anche la traduzione del *Federalist*, ma la stampa, affidata ancora a Buisson, venne pronta solo nel pieno della drammatica estate del 1792 e la distribuzione degli esemplari venne interrotta dalla giornata insurrezionale del Dieci Agosto che portò alla caduta della monarchia. La Francia era ormai una repubblica e per questo motivo l'editore, pur di vendere un libro sorto sotto auspici molto diversi, lo privò dell'introduzione già stampata, di cui era autore Charles-Michel Trudaine de la Sablière, un ricchissimo aristocratico vicino a La Fayette.[58] Se voleva salvare l'operazione editoriale Buisson non poteva d'altronde fare diversamente, perché il curatore della traduzione non era affatto sconosciuto a quanti davano la caccia ai monarchici. Nel 1788, assieme a La Fayette e a Pierre Samuel Du pont de Nemours, Trudaine aveva orchestrato la campagna elettorale per gli Stati generali[59] – anche se in ossequio alla tradizione di antico regime – e aveva poi lasciato che fosse il fratello maggiore, Charles-Louis Trudaine de Montigny, a tentare la carriera nel nuovo ordine.[60] Questi, divenuto comandante del battaglione del distretto parigino dei Capucins della Guardia nazionale,[61] aveva partecipato alle fucilate del Campo di Marte e assieme al fratello era entrato nel club dei foglianti per poi prendere parte alle riunioni del club della Sainte-Chapelle, un circolo politico che riunì gli elettori moderati del dipartimento di Parigi in vista delle elezioni alla Legislativa:[62] non a

58. Su tutto questo rinvio al mio, *Traduzioni e rivoluzione. La storia meravigliosa della prima versione in francese del Federalist (Paris, Buisson 1792)*, in «Rivista storica italiana», 123 (2011), pp. 61-110.

59. Bouloiseau, *Bourgeoisie et Révolution*, pp. 42-46

60. M. Olsen, *A Failure of Enlightened Politics in the French Revolution: the Société de 1789*, in «French history», 6 (1992), p. 323.

61. Morellet, *Mémoire pour les citoyennes Trudaine veuve Micault, Micault veuve Trudaine et le citoyen vivant Micault-Courbeton fils*, Maret an III, Paris 1794, p. 97.

62. *Liste des électeurs de la Sainte-Chapelle, leurs qualités, le lieu de leur résidence en 1791*, Paris, Duplaine, 1791, p. 4.

caso, al momento della conta, Trudaine l'*ainé* ricevette alcuni voti e venne poi sconfitto di misura da Clavière, il sodale di Brissot, per le funzioni di deputato supplente.[63] I due fratelli, che inutilmente appoggiarono la candidatura di La Fayette a sindaco di Parigi, gli restarono vicini anche al momento dell'entrata in guerra della Francia, quando il generale partì per guidare le truppe al fronte lasciando ai suoi il compito di organizzare la *police* della capitale.[64]

Nel frattempo, il più giovane dei due era alle prese con la traduzione del *Federalist* e va da sé che l'iniziativa rientrava nella proposta di procedere quanto prima a una revisione costituzionale, che portasse a un sistema politico fondato sul modello statunitense. Proprio su questo terreno, ancora nella primavera del 1792, La Fayette si era scontrato con Barnave e i Lameth, quando – in occasione di un incontro alla vigilia delle ostilità perché i foglianti mettessero a punto una strategia comune – aveva raffigurato il bicameralismo inglese alla stregua di un *loup garrou*, ossia di un autentico lupo mannaro dal quale molto guardarsi.[65] Il mancato consenso alla sua proposta *américaine* suggerì a La Fayette la partenza al fronte per giocare la carta della guerra. L'idea era quella di vincere le truppe avversarie e forte dell'aureola di un nuovo Washington procedere alla revisione costituzionale. Le ostilità, però, volsero al peggio, col risultato di favorire un'accelerazione democratica a Parigi e indurre il generale a cambiare strategia, lasciare nell'estate del 1792 il fronte per presentarsi alla Legislativa e inutilmente reclamare lo scioglimento della Società dei Giacobini. Non ottenne nulla e tornato al suo quartier generale, presto raggiunto dalle nuove del crollo della monarchia, si decise a passare il confine,[66] mentre nella capitale i suoi sostenitori, travolti dall'insurrezione del Dieci Agosto, tentavano, per lo più inutilmente, la fuga: i Trudaine vennero raggiunti

63. E. Charavay, *Assemblée électorale de Paris, 26 août 1791-1 août 1792*, Paris, Quantin, 1894, p. 41.

64. Bouloiseau, *Bourgeoisie et Révolution*, p. 74.

65. «Je ne vous ai dit qu'un seul mot de la conversation qui a eu lieu chez Duport. Elle éxige quelques détails et ce n'est pas des Lameth que je les tiens. Ceux-ci y étaient avec Laborde; il y avait La Fayette, Emmery, La Tour Maubourg, Castellane, Beaumetz, Chapelier, etc. On y discuta la question des deux chambres; on fut d'accord sur leur nécessité, mais non sur leur formation. Un pair et un pair héréditaire est un loup-garou pour La Fayette et pour les siens», H. Glagau, *Die französische Legislative und der ursprung der Revolutionskriege 1791-1792*, Berlin, Ebering, 1896, p. 299.

66. Su tutto questo mi permetto di rinviare, per un approfondimento, al mio *Repubbliche atlantiche. Una storia globale delle pratiche rivoluzionarie, 1776-1804*, Milano, Raffaello Cortina, 2022, pp. 104-109.

in provincia, arrestati, condannati a morte assieme al loro amico André Chenier e giustiziati molti mesi dopo, il giorno stesso in cui, a Termidoro, Robespierre veniva rovesciato.

Al tempo la traduzione del *Federalist* – nella versione repubblicana di cui si è detto – tentava una difficile navigazione tra le acque in tempesta del nuovo corso politico della rivoluzione. Il primo a darne notizia fu – proprio il 21 settembre 1792, al momento della proclamazione della Repubblica – il «Mercure Universel», che suggeriva di leggere l'opera come uno strumento di governo e un sicuro antidoto all'insurrezionalismo.[67] Di lì a qualche giorno fu poi il turno di Louis Sebastien Mercier dalle colonne delle «Annales patriottiques et littéraires» del 25 settembre 1792: le sue parole di elogio dell'iniziativa editoriale suggerivano l'importanza di conoscere come dall'altra parte dell'oceano si fosse fondata su più solide basi una repubblica. La scelta della nuova costituzione – vista come un superamento della fragilità del governo federativo – veniva presentata come la prova della necessità di costruire un governo nazionale, che fosse in grado di assicurare stabilità alla giovane repubblica d'oltre Atlantico. Al di là delle differenze tra i due Paesi, che il giornale di Mercier aveva cura di sottolineare, l'esempio era dunque utile alla Convenzione di Parigi chiamata a sua volta a dare alla Francia una nuova costituzione.[68] Sulla stessa linea si sarebbe mosso, il 4 ottobre 1792, il «Patriote François»: Brissot – che di America molto sapeva e che la cerchia di La Fayette parimenti aveva frequentato – lodò la traduzione, confermò l'importanza del testo per il compito che attendeva i convenzionali, ma a conoscenza, con tutta probabilità, di chi fossero i promotori della traduzione, insinuò anche il sospetto della

67. «C'est au moment d'une Convention nationale qui va fixer à jamais le bonheur de la France et décider du sort de l'Europe, qu'il convenait principalement de donner au public des écrits auxquels l'Amérique doit en grande partie sa prosperité actuelle. Cet excellent ouvrage est précédé de la Constitution des Etats-Unis: nous recommanderons surtout le chapitre IX et suivans. Il a pour titre: *Utilité de l'Union comme un préservatif contre les factions et les insurrections*, *Mercure Universel*, 21 Septembre 1792, p. 335.

68. «On verra ici de quelle manière les Etats-Unis de l'Amérique, reconnoissant l'imperfection de constitution qu'ils s'étaient donnée pendant le cours de la guerre qui assura leur indépendance, convoquèrent en 1787 une convention chargée de la revoir. Mais que de difficultés n'éprouva point la convention nouvelle pour faire une constitution raisonnable ! [...] La position des Américains, leur local, ne sont pas les nôtres; il faut à toute nation un gouvernement national c'est – à – dire, fondé sur la masse physique et sur son caractère moral», in «Annales patriotiques et littéraires», Supplément au n. CCLXIX, 25 Septembre 1792, p. 1200.

presenza in quelle pagine d'uno spirito aristocratico ormai intollerabile in terra di Francia.[69] Sulla traduzione tornò poi, ormai il 18 novembre 1792, il «Moniteur», con una recensione dove elogiava l'opera alla stregua di un monumento all'unità del governo repubblicano e la consigliava come antidoto all'azione di quanti, anche in Francia, erano dei *diviseurs*, ossia sostenevano l'introduzione di un sistema federativo.[70] Sulla stessa linea si sarebbe collocato, alla fine del mese, l'ultrademocratico «Journal des hommes libres», che per la penna di Anacharsis Cloots attaccava i federalisti come nemici dell'unità della Repubblica e al tempo stesso suggeriva di leggere l'opera dal medesimo titolo

> Les fédéralistes veulent que nous regrettions un jour le despotisme du Grand-Turc [...] je vous conjure au nom de notre bonheur mutuel de vous procurer un ouvrage nouvellement traduit de l'anglais, intitulé, je ne sais trop pourquoi: Le Fédéraliste. Cet excellent livre est le bréviaire des unitaires, et tout homme qui se dira publiciste et qui n'aura pas gouté la partie élémentaire de ce livre, faites-le descendre de la tribune; c'est un sot ou un coquin![71]

Di lì a breve calò il silenzio: le accese discussioni sul testo costituzionale accompagnarono la crisi alle frontiere e il dissidio in seno alla Convenzione e nello scontro politico l'esempio degli Stati Uniti cambiò di segno, trasformandosi, sotto il segno della rivendicata unità e indivisibilità dello Stato, in un sistema destinato alla frammentazione. Ancora nel maggio del 1793, nel pieno dello scontro tra montagnardi e girondini, Saint-Just ritenne necessario intervenire contro il progetto di costituzione di Condorcet lamentando come l'esempio d'oltre oceano fosse da respingere, proprio perché destinato a dividere la nazione e a inabissarsi a seguito di un inevitabile conflitto intestino.[72] Di lì a qualche settimana appena la

69. De Francesco, *Traduzioni e rivoluzione*, p. 68.

70. «Moniteur Universel», 323, 18 novembre 1792, p. 1372.

71. «Journal des hommes libres de tous les pays ou le Républicain», 59, 30 novembre 1792, p. 116.

72. «Les Etats-Unis d'Amérique, qui n'ont point établi cette distinction, n'ont pas reconnu non plus, par une suite nécessaire, que l'unité de la République était dans la division du peuple, dans l'unité de la représentation nationale, dans le libre exercice de la volonté générale. Cet Etat confédéré n'est point en effet une République; aussi, les législateurs du Nouveau-Monde ont-ils laissé, dans leur ouvrage, un principe de dissolution. Un jour (et puisse cette époque être éloignée) un Etat s'armera contre l'autre, on verra se diviser les représentants, et l'Amérique finira par la confédération de la Grèce», citando da *Les plus beaux discours de Saint-Just*, Paris, Centaure, 1909, p. 109.

sua profezia prese invece forma proprio in Francia, a seguito della rivolta della provincia contro le giornate parigine del 31 maggio e 2 giugno 1793 che avevano portato all'espulsione dei girondini dalla Convenzione: per l'occasione le proteste furono bollate di federalismo – inteso come un localismo dai tratti reazionari che attentava alla sovranità della Repubblica – e l'accusa non giovò certo alle fortune dell'opera, che al tempo del Terrore era ormai dimenticata.[73]

Né la caduta di Robespierre e la necessità di scrivere una nuova carta ancora rilanciarono l'interesse per il *Federalist*: nella primavera del 1795 Buisson tentò di riproporre la sua traduzione, ma proprio la circostanza che la nuova edizione dell'anno III fosse in realtà lo smercio, con giusto il frontespizio cambiato, del lotto della prima tiratura rimasto invenduto tutto dice di come l'opera non avesse avuto molti lettori. Né le cose migliorarono in quell'anno, perché nel dibattito parlamentare sul nuovo testo costituzionale la Convenzione rese giusto un poco sentito omaggio di maniera al modello statunitense, ma prese prontamente altra via. Urtava, nell'immaginazione della classe politica rivoluzionaria francese uscita dal Terrore, il ruolo assegnato negli Stati Uniti alla figura del presidente, i cui poteri sembravano pericolosamente simili a quelli di un re.[74]

Non a caso, però, quanto suggeriva diffidenza ai repubblicani francesi, era proprio l'aspetto che più aveva appassionato il circolo di La Fayette, responsabile di una traduzione del *Federalist* che illumina su quanto i promotori avessero una diretta frequentazione con le élites politiche d'oltre oceano. Lo dimostra il fatto che l'opera venisse per la prima volta ufficialmente ascritta a Hamilton, Madison e Jay: infatti, se la cosa era ben nota nei ristretti ambienti della politica statunitense, non era certo di dominio pubblico, neppure negli Stati Uniti, dove per molti anni ancora l'attribuzione rimase incerta e consentì che molti nomi venissero di volta in volta accostati all'opera.[75] Dalle poche pagine dell'introduzione fortuitamente conservatesi in alcuni esemplari, emerge inoltre il senso profondo dell'iniziativa: dimostrare come il modello istituzionale statunitense, fondato su

73. M. Albertone, *The Making of «Federalism» in Eighteenth-Century France*, in S. Richter-Th.Maissen, M. Albertone, *Languages of Reform in the Eighteenth Century. When Europe lost its Fear of Change*, London, Routledge, 2020, pp. 90-94.

74. De Francesco, *Traduzioni e rivoluzione*, pp. 80-81.

75. Ancora nel 1800 l'«Independent Chronicle» nel n. 2008 del 23 giugno (alla p. 2) poteva così asserire che il *Federalist* fosse della penna di Hamilton, Jay e Madison, ma anche di William Duer.

un bicameralismo elettivo, dove il capo dello Stato disponesse di ampi poteri, potesse puntualmente essere riproposto anche in Francia.

Trudaine era chiarissimo al riguardo, quando – pur ammettendo che i due Paesi fossero diversi e dunque potessero disporre di sistemi politici differenti – ricordava che taluni «prétendent qu'un président du congrès suffirait à la France; d'autres assurent qu'avant peu l'Amerique aura besoin d'un roi héréditaire».[76] Insomma, la soluzione politico-istituzionale suggerita dal *Federalist* consentiva – al circolo di La Fayette – di considerare intercambiabile la forma istituzionale dello Stato, purché questo fosse improntato a un modello di equilibrio dei poteri, fondato sulla sovranità popolare, di cui proprio la carta di Filadelfia costituiva un mirabile risultato. Questa prospettiva – impiantare nel contesto della più antica monarchia d'Europa la più recente, e rivoluzionaria, proposta costituzionale – era anche il riflesso delle polemiche in circolo negli Stati Uniti, dove le accuse a Hamilton di non essere un repubblicano avevano presto preso a rincorrersi e parevano confermate da alcuni passaggi del *Federalist*.[77] Tuttavia, è importante sottolineare come, in Francia, quelle accuse venissero riprese per essere cambiate di segno e andare a conferma della plausibilità di adottare anche in una monarchia la proposta della Convenzione di Filadelfia. Con la traduzione del *Federalist* si indicava una via perché la più antica monarchia d'Europa, la terra dell'assolutismo e del predominio aristocratico, andasse incontro a una radicale trasformazione politico-istituzionale, che mettesse di lato – a differenza dell'Inghilterra – il ceto nobiliare a tutto vantaggio di una élite politica, la cui costruzione passasse per un ampio suffragio popolare. L'ipotesi – indipendentemente dalle ambizioni nascoste o solo accennate di La Fayette – era quella di una monarchia democratica, che sapesse espungere ogni estremismo per coinvolgere in una gigantesca opera di trasformazione l'intera società francese. Il repentino disastro della proposta fece sì che essa sparisse dalla memoria politica del suo stesso tempo, ma molto dice di come, nel vecchio continente, si sapesse cogliere la portata rivoluzionaria del testo costituzionale del 1787.

76. Sul punto rinvio al mio *Traduire pour stabiliser. L'exemple des ouvrages américains parus en français à la veille de la République, printemps- été 1792*, in «La Révolution Française», 12 (2017), p. 8.

77. A questo proposito si veda ancora L.B. Dunbar, *A Study of «Monarchical» Tendencies in the United States from 1776 to 1801*, Urbana, University of Illinois, 1923, pp. 99-117, nonché ben più di recente E. Nelson, *The Royalist Revolution. Monarchy and the American Founding*, Cambridge (Mass.), Belknap, 2014, pp. 66-107.

5. *Una monarchia federale*

Le fortune del *Federalist* in terra d'Europa durarono insomma l'*espace d'un matin*: è vero che sul finire del 1792 la raccolta venne recensita, assieme all'opera di Adams, in terra di Germania, con una lunga e dettagliata nota che ne magnificava il valore politico-istituzionale anche per l'Europa, ma oltre non sembra si sia molto andati e si sarebbe dovuto attendere il 1902 perché in Francia comparisse una nuova traduzione.[78] La cosa non stupisce, perché nel corso dell'Ottocento presero forma le storiografie nazionali – che puntavano a magnificare l'eccezionalità dei percorsi storici dei rispettivi Paesi – e le loro fortune avrebbero portato a differenziare i destini dei due lati dell'Atlantico restituendo il modello costituzionale americano ad un *unicum* di cui molto tenere conto, ma di cui era ben difficile ipotizzare l'esportazione.

Sembra importante, a questo proposito, ricordare come le parole di elogio rivolte al *Federalist* dal giovane Tocqueville nella sua *Démocratie en Amérique* – scritta come noto in occasione di un viaggio negli Stati Uniti nei primi anni trenta dell'Ottocento – proprio questo intendessero testimoniare: e cioè che la pratica politica della democrazia aveva conosciuto un grandioso esperimento negli Stati Uniti, meritevole di lode e ammirazione, ma nei confronti del quale forte doveva essere la prudenza degli europei.[79]

D'altronde, le modeste fortune dell'opera giovanile di Tocqueville indicano quanto poco il *Federalist* si avvantaggiasse dell'attenzione che questi gli avrebbe a più riprese riservato: è vero che la *Démocratie en Amérique* venne presto tradotta negli Stati Uniti,[80] orgogliosi di avere riconquistato quella centralità repubblicana sulla scena politica internazionale che dopo l'epopea dell'indipendenza avevano presto perduto a vantaggio della Francia; tuttavia, al di là di quell'ambito, l'opera giovanile di Tocqueville non sembra avere avuto grande successo nel resto del continente americano. Venne sì subito tradotta in spagnolo, anche se a Parigi, tra il 1836 e il 1837, a cura di un medico cubano, don Antonio Sanchez de Bustamante,

78. Si veda «Allgemeine Literatur-Zeitung», 340, 26 December 1792, pp. 659-660. Circa la nuova traduzione in francese, il rinvio sia *a Le Fédéraliste*, nouv. éd. française avec une introduction bibliographique et historique par G. Jèze, Paris, V. Giard & E. Brière, 1902.

79. «Le Fédéraliste est un beau livre, qui, quoique spécial à l'Amérique, devrait être familier aux hommes d'État de tous les pays», A. de Tocqueville, *De la démocratie en Amérique*, Paris, Gosselin, 1835-1840, 1, p. 196.

80. A. de Tocqueville, *Democracy in America*, New York, Dearborn, 1838.

per conoscere poi un'altra edizione ancora, sempre nella capitale francese, stavolta per la penna di un diplomatico colombiano, Leopoldo Borda.[81] La traduzione di Bustamante comparve poi nel 1854 in terra di Spagna e l'anno successivo in Messico, in occasione della convocazione dell'assemblea costituente che portò alla carta federale del 1857.[82]

Benché il francese fosse la lingua franca delle élites americane – e non è quindi escluso che le molte edizioni originali della *Démocratie* comunque circolassero nell'America Latina – sembra comunque difficile concludere che l'opera di Tocqueville avesse un effetto di trascinamento per le fortune del *Federalist*, che proseguì la sua corsa in solitario negli Stati Uniti soltanto: sin dal 1818, era uscita a Filadelfia un'edizione che teneva fermo sulla partizione scelta quello stesso anno da Gideon, che da parte sua tornò a dare alle stampe l'opera dapprima nel 1821, poi nel 1831 e ancora nel 1845, mentre nello Stato del Maine il tipografo Glazier dette avvio, nel 1826, ad una fortunata serie di edizioni che continuarono nel 1831, nel 1837, nel 1842 e nel 1852.[83]

Si è già suggerito come nelle fortune della selezione operata dallo stesso Madison – che si sarebbero non a caso mantenu te sino alla guerra civile – facesse riflesso l'orientamento della politica americana, dove prima la dinastia dei virginiani, quin di il rilancio in senso democratico della presidenza Jackson, avevano largamente oscurato le fortune di Hamilton. Proprio questo orientamento suggerisce che, ancora alla vigilia della secessione degli Stati del Sud, l'opera fosse più motivo di contesa che d'incontro, perché veniva puntualmente utilizzata quale punto d'appoggio degli orientamenti maggioritari. In altre parole, il profilo costituzionale del *Federalist*, sul quale tutti convenivano, era anche una sorta di ripiego per metter da canto i motivi di tensione politica che attraversavano invece la società statunitense e portava le sue parti in lotta a trovare nell'opera, spesso da angoli opposti, occasioni di conforto: così la giudicava, non certo a caso, William Smedes, un giudice della corte del Mississippi, favorevole

81. *De la democracia en la América del Norte*, por Alejo de Tocqueville, traducida de la cuarta edición, por D.A. Sánchez de Bustamante, Paris, Lecointe, 1836-1837 e *De la democracia en America*, por Alejo de Tocqueville, traducida al español por Leopoldo Borda, Paris, V. Salva, 1842.

82. *De la democracia en América: con un exámen de la democracia en los Estados-Unidos y en Suiza*, Madrid , Imprenta de don Jose Trujillo Hijo, 1854 e *De la democracia en la América del Norte*, Mexico, Cumplido, 1855.

83. Su tutto questo Ford, *A List of Books*, pp. 21-27.

alla secessione, che nell'ottobre del 1860, presentava il *Federalist* come una «exposition of constitutional law».[84] L'accento sulla dimensione giuridica dell'opera rifletteva insomma il tentativo di trascinare sul terreno propriamente costituzionale un testo che le sue stesse origini suggerivano invece stesse ancora ben piantato nel quadro del conflitto politico.

Che non si trattasse di una traslazione agevole suonano testimonianza le molte incertezze con le quali il *Federalist* venne accolto in tutto il continente americano. La dissoluzione degli imperi iberici dette forma a Stati, che si volevano federali o confederali e che guardavano tutti con attenzione all'esempio statunitense soprattutto sotto il segno della libertà d'azione rimasta alle realtà locali. È stato sottolineato come il modello fosse per certi versi più quello degli Articoli di confederazione che non la carta del 1787,[85] ma forse affascinava ancor più la capacità del modello statunitense di contemperare – grazie alla politica condotta dai presidenti statunitensi da Jefferson sino a Jackson – la scelta della stabilità con quella del rispetto delle libertà dei singoli Stati.

In questo quadro va calata la traduzione del *Federalist*, comparsa a Rio de Janeiro nel 1840, a cura di José da Gama e Castro, un medico portoghese di simpatie ultralegittimiste e dai trascorsi miguelisti, costretto per questo motivo a lasciare il proprio Paese e a girovagare per l'Europa (Italia, Svizzera e Francia le sue tappe) prima di raggiungere il Brasile.[86] L'uomo si inserì nel pieno del conflitto politico che scuoteva il Paese dopo l'abdicazione dell'imperatore dom Pedro I nel 1831, ossia negli anni della reggenza, nell'attesa che il figlio raggiungesse, proprio nel 1840, la maggiore età. Nel 1838, all'arrivo di Gama e Castro, il Brasile era uno Stato dove le libertà locali, grazie all'atto addizionale del 1834, che riformava in chiave federativa la costituzione del 1821, avevano conosciuto un forte impulso, ma dove aveva preso parimenti forma una stagione di instabilità politica di cui erano testi monianza alcuni tentativi insurrezionali. Proprio questa fragilità del nuovo equilibrio costituzionale aveva indotto alcuni

84. W.C. Smedes, *Speech delivered at Apollo Hall, Vicksburg, Miss. on the 27th day of October, a.d. 1860 upon the right of a state to secede from the Union and other political topics*, Shannon, Vicksburg, 1860, p. 17.

85. *Federalismos latinoamericanos: México/Brasil/Argentina*, coord. M. Carmagnani, Mexico, El Colegio de Mexico, 1993.

86. Sulla sua figura di miguelista convinto si veda J.L. Torgal, *Tradicionalismo e contra-revolução. O pensamento e a acção de José da Gama e Castro*, Coimbra, Universidade de Coimbra, 1973.

circoli un tempo liberali ad avviare un giro di vite per favorire una politica detta di *regresso*, che portasse il potere centrale a disporre di un più ampio margine di manovra nei confronti delle periferie. Tra i promotori di questa linea era Bernardo Pereira de Vasconcelos, un deputato liberale che a far data dal 1838 mise in chiaro la sua volontà di raccogliere attorno a un programma di ritorno all'ordine tutte le forze politiche e sociali che guardavano con preoccupazione alla possibile dissoluzione dell'impero brasiliano.[87] Inutile dire che guardarono con grande simpatia al suo tentativo anche i circoli più apertamente tradizionalisti, che sul *regressismo* fecero subito conto quale un possibile antidoto alla deriva estremista del processo politico brasiliano.

In questo quadro va pertanto collocata la decisione di Gama e Castro di porre mano alla traduzione del *Federalist*. Egli vi si decideva dopo aver portato a termine – ma non avere ancora pubblicato – un trattato sulla figura politica del principe, che costituisce una sorta di corposa sintesi delle idee passatiste in circolo nell'Europa mediterranea all'indomani del fallimento delle rivoluzioni costituzionali dei primi anni venti.[88]

Apparentemente, tutto avrebbe dovuto tenerlo distante dal *Federalist*, ma oltre al bisogno – che in una vita di ripetuti esili mai va dimenticato – stava la possibilità di leggere l'opera lungo coordinate diverse, che permettessero di farne un punto d'appoggio per la convergenza di tutti i circoli conservatori brasiliani. Lavorò con metodo: si procurò una edizione del *Federalist* – non a caso si appoggiò a quella del 1810, che assegnava a Hamilton la gran parte dei saggi – e a questa affiancò la traduzione francese, che diceva circolare in Brasile, perché gli fosse d'ausilio nei passaggi di più ostica comprensione. Al testo aggiunse poi alcune note a fondo pagina, tramite le quali chiariva al lettore il senso di alcuni riferimenti, ma interveniva pure per dir la sua sul tema trattato. Lungo questa direttrice, diviene possibile chiarire il senso politico della sua iniziativa: in primo luogo Gama e Castro sottolineava l'importanza del testo per la monarchia brasiliana, che avrebbe dovuto ispirarsi al modello statunitense per porre

87. Ch. E.C. Lynch, *Modulando o tempo histórico: Bernardo Pereira de Vasconcelos e conceito de «regresso» no debate parlamentar brasileiro (1838-1840)*, in «Almanack. Guarulhos», 10 (2015), pp. 314-334.

88. [J. Da Gama e Castro], *O novo principe, ou o espirito dos governos monarchicos*, Rio de Janeiro, Villeneuve 1841. Sull'opera, qualche nota in L.R. Torgal, *Do tradicionalismo antiliberal ao «nacionalismo integral» e à terceira via dos Estados Novos*, in «Historiæ», 1 (2010), pp. 77-79.

fine alle spinte secessioniste nei suoi territori. In questo quadro, il traduttore – che ribadiva come l'opera illuminasse sulla necessità dell'unione – aveva poi facile gioco a dimostrare come il governo federativo, quale preconizzato da Montesquieu e in qualche misura non del tutto respinto dai tre autori del *Federalist*, fosse destinato al fallimento.

L'esempio puntualmente addotto in più note era quello della Svizzera, che Gama e Castro riteneva di conoscere bene, tanto da lamentare la sua scomposizione a fronte dell'incomunicabilità politico-culturale tra i vari cantoni e da prevederne pure la partizione tra Austria, Francia e Piemonte. Né i motivi di contenzioso con gli autori del *Federalist* si interrompevano lì: Gama e Castro rifiutava che il concetto di rappresentanza fosse invenzione dei moderni; negava valore alle assemblee deliberative, che accusava di esorbitare dalle competenze amministrative; ribadiva il primato dell'istituzione monarchica al quale accostava la figura del presidente degli Stati Uniti;[89] contrastava il significato delle fazioni, che a suo avviso raccoglievano sempre e solo una minoranza e non potevano certo comprendere una maggioranza, alla quale devolveva invece ogni legittimità di azione; esaltava il ruolo della religione nell'articolazione della vita politica, tanto da sottolineare come, a questo proposito, la traduzione francese fosse per certi versi infedele.[90]

Il puntiglio delle annotazioni deve, come sempre, indurre a qualche sospetto: al di là del rigore filologico l'indicazione delle parti mancanti (o mutate) nella versione francese indica come Gama e Castro volesse prendere le distanze da una traduzione che gli sembrava declinare in termini alternativi alla sua proposta. La sua lontana uscita, nel pieno della rivoluzione francese, lo portava a fare propria la lettura ufficiale che il *Federalist* fosse considerato una sorta di testo sacro del repubblicanesimo e proprio

89. «A maneira com que elles fiscalisão os actos das outras autoridades he verdadeiramente imperiosa; e como o povo pelo ordinario se acha de sua parte, todos os seus actos adquirem tal violencia, que os outros funccionarios publicos sentem as maiores difficuldades do mundo em sustentar o equilíbrio da constituição», *O federalista, publicado em inglez por Hamilton, Madisson e Jay, cidadãos de Nova York e traduzido em portuguez por ****, Rio de Janeiro, Villeneuve, 1840, 3, p. 107.

90. Nel saggio numero 44 annotava ad esempio come fosse aggiunta una clausola che nella versione originale mancava: «Na traducção franceza foi accrescentada a clausula seguiente, que se não encontra no original inglez: Mas não se exige prova alguma de religião para poder servir qualquer emprego publico debaixo da autoridade dos Estados-Unidos», ivi, 2, p. 164.

da quella prospettiva intendeva prendere le distanze. Senza sapere che i promotori della versione francese fossero a loro volta monarchici, benché liberali, egli aveva cura di ricordare come il valore dell'unione, attorno al quale sempre a suo dire si annodava il significato profondo dell'opera, fosse un'eredità politica della monarchia. Anche per questo motivo dichiarava fallace la traduzione francese di due saggi, segnatamente il numero 37 – dove Madison illustra le difficoltà della Convenzione nel lavoro di preparazione del testo costituzionale[91] – e il 77, dove Hamilton si sofferma invece sui poteri del presidente degli Stati Uniti.[92] Sono due punti, dove, in effetti, si sottolineava come il testo costituzionale fosse il prodotto di molteplici tensioni e dall'altro si insisteva sull'autonomia di azione dei poteri del presidente, entrambi argomenti che collidevano con l'immaginario politico del medico portoghese. A questi premeva soprattutto ribadire l'identità monarchica del potere e dell'ordinamento dello Stato per suggerire come il Brasile, a rischio di dissolvenza sotto i colpi delle tante rivolte locali, dovesse guardare all'esempio del 1787 statunitense per tornare sull'atto costituzionale del 1834 e rivederlo sotto il segno di un allargamento dei poteri propri del governo centrale.

Al punto in cui siamo arrivati poco stupisce allora che una proposta del genere giungesse da un campione del legittimismo: proprio il *pedigree* di Gama e Castro conferma come al *Federalist* si potesse guardare anche nei termini di un passatismo politico, capace di coniugare l'identità federa le dell'impero brasiliano con il mantenimento della Corona e dei tradizionali privilegi di ceto. In altre parole, il profilo politico del traduttore, campione della lotta alle spinte disgregatrici che giungevano da un esercizio concreto delle autonomie locali, indica come il testo potesse sembrare un freno alla radicalizzazione politica e al di là della forma istituzionale suggerire la possibilità di un sistema di governo dove, nel quadro di un rilancio dell'autorità centrale, si conservassero i tradizionali privilegi dell'antico regime. D'altronde, la traduzione, certo avviata negli anni delle forti tensioni politiche al tempo della minore età di dom Pedro II, vide la luce in parallelo alla svolta centralizzatrice dello stesso anno, che mise fine, assieme alla

91. «Esta passagem foi traduzida pelo interprete francez com hum sentido inteiramente oposto ao do original; e todo este capitulo foi não só inteiramente desfigurado na traducção, mas até se encontrão nclle numerosas. suppressõcs e lacunas», ivi, 2, p. 69.

92. «Todo este cap. foi horrivelmente estropiado pelo traductor francez, que o não entendeu», ivi, 3, p. 151.

reggenza stessa, anche al tentativo del potere provvisorio di articolare la monarchia brasiliana su una base provinciale rispettosa delle attese delle élites locali. La traduzione venne così a sostegno di un ritorno all'ordine che partisse dal centro. Sotto questo profilo, ben si prestava come un monito alle spinte disgregatrici presenti in una società politica, repubblicana o monarchica che fosse (e questo aspetto va una volta di più sottolineato) segnata dalla presenza di corpi istituzionali intermedi, pronti a rivendicare la piena rappresentanza della sovranità locale.

6. *Bibbia del repubblicanesimo?*

In questi termini, lodandone chiarezza espositiva e profondità di pensiero, nel 1825, un foglio britannico descriveva il *Federalist*. Al tempo stesso, in un altro punto dell'articolo, sottolineando le manifestazioni di giubilo che avevano da poco punteggiato il ritorno di La Fayette in America, il redattore non poteva esimersi dalla considerazione che «these republicans are curious. They secretely revere rank, *more than we do*».[93]

Non è qui il luogo dove tornare a prendere in esame le molte accuse a Hamilton di essere stato monarchico e di avere tentato di avviare gli Stati Uniti verso una soluzione destinata a superare il momento repubblicano. Qui preme invece ricordare come la libertà di manovra concessa alla figura del presidente fosse sembrata una affascinante ipotesi anche negli Stati dalla forte tradizione monarchica, che puntavano alla costituzionalizzazione senza porre in discussione la forma istituzionale. Gli esempi di Francia e Brasile qui addotti molto suggeriscono questa ipotesi e spostano assai più in là nel tempo – ossia in parallelo al processo di formazione della potenza statunitense – la codificazione del *Federalist* quale monumento del moderno repubblicanesimo.

Un esempio viene offerto dalla scansione cronologica delle fortune dell'opera in terra di Germania: soltanto il tornante del 1848 parve concretamente avviare un ritorno d'interesse verso il sistema statunitense e a quella data i riferimenti erano segnati dall'ammirazione per un sistema politico che, oltre l'oceano, sapeva conservare i diritti dei singoli Stati senza sacrificare una stretta forma di raccordo sotto le insegne di un governo federale. In Germania la rivoluzione nazionale sembrava

93. «Blackwood's Edinburgh Magazine», 17 (1825), pp. 56 e 69.

insomma far proprio l'uso politico che del *Federalist* le amministrazioni statunitensi avevano sino ad allora fatto e la divisione tra grandi tedeschi, fautori di una presenza degli Asburgo nell'unificazione germanica, e piccoli tedeschi, che li volevano escludere, non preclude che tutti guardassero al modo mirabile con il quale sistemi di potere diversi convivevano sotto le insegne del dettato costituzionale del 1787. Negli anni a seguire, il fallimento del 1848 tedesco non avrebbe annullato l'interesse per l'opera, che venne nuovamente magnificata da Robert von Mohl per essere poi presa a punto di riferimento da Georg Waitz nella sua teoria del *Bundestaat*, anticipata nel 1853 e giunta a compimento nel 1862.[94] Di lì a breve, il *Federalist* trovò poi una prima parziale traduzione, segnatamente nel 1864, grazie all'impegno di Wilhelm Kiesselbach, un giurista che era stato sostenitore della soluzione grande tedesca e che aveva ancora a lungo guardato, grazie alla collaborazione con Karl Ludwig von Bruck, al diretto coinvolgimento di Vienna nel processo di unificazione della Germania.[95]

Le conseguenze della conclusione della guerra di secessione avrebbero però trasformato il significato di una soluzione in chiave federale del problema nazionale tedesco, rilanciando le ragioni piccolo tedesche, che puntavano a escludere gli Asburgo a tutto vantaggio della Prussia degli Hohenzollern. Sotto questo segno, la soluzione federale individuata nel 1871 per il Reich tedesco sembrava riprendere la prospettiva accreditata ad Hamilton e suggerire la necessità di un potere federale forte quale strumento di raccordo delle singole statualità chiamate a riconoscersi nella nuova unità tedesca. Poi, certo, l'ascesa del nazionalismo avrebbe portato a cancellare il *Federalist* dal panorama culturale nel quale l'idea dell'unità tedesca aveva preso forma e da quegli anni in poi l'idea che il sistema politico statunitense potesse essere d'esempio anche per gli istituti monarchici si eclissò per lasciare il passo ad un riferimento di chiara impronta repubblicana soltanto.

Non è un caso che proprio nel 1868, sempre all'indomani insomma della conclusione della guerra civile negli Stati Uniti, ridefinito sui campi di battaglia il modello politico-costituzionale dell'Unione, comparisse in Argentina la prima traduzione in spagnolo del *Federalist*: ne era re-

94. Dietze, *The Federalist*, pp. 12-15.

95. W. von Kiesselbach, *Der Amerikanische Federalist. Politische Studien für die Deutsche Gegenwart*, Bremen, Kühtmann, 1864.

sponsabile José Maria Cantilo, un esule politico ai tempi della dittatura di Rosas, che nel 1859 si era molto speso per l'ingresso dello Stato di Buenos Aires nella Confederazione.[96] Da quel momento, accompagnando la crescita della potenza statunitense, il *Federalist* divenne un punto di riferimento della scienza politica in chiave repubblicana, ma le sue rapide fortune – ingigantite, nel contesto europeo, dal dramma delle due guerre mondiali – non possono nascondere come per un lungo arco di tempo l'opera fosse letta e interpretata sotto una luce per ampi tratti molto, molto diversa.

96. R. Viguera-Ruiz, *The Late Spanish Translation of The Federalist Papers and the concept of Federalism in Argentina at the time*, in «International Journal of Social Sciences studies», 7 (2019), pp. 35-53.

4. Le origini americane della guerra rivoluzionaria francese (1791-1792)

Il padre di tutti i dibattiti sulle ragioni della guerra (o della pace) per un nuovo ordine rivoluzionario rimane, senza ombra di dubbio, quello che ebbe luogo, tra il dicembre 1791 e il gennaio 1792, alla Società dei Giacobini di Parigi: da un lato le posizioni di Brissot, che sosteneva i motivi di una guerra all'Europa intera in nome della libertà da consegnare agli altri popoli, dall'altro Robespierre, che temeva dalla scelta delle ostilità un drammatico contraccolpo sui precari equilibri politici della Francia in rivoluzione.[1]

Da Jean Jaurès in poi – per restare al solo quadro, limitato e tuttavia probante, della storiografia del secolo XX – nessuno avrebbe mai contestato questa divisione dei ruoli. Ancora oggi, tra coloro che accettano la ricostruzione degli eventi in termini ormai considerati del tutto convenzionali, sembra indubbio che i due uomini debbano essere messi in contrapposizione. A Brissot non viene risparmiata l'accusa di avventurismo politico, che lo avrebbe spinto a giocare col fuoco della guerra. Quella sua scelta rovinosa spiega lo scarso da lui avuto in sede storiografica. Robespierre, invece, è stato puntualmente riconosciuto come colui che aveva opposto una coraggiosa resistenza alla deriva bellicista della Società dei Giacobini. Il confronto tra i due, che pure nel 1792 fu vinto da Brissot, ha finito per consacrare la correttezza delle posizioni politiche di Robespierre.[2]

Questa cristallizzazione delle posizioni, che ha agevolmente superato le successive ondate di revisione storiografica della seconda metà

1. Il punto di riferimento rimane al riguardo J. Jaurès, *Histore soclaliste de la Révolution françalse*, 8 voll., Paris, Librairie de l'Humanité, 1922-1924.

2. Esemplare D.A. Bell, *The First Total War: Napoleon's Europe and the Birth of Modern Warfare*, Boston-New York, Houghton Mifflin, 2007, pp. 111-119.

del Novecento, si snoda lungo il solco che da Jaurès conduce ad Albert Mathiez, ma trovò una particolare forza espressiva dopo la Prima guerra mondiale. Fu allora che il disaccordo tra Mathiez e Alphonse Aulard raggiunse l'apice, e quest'ultimo fu così denunciato per il suo interventismo democratico.[3] Questo argomento fu rapidamente ripreso dal suo allievo, Georges Michon, oggi noto per i suoi studi sul movimento fogliante, ma che, a partire dagli anni Venti, e con sempre maggiore intensità nel decennio successivo, presentò Robespierre come un campione del pacifismo.[4] A questo proposito, tuttavia, non va dimenticato (come ci ricorda Noran Ingram) come Michon mantenne un equilibrio sempre più precario tra la dimensione dello studioso e quella dell'attivista politico.[5] La sua adesione al Partito Socialista Francese (SFIO) si concluse nel corso degli anni Trenta, con il suo avvicinamento all'ala destra della Confederazione Generale del Lavoro (CGT), influenzata dal planismo. Durante gli anni della guerra civile in Spagna, questo movimento conservatore criticò i toni bellicosi assunti dal Partito comunista francese, rimarcando il fatto che la Francia avrebbe dovuto adottare una posizione decisamente a favore della pace.[6]

Tramite la pubblicazione di studi storici e articoli di giornale, Michon tracciò una chiara analogia tra il 1792 e l'epoca che stava vivendo. La sua opinione riscontrò un ampio consenso presso altri studiosi a loro volta fortemente impegnati in politica.[7] Tale è il caso del radicale Gaston Martin, il quale, proprio leggendo i lavori di Michon, avrebbe suggerito di non prendere posizione sulla guerra di Spagna.[8] Non solo, avvicinandosi la resa dei conti con la Germania hitleriana, Michon avrebbe continuato a fare ricorso

3. J. Friguglietti, *Albert Mathiez: Historien révolutionnaire (1874-1932)*, Paris, Société des Etudes Robespierristes, 1974, pp. 152-158.

4. G. Michon, *Essai sur l'histoire du parti feuillant: Adrien Duport*, Paris, Payot, 1924; Id., *Robespierre et la guerre, 1791-1792*, in «Annales révolutionnaires», 12 (1920), pp. 265-311. Si veda anche S. Luzzatto, *La Marsigliese stonata: la sinistra francese e il problema storico della guerra giusta, 1848-1948*, Bari, Dedalo, 1992.

5. N. Ingram, *Repressed Memory Syndrome: Interwar French Pacifism and the Attempt to Recover France's Pacifist Past*, in «French History», 18 (2004), pp. 319-330.

6. D. Bidussa, *Gli intellettuali e la questione della pace, 1938-1941*, in *Vichy, 1940-1944*, ed. D. Peschanski, Milano, Feltrinelli, 1986, pp. 69-92.

7. G. Michon, *Robespierre et la guerre révolutionnaire, 1791-1792*, Paris, Rivière, 1937, p. 8.

8. G. Martin, *Le camarade Robespierre*, in «La République», 14 gennaio 1936; e anche Id., *Trois discours de Robespierre*, in «La République», 15 giugno 1937.

alle lontane tesi di Robespierre per negare che la forza militare potesse rovesciare i fascismi. E così ancora nel 1939, in occasione del 150° anniversario della Rivoluzione francese, firmò assieme a Georges Albertini (il futuro compagno di Marcel Déat nell'avventura collaborazionista), alcuni interventi, presentati dallo storico Georges Lefebvre, dove la preclusione nei confronti della guerra appare del tutto evidente.[9] Le sue parole lasciavano pochi dubbi sul fatto che fosse in sintonia con le correnti socialiste suscettibili alle lusinghe hitleriane.[10] Di tutto questo darà poi prova proprio Albertini nel 1944.[11]

L'esempio di Michon, insomma, suscita il sospetto che la ricostruzione, proposta prima da Jaurès e poi da Mathiez, dell'immagine pacifista di Robespierre (e quindi anche delle tendenze guerrafondaie di Brissot) abbia finito per produrre un mostro. Ben presto quell'idea si sarebbe alimentata del disaccordo di alcuni con l'interpretazione, fornita nel contesto nazionalista e patriottico del 1939, dell'analisi storica proposta da Lefebvre sul 1789. La ricostruzione del duello tra Brissot e Robespierre è stata plasmata con forza dalle preoccupazioni politiche del momento, e quelle analisi successive hanno poco a che fare con la reale posta in gioco politico-ideologica dello scontro del 1791-1792.[12]

Dal 1939, naturalmente, molto è cambiato e, se il pacifismo di Robespierre continua a emergere di tanto in tanto, è indubbio che si sia imposta una prospettiva più equilibrata.[13] A Robespierre è stata attribuita la convinzione della necessità della guerra che, nello scontro con Brissot, egli non ha mai voluto nascondere.[14] Eppure, non esiste ancora uno studio convincente che spieghi perché Brissot, e non Robespierre, sia uscito così chiaramente vincitore da quel drammatico confronto. Ancora oggi, la decisione dei gia-

9. G. Lefebvre, *La Révolution française*, Paris, Librairie Syndicale, 1939, p. 91.

10. G. Michon, *Le rôle de la presse en 1791-1792: La déclaration de Pillnitz et la guerre*, Paris, T.E.P.A.C., 1941, pp. 26-39.

11. G. Albertini, *Le parti de la guerre depuis 1789*, Paris, Editions du R.N.P., 1944, con prefazione di Dominique Sordet, che scrive: «Dal 1792 c'è sempre stato un partito, sia a destra che a sinistra, che sostiene l'avventura della guerra. Invariabilmente, l'avventura finirà male».

12. A. De Francesco, *Daniel Guérin et Georges Lefebvre, une rencontre improbable*, in «La Révolution française», 2 (2010), online: http://lrf.revues.org/index162.html.

13. In particolare, M. Robespierre, *Pour le bonheur et pour la liberté: Discours*, Paris, La Fabrique éditions, 2004, pp. 8-19.

14. M. Rapport, *Robespierre and the Universal Rights of Man*, in «French History», 10 (1996), pp. 312-315.

cobini di rischiare giocando la carta della guerra viene attribuita unicamente al partito di Brissot, che prevalse, secondo la testimonianza di Camille Desmoulins, solo perché i brissotini avevano dalla loro parte l'appoggio delle società provinciali.[15] Questa teoria, che circolò già dai primi mesi del 1792, avrebbe avuto una lunga fortuna. Essa fu utilizzata come base per gli attacchi che, dopo la nascita della repubblica, avrebbero animato la sfida politica lanciata dai montagnardi contro i girondini.[16] Tuttavia, anche alla luce di tutto questo, con Parigi che in quell'occasione si trovò in minoranza rispetto alle province, la domanda iniziale rimane senza risposta: come fu possibile per Brissot convincere la maggioranza della Francia sull'opportunità di entrare in guerra?

Questo saggio si propone di esaminare il discorso politico di Brissot per individuare quali argomenti gli abbiano permesso di prevalere nel confronto con Robespierre – confronto che solo di rado fu un faccia a faccia. Confrontando i loro discorsi, appare chiaro che l'esempio della Rivoluzione americana fu l'arma polemica che consentì a Brissot di sconfiggere i suoi avversari.

Non è un caso che la debolezza di Robespierre su questo punto venisse notata dal suo stretto alleato Desmoulins il quale, al termine dei dibattiti, cercò di delegittimare la posizione di Brissot sostenendo l'esistenza di un accordo segreto tra quest'ultimo e il generale La Fayette.[17] Sostenere tale accusa non era difficile, anche perché appena qualche mese prima, nell'aprile 1791, Brissot aveva dato alle stampe il *Nouveau Voyage dans les Etats-Unis*, in tre tomi. Quest'opera, molto apprezzata anche sull'altra sponda dell'Atlantico, illustrava nel dettaglio le sue opinioni circa il nesso rivoluzionario che avrebbe dovuto strettamente congiungere i due paesi.[18]

15. «La società si divise in due partiti per quattro mesi e questi partiti, che si dilaniarono a vicenda, presero il nome dai due membri che erano più spesso sulla scena, pro o contro la guerra, Robespierre e Brissot. Brissot sembrava avere la maggioranza, ma Robespierre aveva quasi sempre l'unanimità delle tribune», in «La tribune des patriotes, ou journal de la majorité», 30 aprile 1792, pp. 29-30.

16. Questa è la base dell'accusa di federalismo formulata contro i girondini già nella prima settimana di vita della Repubblica. Si veda A. De Francesco, *Il governo senza testa. Movimento democratico e federalismo nella Francia rivoluzionaria*, 1789-1795, Napoli, Morano, 1992, pp. 65-71.

17. Si veda a tal proposito il n. 1 de «La tribune des patriotes» dal titolo *Commençons par vous, M. Lafayette*.

18. J.P. Brissot, *Nouveau voyage dans les Etats-Unis de l'Amérique septentrionale fait en 1788*, 3 voll., Paris, Buisson, 1791. Per la diffusione negli Stati Uniti, si veda «Columbian Centinel», 41 (1792), p. 161.

In quelle pagine, Brissot non mancava, infatti, di ricordare come la Francia dovesse proprio all'America «la gloriosa rivoluzione che le ha reso la libertà», ma in altro luogo aggiungeva la sua preoccupazione che il 1789 non fosse una conquista definitiva,[19] perché nulla escludeva che avesse a ripetersi il drammatico precedente inglese, quando la rivoluzione del 1640 aveva presto perso slancio sino a consentire il colpo di mano del generale Monk.[20]

In quella circostanza, Brissot non pensava certo a La Fayette, perché in quello stesso mese di aprile 1791, quando il generale dette le dimissioni dal comando della Guardia nazionale, il suo giornale, il «Patriote François» manifestò sconcerto per la decisione che privava la rivoluzione del più brillante esempio, grazie all'esperienza fatta in America, dell'ufficiale patriota.[21]

Piuttosto, nei timori di un colpo di mano si allungava l'ombra del cosiddetto triumvirato composto da Barnave, Lameth e Duport, che dopo la morte di Mirabeau aveva preso il potere e i cui primi suggerimenti all'Assemblea costituente, a partire dal decreto sul marco d'argento che privava una parte della cittadinanza dei diritti elettorali, sembravano a Brissot un drammatico attentato all'eguaglianza.[22]

Per questo motivo, a fronte del tentativo di chiudere in termini conservatori la vicenda rivoluzionaria, Brissot era tornato a prendere la penna e riproponeva quell'esempio americano di morale repubblicana che solo avrebbe potuto stornare la Francia dal pericolo di un ritorno all'antico ordine. Al riguardo, Brissot era tuttavia conscio che i giochi si sarebbero fatti al momento della redazione della carta costituzionale, circa la quale egli suggeriva di seguire il modello americano per quanto riguardava i suoi tre tratti salienti: la natura elettiva di tutte le cariche, il breve intervallo di tempo assegnato al potere legislativo e i molteplici controlli sul potere esecutivo.[23]

In tal modo, egli dichiarava, seppur ancora implicitamente, il proprio repubblicanesimo, perché aveva cura di confermare la propria scelta in favore di un sistema politico dove il popolo fosse sovrano e il titolare del potere esecutivo solo temporaneamente disponesse di quella facoltà. Circa il modo di arrivare a condizionare l'assemblea nelle scelte di carattere

19. Brissot, *Nouveau voyage*, vol. 3, p. 16.
20. Ivi, vol. 1, p. IX.
21. Si veda il «Patriote François», 22 aprile 1791.
22. Ivi, 25 marzo 1791.
23. Brissot, *Nouveau voyage*, vol. 1, p. XXVII.

costituzionale Brissot non aveva poi dubbi: spettava infatti alla Società dei Giacobini, nella quale aveva da poco fatto ingresso, il compito di promuovere il miglioramento civile dei cittadini e sempre la stessa società doveva premere sulla Costituente, perché un apposito concerto di leggi e di opportune misure educative favorisse nei francesi quella morale di cui proprio gli americani avevano dato uno straordinario esempio.[24] In tal modo, il modello politico statunitense, individuato quale strumento di promozione di un nuovo ordine sociale, veniva definitivamente contrapposto a quello inglese e sempre avrebbe guidato Brissot nelle successive, difficili scelte politiche.

La conferma giunge dal passaggio immediatamente seguente che – come è noto – data all'indomani della fuga di Varennes, quando nel clima di un temuto attacco delle potenze europee, Brissot, dapprima dalle colonne del «Patriote François» e poi nel discorso ai giacobini del 10 luglio 1791, prese apertamente posizione in favore della Repubblica.[25] Per la circostanza, l'esempio costituzionale americano gli tornava utile per dimostrare la necessità che d'ora innanzi il titolare del potere esecutivo fosse non solo di natura elettiva, ma contornato pure di possenti strumenti di controllo, mentre le vicende della guerra combattuta oltre l'oceano gli offrivano il destro per ribattere alle insinuazioni di chi escludeva, pena la risposta in armi delle principali potenze d'Europa, che si potesse destituire Luigi XVI.

A fronte di questa evenienza, miscelando il ricorso ai precedenti offerti dal repubblicanesimo antico con qualche accenno a quello di età moderna (dalla rivolta d'Olanda alla rivoluzione inglese del 1640), Brissot aveva infatti cura di fare riferimento in modo particolare alla rivoluzione nel nuovo mondo per suggerire una pronta levata in armi del popolo di Francia. Gli argomenti addotti erano tratti dal repertorio dell'immaginario nazionale quale gli stessi americani avevano prontamente costruito e così Brissot ricordava come soltanto l'amore della libertà avesse portato i coloni ad una vittoriosa guerra, dopo sette anni di lotta, contro un nemico invero più forte. Le prove stavano nelle capacità di resistenza dopo le prime sconfitte, nell'eroismo del dottor Warren alla difesa di Bunker Hill o in quello dei soldati di Washington prima dello scontro di Trenton. Aveva fatto la dif-

24. Ivi, p. XIV.

25. Si veda il «Patriote François», 22 giugno 1791, e il *Discours prononcé par M. Brissot à l'assemblée des Amis de la Constitution le 10 juillet 1791 ou tableau frappant de la situation actuelle des puissances de l'Europe*, Paris, s.n.t., 1791.

ferenza un desiderio di libertà, che aveva portato alla diserzione e al passaggio sotto le bandiere americane di interi reggimenti tedeschi, del quale egli era certo si sarebbe avuta pronta ripetizione nel vecchio continente, perché «la rivoluzione americana ha dato vita alla rivoluzione francese; la rivoluzione francese sarà la sacra fonte dalla quale partirà la scintilla che abbraccerà tutte le nazioni».[26]

A fronte della minaccia di intervento delle potenze straniere, Brissot, in quella drammatica estate del 1791, dove sembrava che la Francia potesse divenire repubblica, ipotizzava pertanto una ripetizione delle vicende americane per ribadire come la prova delle armi avrebbe favorito la nascita di una nuova dimensione nazionale dei francesi, che in nome della libertà sarebbero corsi a definitivamente estirpare le male piante dell'antico regime.

Le cose come è noto andarono sulle prime molto diversamente, perché la Costituente licenziò un testo che limitava il suffragio universale e soprattutto manteneva ampie prerogative al sovrano grazie al riconoscimento del diritto di veto sull'azione del potere legislativo: ma il discorso al tempo stesso democratico e guerriero tenuto da Brissot alla Società dei Giacobini, che prefigurava un percorso molto diverso al cammino della rivoluzione,[27] gli sarebbe valso una grande notorietà e un consenso niente affatto trascurabile. Fu infatti il suo costante riferimento agli Stati Uniti e al loro modello politico a rappresentare lo spirito repubblicano di quei tempi.[28] Di questo fa prova una pronta versione inglese comparsa negli Stati Uniti d'America, di cui il traduttore Nancrede, professore di francese nel Massachusetts, così sottolineava l'importanza:

> La parte che l'autore ha redatto e la sua opinione sull'argomento, dichiarata in modo così formale, la rendono assai interessante per questo popolo, conoscitore delle libertà e dei diritti dell'umanità, poiché l'esempio del suo coraggio e della sua conoscenza politica è stato il fulcro dal quale la Francia ha acquisito le sue libertà. L'America non può che osservare con piacere la diffusione dei sentimenti di cui l'autore si è impadronito durante la sua permanenza qui.[29]

26. Ivi, p. 5.

27. E. Elley, *Brissot de Warville: A Study in the History of the French Revolution*, Boston, Houghton Mifflin, 1915, pp. 216-223.

28. S. Burrows, *The Innocence of Jacques-Pierre Brissot*, in «Historical Journal», 46 (2003), pp. 843-871.

29. Brissot, *A Discourse Upon the Question Whether the King Shall Be Tried? Delivered Before the Society of the Friends of the Constitution, at Paris, at a Meeting, 10 July*

Eletto all'Assemblea legislativa, non senza molte opposizioni, Brissot tenne il suo primo intervento alla fine di ottobre 1791. La sua proposta era quella di estendere la dinamica rivoluzionaria alla politica estera, sostenendo che le minacce rivolte ai controrivoluzionari armati alla frontiera fossero del tutto inefficaci se non si fossero estese anche ai principi tedeschi che fornivano loro protezione.[30] Favorevole a misure repressive nei confronti dei controrivoluzionari, Brissot avrebbe guardato con interesse alla richiesta che giunse, per ordine di Luigi XVI, dal nuovo ministro della Guerra, Narbonne, nel dicembre dello stesso anno.

L'inatteso allineamento della corte a coloro che sostenevano una guerra contro gli emigrati raccolti sulle frontiere, tuttavia, produsse la prima spaccatura all'interno dei giacobini. Robespierre, che pochi giorni prima aveva richiesto un intervento armato, sospettava che la bandiera del patriottismo issata dalla corte nascondesse un inganno.[31] Nonostante questo, Brissot mantenne la sua linea e il suo primo discorso, tenuto alla Società dei Giacobini il 16 dicembre 1791, mirò a riunire una società assai divisa dalla questione dell'attacco armato a Coblenz, argomento che era caro anche al sovrano.

Nulla tuttavia, nelle sue parole, lasciava intravedere quella proposta di una guerra all'Europa intera in nome della libertà cui, nel corso del dibattito, egli sarebbe poi giunto e per la quale è stato da allora in poi sempre ricordato: piuttosto, il suo obiettivo era quello di sostenere un intervento alla frontiera, per punire i «protettori dei ribelli» in nome di una guerra di libertà e non di conquista, prevista pertanto dalla costituzione e resa necessaria dall'intrigo che gli emigrati tessevano anche nel cuore del paese.

Più nel dettaglio, Brissot aveva cura di sottolineare come i pericoli per la rivoluzione giungessero dall'intesa tra i controrivoluzionari che agitavano all'interno e gli emigrati, ma non si estendessero direttamente alle potenze europee, che tutte – a cominciare dalla Gran Bretagna – non desideravano affatto intervenire. Per questo motivo, l'intervento alle frontiere,

1791, trans. P.J.G. de Nancrede, Boston, Belknap & Young, 1791, pp. III-IV. Si veda anche «Columbian Centinel», 19 ottobre 1791.

30. *Archives parlementaires de 1787 a 1860, Première série, 1787 a 1799: recueil complet des débats législatifs et politiques des Chambres françaises* (=*AP*), Paris, Dupont, 1969, vol. 34, pp. 468-469.

31. Si veda il discorso di Robespierre ai giacobini del 28 novembre 1791, nel quale reclamava la guerra come assolutamente necessaria. M. Robespierre, *Oeuvres*, 9 voll., ed. Marc Bouloiseau *et al.*, Paris, Société des Etudes Robespierristes, 1958, vol. 8, pp. 24-25 e pp. 35-36.

un passaggio ineludibile per allentare la morsa reazionaria che sembrava stringere la rivoluzione, avevo dei rischi tutto sommato modesti, perché di fronte all'attacco nessuna delle grandi potenze si sarebbe mossa in soccorso dei ribelli e al tempo stesso le ostilità, straordinaria e irripetibile occasione per temprare lo spirito di sacrificio, sarebbero state motivo di educazione per le nuove generazioni e avrebbero portato a «una nazione rigenerata, nuova, morale», perché, in definitiva, contro le persistenze dell'antico regime, «solo la guerra può rigenerare le anime».[32]

È proprio a questo punto che Brissot inserì ripetuti riferimenti all'esempio americano, affermando che la Francia avrebbe dovuto seguire il modello d'oltreoceano, dove «sette anni di guerra sono valsi... un secolo di moralità». La Francia non doveva temere il tradimento dei militari – che avrebbero fatto la stessa fine del traditore Benedict Arnold – né sospettare che un generale vittorioso potesse porre fine alla rivoluzione, perché «Washington non avrebbe trovato trenta soldati per sostenere il suo tradimento. I nostri francesi sono bravi come gli americani e non avremo i re di Washington».[33] Nelle argomentazioni di Brissot la guerra d'America diveniva così un'anticipazione del conflitto che in ogni caso attendeva i francesi e valeva ad esorcizzare ogni timore circa la possibilità di imprevedibili conseguenze della guerra. In altre parole, il conflitto di libertà avviato dai coloni era il precedente che da un lato doveva rincuorare il patriottismo nell'ora della prova più difficile e dall'altro dimostrare come dalle ostilità potesse nascere l'identità repubblicana del popolo francese.

Posto in questi termini, l'appello di Brissot alla presa delle armi si confermava una clamorosa sfida, sul terreno addirittura scelto dal governo, alla Corona, perché egli non nutriva dubbio alcuno che dalla guerra la causa della libertà e dell'eguaglianza avrebbe tratto forza e la Francia sarebbe uscita migliore. La questione repubblicana, che con un singolare artificio retorico Brissot aveva cura di tener da lato,[34] traspariva però come l'asse portante delle sue argomentazioni: vedere il gioco della Corte denunciando al tempo stesso la brama di potere dei foglianti significava mantenere al centro del dibattito politico i Giacobini, che per primi avevano reclamato la

32. Brissot, *Discours sur la nécessité de déclarer la guerre aux princes allemands qui protègent les émigrés, prononcé le 15 décembre 1791*, Paris, Impr. du Patriote François, 1791, pp. 15-16.
33. Ivi, p. 14.
34. Ivi, pp. 21-22.

guerra agli emigrati dare via libera alle straordinarie risorse della nazione, la cui rigenerazione per il tramite delle ostilità avrebbe comportato l'impossibilità di ogni soluzione autoritaria e dunque spalancato la porta alla nascita di una nuova società politica.[35]

L'intervento di Brissot preoccupò immediatamente Robespierre per la disinvoltura con la quale egli era disposto a tutto concedere alla Corte – compresa la guida delle ostilità a La Fayette, Rochambeau e Luckner, notoriamente vicini a Luigi XVI – pur di trascinarla sul terreno della guerra aperta. Per questo motivo dopo aver inutilmente tentato di impedire l'immediata pubblicazione del discorso dell'avversario, sì affitto prendere la parola ai Giacobini di lì a due giorni appena. La mossa era obbligatoria, perché l'artificio retorico del discorso di Brissot era stato di grande impatto e aveva suscitato larghi consensi. Quindi fin dall'inizio Robespierre fu obbligato a sostenere la sua volta la necessità della guerra, suggerendo di attaccare prima il nemico interno e solo in un secondo momento, se ancora presente, quello oltre i confini.

Mentre Brissot sosteneva le ragioni di attaccare oltre frontiera per scoprire il gioco della Corte, Robespierre rovesciava i termini della questione, ricordando come la storia insegnasse che in tempi politici segnati dalle fazioni, ogni guerra favorisse la nascita delle ambizioni dei militari: Cesare, Cromwell e Pompeo erano altrettanti esempi di come si fosse profittato delle ostilità per rovesciare contro la libertà le forze in armi ad altro scopo reclutate. E infatti, sempre la storia suggeriva come nessun popolo avesse fondato la libertà in presenza di un conflitto civile e religioso accompagnato da una guerra alle frontiere; né potevano reggere gli illusori riferimenti ai recenti avvenimenti americani, perché, in effetti, questo esempio bastava da solo a gettare luce l'inconsistenza delle decisioni politiche di Brissot. Gli americani avevano forse dovuto combattere contro il fanatismo e il tradimento all'interno dei loro stessi confini, o piuttosto contro una lega armata organizzata dal loro stesso governo? E il fatto che, con l'aiuto di un potente alleato guidato da Washington, e aiutati dagli errori di Cornwallis, avessero trionfato, contro ogni previsione, sul tiranno che faceva loro una guerra aperta, suggeriva forse che avrebbero vinto se fossero stati governati dai ministri, e guidati dai generali, di re Giorgio III?[36]

35. Ivi, pp. 22-24

36. Robespierre, *Sur le parti que l'Assemblée Nationale doit prendre relativement à la proposition de guerre, annoncée par le pouvoir exécutif, prononcé à la Société le 18 décembre 1791*, in *Oeuvres*, vol. 8, pp. 60-61.

Così, contro quello che non temeva di definire un tranello ordito dalla Corte, Robespierre ricordava come non fosse opportuno «dichiarare *ora* la guerra», e proponeva che la Legislativa rispondesse alla manovra ordinando la fabbricazione di armi e la loro immediata distribuzione alle guardie nazionali, dotando il popolo stesso anche di picche soltanto e predisponendo altre misure eccezionali, tutte volte a porre sotto accusa i ministri traditori e a proseguire nella repressione dei controrivoluzionari e dei preti refrattari. E ancora: qualora, nonostante tutto, la guerra fosse stata ugualmente dichiarata, la Legislativa avrebbe dovuto subito porre sotto accusa il ministro Narbonne e porre sotto sequestro i beni di tutti i ribelli, per rassicurare la nazione circa la volontà di reprimere l'intrigo in seno al paese.

Per questa via, rimproverando ai deputati di seguire l'onda dell'emotività collettiva anziché illuminare la società francese circa i suoi reali interessi, Robespierre poteva concludere con dure parole contro un avvio delle ostilità che gli sembrava solo nuocere alla causa della rivoluzione: «Non si dica più che la nazione vuole la guerra. La nazione vuole che gli sforzi dei suoi nemici siano confusi e che i suoi rappresentanti difendano i suoi interessi: ai suoi occhi, la guerra è un rimedio estremo dal quale desidera essere dispensata».[37]

Tuttavia, qualora si abbia cura di non estrarre questo passaggio dal contesto delle argomentazioni complessive, appare chiaro come tutto tranne che il pacifismo animasse le posizioni di Robespierre, per il quale ci si doveva invece preparare al ricorso alle armi nell'eventualità, auspicata e niente affatto temuta, che si dovesse giungere al *redde rationem* con la Corte. Ed è importante sottolineare come lo stesso Robespierre, pur da una prospettiva opposta a quella di Brissot, guardasse agli Stati Uniti come a un punto di riferimento per riflettere su quel chiaro antecedente di guerra di un popolo contro il suo sovrano.[38]

Si trattava di un'opinione sulla quale anche altri – come Billaud-Varenne – si trovavano d'accordo, ma non tutta la fazione contraria alla guerra.[39] Lo stesso Desmoulins, per esempio, pur condividendo in larga

37. Ivi, p. 64.

38. «Riassumo. La guerra non deve essere dichiarata ora. Per prima cosa abbiamo bisogno di armi fabbricate ovunque senza sosta; dobbiamo armare le guardie nazionali, dobbiamo armare il popolo, anche solo con le picche...», ivi, p. 63.

39. «Certamente, signori, la Pennsylvania non avrebbe affidato a Washington la conquista della sua libertà se dopo la rottura con il Metropole fosse diventato il palese cortigiano di George III; o, se gli americani avessero commesso un simile errore, non sarebbe

misura le argomentazioni di Robespierre, fu attento a prendere le distanze dal modello statunitense, utilizzando Machiavelli e i suoi precedenti nel mondo classico per dimostrare l'inevitabile deriva autoritaria di ogni guerra.[40] Solo il giovane Machenaud, tuttavia, nelle settimane successive, protestò apertamente contro la guerra in nome di un processo di civilizzazione libero dagli orrori della violenza.[41]

Per questo motivo Brissot, sapendo quanto l'esempio americano avesse elettrizzato i giacobini, tenne fermo su quel precedente illustre e lo ripropose come la data di nascita di un mondo affatto nuovo, che la Francia stava ora prodigiosamente costruendo anche nel vecchio continente. Egli propose gli eventi d'oltreoceano come la data di nascita di un mondo nuovo, che la Francia stava ora aiutando a fiorire meravigliosamente nel vecchio continente. Alla luce di queste idee, vale la pena di leggere il suo secondo discorso ai giacobini, pronunciato il 30 dicembre 1791. Esso seguiva un intervento parlamentare del giorno precedente, in cui aveva richiamato l'attenzione sulla situazione internazionale. Nella sede della società, rispondendo alle numerose critiche, aveva ricordato ai suoi ascoltatori di essere pienamente consapevole degli intrighi organizzati dall'esecutivo e di non dubitare nemmeno per un momento che la corte intendesse rivedere la costituzione per restituire l'onore politico alla nobiltà. Parlando di fronte a coloro che lo accusavano di essere caduto in una trappola, aveva ricordato come, grazie agli Stati Uniti, l'umanità si trovasse ormai all'inizio di una nuova era politica e che le categorie tradizionali non fossero più utili per comprendere gli eventi degli ultimi anni. Esisteva, infatti, un'irresistibile spinta verso la libertà che dagli Stati Uniti si era diffusa in tutta Europa. Su questa sponda dell'Atlantico, la Francia costituiva una potente leva destinata ad agire su questo desiderio.[42] Questo argomento rendeva impossibile utilizzare i precedenti

certo l'unico luogo del mondo civilizzato in cui la vera libertà regna finalmente», in J.N. Billaud-Varenne, *Discours sur cette question: Comment doit-on faire la guerre, au cas qu'il faille la déclarer?*, Paris, De l'Imprimerie du Patriote françois, 1791, p. 13.

40. C. Desmoulins, *Discours sur le parti que l'Assemblée nationale doit prendre relativement à la proposition de guerre, annoncée par le pouvoir exécutif*, Paris, De l'Imprimerie du Patriote françois, 1791.

41. «Ciò che gli altri non hanno potuto ottenere con devastazioni, incendi, assassinii (perché la guerra non è altro che un grande duello), noi lo otterremo con leggi sagge e umane, che risparmieranno il sangue e le proprietà dei cittadini», F. Machenaud, *Second discours sur la guerre et les moyens de sauver l'état*, Paris, Impr. du Patriote français, 1792, p. 24.

42. «Trovate un punto di leva per muovere l'universo contro la tirannia e l'universo sarà libero. Ora, abbiamo questo punto. Che cosa intendo dire? Ce n'è uno in ogni emi-

politici dell'antichità o quelli della prima età moderna come validi termini di paragone. Rispondendo alle obiezioni di Robespierre, che ricordava come mai un popolo avesse fondato la libertà combattendo in pari tempo contro nemici interni ed esterni, Brissot rilanciava al tavolo della scelta bellicista sostenendo come nulla di paragonabile alla rivoluzione francese avesse mai avuto luogo: «Ma che importanza ha per noi l'esistenza o l'inesistenza di un tale fatto? Esiste una rivoluzione simile alla nostra nella storia antica? Potete mostrarci un popolo che, dopo dodici secoli di schiavitù, ha riconquistato la libertà? Noi creeremo ciò che non esiste».[43]

Brissot aveva così cura di accreditare questa prospettiva, dapprima smontando tutti i precedenti storici che sembravano contraddirla, per ricorrere poi a numerosi esempi tratti dalla guerra d'America ad ulteriormente legittimarla. Gli episodi dell'antica Roma, come l'olandese Maurizio di Nassau, venivano visti ora come una semplice falsa analogia, perché la Francia rivoluzionaria era un mondo talmente distante che niente nel passato storico poteva esserle posto a confronto; di contro, a demolire le obiezioni dell'avversario, Brissot chiamava a testimonianza le vicende americane, dove le vittorie di Trenton, di Saratoga e di Yorktown confermavano come un popolo rivoluzionario potesse superare lo scarso addestramento o la mancanza di mezzi e facesse addirittura sorgere da oscuri ufficiali coloniali come Washington, oppure da medici come Warren o da bibliotecari come Knox altrettanti straordinari soldati, capaci di portare all'errore strategico un militare di carriera dell'esperienza di Cornwallis.

In breve: proprio sull'esempio americano, un nuovo popolo ancora, quello che in Francia aveva abbattuto la feudalità, era chiamato a rivoluzionare l'intero vecchio continente. I francesi lo avrebbero fatto attraverso una guerra offensiva che sarebbe diventata una guerra di liberazione dalle catene dell'Antico Regime. Per rafforzare la propria convinzione, Brissot spiegò che la notizia di un possibile attacco francese a Coblenz aveva già destato l'attenzione di Belgio e Olanda. Annunciò che sarebbe bastata una semplice dichiarazione di guerra perché quei popoli si affrettassero a liberarsi dai despoti che da troppo tempo li governavano. Nacque così l'idea di

sfero, gli Stati Uniti in uno e la Francia nell'altro. Quindi abbiamo due eterni produttori di libertà generale, due rifugi per coloro che non la trovano da nessun'altra parte», in Brissot, *Second discours sur la nécéssité de faire la guerre aux princes allemands*, Paris, de l'Impr. du Patriote français, 1792, p. 14.

43. Ivi, p. 15

una crociata per la libertà, che avrebbe distrutto la minaccia esterna e che nulla dall'interno sarebbe stato in grado di fermare. Sfidando ancora una volta Robespierre, egli incaricò il popolo francese di opporsi alle trame che certamente sarebbero sorte all'interno del Paese, ma allo stesso tempo ribadì come, fedele al nome che i giacobini si erano dati, l'intervento non sarebbe sfociato in un'insurrezione armata (come previsto da Robespierre), ma sarebbe stato piuttosto un'«insurrezione che non avrebbe turbato l'opinione pubblica». Questa rivolta avrebbe aperto la strada a una revisione della Costituzione e, di conseguenza, all'eliminazione della monarchia.

Robespierre rispose a questo nuovo discorso di Brissot, ancora una volta ai giacobini, con altri due interventi tenuti ai primi di gennaio del 1792. Tentò di smontare l'argomentazione di Brissot sottolineando le differenze tra gli eventi dei primi Stati Uniti, ai quali portava rispetto, e quelli che sembravano profilarsi all'orizzonte politico francese. Come in precedenza, tuttavia, non aveva intenzione di mettere in dubbio la sacralità di una guerra in nome della libertà:

> Certo io amo tanto quanto il signor Brissot una guerra intrapresa per estendere il Regno della libertà e potrei deliziarmi anch'io raccontandone anticipatamente tutte le meraviglie. Se fossi il padrone del destino della Francia, se potessi a mio agio dirigere le sue forze e le sue risorse, io avrei già mandato da tempo un esercito nel Brabante soccorrendo i liegesi, infrangendo le catene di batavi. Codeste spedizioni sono certo di mio gusto.[44]

In contrasto con questa dichiarazione di principio, però, Robespierre aggiunse subito che non aveva mai pensato di dichiarare guerra a quei "pigmei" riuniti alla frontiera e che il suo interesse era rivolto al terribile "nemico interno" che li sosteneva. Tutto il suo discorso era diretto fondamentalmente contro la Corte e la sua reputazione, ancora una volta nei termini di una implausibile volontà guerrafondaia, e come luogo in cui era stato architettato il complotto per porre fine alla rivoluzione. Di fronte a una simile minaccia, Robespierre insisteva sul fatto che la sfida di una guerra offensiva non doveva essere accettata, tanto più che le argomentazioni a favore di una simile decisione si avvalevano di paragoni che egli interpretava come paradossi.

> Che cosa ci importa, per esempio, delle vostre lunghe e pompose considerazioni sulla guerra americana? Che cosa vi è in comune tra la guerra aperta che

44. Ivi, p. 75.

un popolo fa ai propri tiranni e un sistema di intrighi condotto dal governo stesso contro la libertà nascente? Se gli americani avessero trionfato sulla tirannia inglese combattendo sotto il bandiere dell'Inghilterra e agli ordini dei suoi generali contro i loro stessi alleati, l'esempio degli americani sarebbe da citare. Si potrebbe anche aggiungervi quello degli olandesi e degli svizzeri, se avesse affidato al duca di Alba e ai loro principi d'Austria e di Borgogna la cura di vendicarne gli oltraggi e assicurarne la libertà. Che cosa ci importano ancora le vittorie rapide di cui parlate, alla tribuna, sul dispotismo e sull'aristocrazia mondiale? Come se la natura delle cose si piegasse così facilmente all'immaginazione di un oratore![45]

La sua denuncia della demagogia di Brissot non si fermava d'altronde qui e tornava nei riferimenti alla situazione internazionale: al riguardo, Robespierre utilizzava ancora una volta l'esempio americano in termini opposti a quelli dell'avversario, escludeva che la rivolta dei coloni d'Oltreoceano avesse di per sé consentito la libertà di Francia, così come – sempre a suo avviso – il 1789 non avrebbe automaticamente liberato il resto d'Europa. Sotto questo profilo, anzi, egli non nascondeva le difficoltà e si diceva purtroppo convinto che l'antico regime in Europa fosse molto più forte di quanto Brissot, in modo immaginifico, lasciava invece intendere. Pareva che Robespierre volesse distinguere la rivoluzione americana da quella francese, ma il passo gli doveva sembrare improponibile, perché di lì a breve, in riferimento alla necessità di una guerra preliminare ai nemici interni, ritornava a richiamare l'esempio d'Oltreoceano anteponendolo addirittura a quello del 14 luglio.

A questo punto Robespierre poté riprendere il suo attacco alla Corte e a Brissot, non convinto né dalla *verve* modernizzatrice di Brissot (l'analogia con Roma secondo lui rimaneva più che valida) né dalla sua ambiguità rispetto alla nomina di La Fayette a capo dell'esercito. Dove Robespierre si trovò d'accordo con Brissot, tuttavia, fu nella speranza che i grandi tradimenti auspicati da Brissot si realizzassero davvero: solo così avrebbe preso forma la tanto agognata insurrezione. Questa speranza, però, sembrava fragile: fino a quel momento, gli avversari si erano dimostrati capaci di grandi astuzie. Così, il rischio di aprire le ostilità sotto il vessillo della Corte rimaneva quello di sempre.

In altre parole, non sarebbero stati i patrioti a trarre vantaggio dalle drammatiche ripercussioni della guerra. Al contrario, grazie alle azioni di

45. Ivi, pp. 79-80.

qualche generale improvvisamente ricoperto di gloria e onori, sarebbero stati gli stessi nemici della rivoluzione a trarne vantaggio.

Quando Robespierre tornò a concludere la sua orazione, pochi giorni dopo, la situazione politica si era tuttavia improvvisamente trasformata: dal 4 gennaio in poi era diventato chiaro che la Corte non credeva veramente nelle operazioni militari. Il «Patriote François» sostenne che era stato comunque corretto accettare la sfida dell'esecutivo sulla questione della guerra preventiva.[46]

Non solo, ma due giorni prima dell'intervento di Robespierre si era espresso anche il direttore della «Sentinelle», Louvet, che sostenne le ragioni della guerra e condannò il discorso di Robespierre, chiarendo al contempo la nuova linea di Brissot: una dichiarazione di guerra contro il nemico al di là delle frontiere e allo stesso tempo una dimostrazione di forza contro il nemico interno.[47]

Quando Robespierre si alzò per rivolgersi ai giacobini, quindi, la sua posizione era stata ulteriormente indebolita e fu costretto a esprimere le sue idee in termini contrastanti. Pur confermando la necessità di diffidare della Corte, sottolineando ancora una volta l'illusorietà di utilizzare l'illustre precedente degli Stati Uniti per interpretare le circostanze politiche del presente, egli rilanciò l'appello a una mobilitazione popolare diretta a eliminare gli oppositori interni.[48] In questo contesto, poté avanzare la propria proposta di guerra generalizzata, che andava dallo smascheramento delle trame interne al Paese all'apertura del conflitto contro Leopoldo II d'Austria e tutti gli altri tiranni della terra:

> Incoraggiato dalle energie dei suoi rappresentanti, il popolo ritrova il coraggio che per un attimo fa rabbrividire tutti gli oppressori; schiacciamo i nemici interni; guerra ai cospiratori e al dispotismo e poi marcia su Leopoldo; marciare su tutti i tiranni della terra, questi sono i termini con cui un nuovo oratore – che, nell'ultima seduta, ha sostenuto i miei principi con la pretesa di combatterli – ha chiesto la guerra; è a questi termini e non al grido di guerra o ai luoghi comuni della guerra per tanto tempo apprezzati da questa assem-

46. «Patriote François», 10 gennaio 1792, p. 883.

47. J.-B. Louvet, *Discours sur la guerre, prononcé à la Société le 9 janvier 1972*, Paris, de l'Imprimerie du Patriote François, 1792.

48. «Invece di recitare le gesta di persone che hanno conquistato la loro libertà combattendo contro la loro stessa tirannia, dovremmo considerare le nostre circostanze così come sono, e l'effetto della nostra costituzione», Robespierre, *Suite du discours sur la guerre*, in *Oeuvres*, vol. 8, p. 100.

blea, che dobbiamo l'applauso con cui è stato onorato. È con questi termini che io stesso chiedo la guerra. Cosa sto dicendo? Mi spingo molto più in là dei miei avversari: perché se queste condizioni non vengono approvate, chiedo di nuovo la guerra, chiedo di nuovo la guerra non come un atto di saggezza, non come una soluzione ragionevole, ma come il ricorso alla disperazione. Chiedo la guerra con un'altra condizione, che senza dubbio è una questione di accordo tra noi; perché non credo che il partito della guerra voglia ingannarci. Chiedo la guerra come è stata dipinta per noi. Chiedo la guerra come la dichiarerà il genio della libertà, come la vorrà il popolo francese stesso, e non come la vorranno i vili intriganti e come la vorranno i ministri e i generali, persino i patrioti.[49]

Con una manovra oratoria ad effetto, Robespierre faceva insomma appello a tutte le forze rivoluzionarie (dagli uomini del 14 luglio ai soldati patrioti di Château-Vieux, dai contadini del Contado Venassino alle generose guardie nazionali) per mobilitarle contro Leopoldo II ma allo stesso tempo ribadiva che quella straordinaria levata di popolo non avrebbe portato a nulla se – prevalendo Brissot – fosse stata posta sotto il comando dei suoi stessi avversari: «Lo dico francamente: se la guerra, come ho previsto, è impraticabile, se è la guerra della Corte, dei ministri, dei patrizi, degli intriganti, che dobbiamo accettare, lungi dal credere nella libertà universale, non credo nemmeno nella vostra».[50]

La conclusione era dunque di stallo, perché Robespierre ammetteva che l'insurrezione non era alle porte e si limitava all'auspicio di un tempo futuro, dove non la pace dei tiranni, ma una spada sterminatrice di ogni dispotismo reggesse i destini dell'umanità. Una conclusione che lasciava comunque aperta la strada per riavviare la guerra contro Leopoldo II, se solo coloro che l'avevano a lungo sostenuta fossero stati abbastanza saggi da associarla a un rinvigorimento della lotta rivoluzionaria in Francia.

Questa opzione fu adottata rapidamente da Brissot. Dalla fine di dicembre egli si era premurato di insistere ripetutamente sulla necessità di misure rivoluzionarie interne. Il 18 gennaio 1792, parlando alla Legislativa, oltre a invocare ancora una volta una crociata per la libertà, propose che i controrivoluzionari fossero trattati con grande severità.[51] Nel suo terzo discorso ai giacobini, pronunciato due giorni dopo, il 20 gennaio, criticò nuovamente

49. Ivi, pp. 106-107.
50. Ivi, p. 108.
51. *AP*, vol. 37, 17 gennaio 1792, pp. 464-471.

Robespierre. Gli fu facile dimostrare come Leopoldo II avesse già un atteggiamento ostile nei confronti della Francia e come la Corte, non certo per caso, avesse abbandonato ogni pretesa bellicosa. Ne conseguiva che il sovrano aveva finalmente gettato la maschera e, in combutta con Leopoldo II, aveva mostrato una propensione alle ostilità solo per spaventare il fronte rivoluzionario e costringerlo, sotto la minaccia della guerra, a una sottomissione politica. Brissot poté così concludere che la sua proposta politica – dichiarare subito la guerra – era quella corretta, poiché sarebbe stato possibile affrontare l'aggressione al di fuori del territorio francese in modo più vantaggioso. In questo modo, toccò il punto cruciale della gestione della operazioni, mettendo risolutamente una distanza tra sé e La Fayette e dichiarando allo stesso tempo la sua convinzione che il ruolo del generale nella guerra avrebbe dovuto essere marginale. La guerra, come Robespierre stesso aveva ripetutamente dichiarato, sarebbe stata una guerra di popolo.

Con tali conclusioni, si poteva dire che le ragioni del suo disaccordo con Robespierre fossero quasi superate, a patto che entrambi trovassero un terreno comune sulla necessità di dichiarare la guerra, questa volta contemporaneamente, sia all'interno che fuori il Paese.[52] Il presidente della seduta non tardò a rendersene conto, e propose un abbraccio tra i due contendenti, come il «Patriote François» non mancò di sottolineare. Il giornale notava come Robespierre avesse «declamato il suo affetto per M. Brissot e invitato l'assemblea a trattare nuovamente l'importante questione della guerra per esaminare le misure necessarie al suo successo, suscitando la speranza che sia lui che M. Brissot troveranno un facile accordo su questo punto».[53]

Come è noto, però, Robespierre, pur accettando l'abbraccio, mantenne tutte le proprie riserve nei confronti dell'operato di Brissot. Il 26 gennaio, Robespierre fece un terzo intervento contro la guerra, ricapitolando ostinatamente tutte le sue critiche alla posizione politica di Brissot.[54] Le denunce di Robespierre, però, non servirono a nulla, visto che le posizioni di Brissot, tutte orientate all'esaltazione di una guerra rivoluzionaria basata su valori universalistici, erano condivise dalla stragrande maggioranza dei giacobini. Tra le ragioni della sconfitta di Robespierre un ruolo influente sembra essere stato giocato dai continui riferimenti al precedente degli

52. Brissot, *Troisième discours sur la nécessité de la guerre*, Paris, Société des amis de la Constitution, 1792.

53. «Patriote François», 21 gennaio 1792, p. 82.

54. Robespierre, *Troisième discours sur la guerre*, in *Oeuvres*, vol. 8, pp. 132-152.

Stati Uniti, con cui Brissot condì la sua retorica guerrafondaia. Non è certo un caso che Robespierre trattasse l'argomento con cautela, cercando di distinguere tra gli eventi nordamericani e quelli che si stavano affacciando all'orizzonte francese, senza tuttavia negare l'importanza fondamentale dei primi. Il riconoscimento del valore ispiratore della Rivoluzione americana, che Robespierre sostenne sempre con fermezza, era tale che i suoi riferimenti alla diversa natura e all'arretratezza della Francia rispetto alla fulgida devozione alla patria delle colonie americane produssero l'effetto opposto, garantendo lo straordinario successo del partito della guerra. La Guerra d'Indipendenza divenne, nell'immaginario giacobino, un luminoso cammino verso la vittoria.

Questo aspetto fu subito chiaro ad alcuni dei sostenitori di Robespierre. Delacroix, intenzionato a dimostrare che Robespierre era un autentico rivoluzionario e Brissot un semplice intrigante, notò come le opinioni di coloro che rifiutavano una guerra offensiva sottintendessero l'idea di:

> Rimanere [...] nelle vostre case e alle vostre frontiere, armati da capo a piedi; così dovete prepararvi a una guerra di posizione e imitare gli americani che hanno fatto la guerra nelle loro case; così, avrete sempre il vantaggio del terreno e la facilità di rifornimento delle vostre provviste; non violerete la vostra sublime dichiarazione di pace per il mondo intero; non porterete il flagello della guerra a un altro popolo.[55]

L'insistenza sull'esempio degli Stati Uniti indica come il riferimento apparisse obbligato per opporsi a Brissot proprio sulle basi che sembravano avergli dato un vantaggio tanto decisivo. Per lo stesso motivo altri giacobini, constatando la sconfitta della posizione di Robespierre, ritennero opportuno cambiare direzione piuttosto che affidarsi a quello stesso precedente storico. Rifiutando fermamente il modello degli Stati Uniti, fecero notare che la scelta di una guerra offensiva poteva dar luogo a scenari che richiamavano piuttosto gli eventi inglesi del XVII secolo. Un esempio fu fornito dalle azioni di Desmoulins, dopo che il «Patriote François», ancora sotto il controllo di Brissot, lo accusò di voler chiudere gli occhi dei legislatori sui pericoli di quell'azzardo. Da quel momento Desmoulins cercò di screditare Brissot in tutti i modi possibili, persino con la pubblicazione del libello *Brissot démasqué*, in cui raccolse tutte le accuse che il movimento reazionario

55. J.-V. Delacroix, *L'intrigue dévoilée, ou Robespierre vengé des outrages et des calomnies des ambitieux*, Paris, de l'Imprimerie de la Vérité, 1792, p. 5.

aveva architettato da tempo contro Brissot. Allo scoppio delle ostilità, il nuovo giornale di Desmoulins, la «Tribune des patriotes», diede subito credito all'insinuazione che Brissot e La Fayette fossero legati da un accordo segreto. Ancor più curioso è il fatto che, in queste due opere, Desmoulins iniziò a mostrare una tempestiva consapevolezza della storia rivoluzionaria inglese.

La prima prova di questo cambiamento di strategia fu offerta dal *Brissot démasqué*, nel quale Desmoulins accusò il suo avversario di essere un *round head*, aggiungendo rapidamente in una nota a piè di pagina che il termine era utilizzato per descrivere gli uomini di Cromwell ed era stato riadottato negli ultimi tempi da alcuni ufficiali dell'entourage di La Fayette.[56] Nel primo numero della sua nuova rivista, interamente dedicata alla denuncia delle attività politiche di La Fayette, Desmoulins colse inoltre l'occasione per attaccare in maniera spregiudicata Brissot, facendo ripetutamente riferimento agli eventi inglesi del 1640.[57] Poco dopo, a guerra ormai iniziata, Desmoulins denunciò inoltre un accordo segreto tra Brissot e La Fayette, che in pubblico si manifestava con il rispettivo entusiasmo per gli Stati Uniti, ma che in privato cercava di riprodurre proprio i risultati del 1640.[58]

L'argomento non era di certo nuovo: una recente interpretazione ha dimostrato come il gruppo dei Cordiglieri mostrasse grande interesse per il repubblicanesimo classico e come l'esempio inglese del XVII secolo fosse un sicuro punto di riferimento per ampi settori del giacobinismo francese.[59]

56. «Siete voi, Brissot, che vi siete fatto paraninfa dei vostri compagni perduti, voi con i vostri capelli piatti, la vostra testa rotonda [...] che avete nascosto La Fayette con la vostra prudenza [...] che avete dato un pretesto ai suoi satelliti per gridare di nuovo per lui [...] i puritani dell'epoca di Cromwell avevano i capelli tagliati tondi. Alcuni aiutanti di campo di La Fayette fecero di questa acconciatura repubblicana una moda», in C. Desmoulins, *Jean-Pierre Brissot démasqué*, s.n.t., 1792, pp. 28-29 e 55.

57. «Ora, se vado dai giacobini e prendo da parte uno di questi determinati repubblicani che hanno sempre in bocca la parola repubblica, J. P. Brissot o G. Boisguyon, per esempio, se li interrogassi su La Fayette – mi risponderebbero all'orecchio: lo giudico un repubblicano più di Sydney, più di Washington, oppure potrei rileggere la storia di tutte le fazioni e non vedere da nessuna parte questo fenomeno, che appartiene solo ai nostri giorni, di un uomo che, posto in mezzo a tre diversi partiti contrapposti che si combattono fino alla morte [...] potrebbe per quattro anni mantenere la guida di tutti questi diversi partiti [...]. Lo stesso Cromwell non fu in grado di ricoprire così bene questo triplice ruolo»; e «Apro la storia della rivoluzione inglese dal 1640 al 1658 [...] vedo che gli eventi principali che accadono oggi sono una ripetizione di questi fatti», in «La tribune des patriotes», pp. 12-13, 25-26.

58. Ivi, p. 12

59. R. Hammersley, *French Revolutionaries and English Republicans: The Cordeliers Club, 1790-1794*, Woodbridge, The Royal Historical Society, 2005, pp. 136-158 e,

Gli interventi contro la guerra, tuttavia, insinuano qualche dubbio sulla profondità di quella consapevolezza e di conseguenza sulla completezza del contesto ideologico in cui simili riferimenti presero forma. È sorprendente pensare, infatti, che, per quanto riguarda Desmoulins, la sua conoscenza della Rivoluzione inglese si basasse fondamentalmente sulla lettura dell'opera di Paul de Rapin de Thoyras, l'ugonotto francese fuggito in Inghilterra, i cui scritti furono molto apprezzati da Hume.[60] Desmoulins fece infatti ripetuti riferimenti alle sue pagine per tracciare analogie tra la guerra allora in corso e quella che condusse Cromwell al potere.[61] Tale insistenza, tuttavia, sembra indicare che il ricorso al precedente del 1640 fosse la conseguenza di una specifica circostanza politica piuttosto che il prodotto di una cultura politica. In altre parole, non era il riflesso di un complesso universo ideologico, ma, piuttosto, il mezzo più semplice per rompere il legame rivoluzionario franco-americano, che forniva la base per il successo dell'idea brissottina di una guerra totale all'Europa.

L'esito del dibattito sulla guerra, vinto da Brissot grazie al ripetuto ricorso al precedente nordamericano per definire il contesto francese, non fece che convincere Desmoulins a prendere le distanze da quel particolare rapporto, per frugare nei meandri della storia alla ricerca di altri precedenti e di altre analogie. L'esempio della Rivoluzione inglese era, in altre parole, un mero strumento polemico, che il difficile andamento delle operazioni militari francesi e la fiducia politica di La Fayette avevano messo utilmente in gioco, evocando la figura minacciosa del fantasma di Cromwell. Così, la guerra rivoluzionaria, iniziata in nome dell'universalismo e della libertà universale, sarebbe stata presto presentata come una minaccia controrivoluzionaria. Questo drammatico cambiamento, frutto degli eventi del 1792, deciderà il destino non solo della monarchia, ma anche quello di una repubblica nascente che, nata sulla scia della sconfitta, non poté certo rivendicare le proprie origini sul modello della famosa impresa d'oltreoceano.

più recentemente, *The English Republican Tradition and Eighteenth-Century France*, Manchester, Manchester UP, 2010.

60. Su Rapin, si veda M.G. Sullivan, *Rapin, Hume and the Identity of the Historian in Eighteenth-Century England*, in «History of European Ideas» 28 (2002), pp. 145-162.

61. «La tribune des patriotes», soprattutto pp. 118 e 161.

5. L’ossessione federalista e la cospirazione giacobina: gli Stati Uniti e la Francia al tempo della Rivoluzione (1789-1794)

A lungo la Rivoluzione americana e quella francese sono state viste come essenzialmente differenti l’una dall’altra, se non in diretto contrasto fra loro. Secondo la tesi prevalente, negli Stati Uniti il modello politico federalista assicurò che la libertà avesse un fermo fondamento poiché rendeva più semplice per i partiti politici riconoscere rispettivamente il proprio ruolo. In Francia, d’altro canto, le cose andarono diversamente perché il fragile equilibrio stabilito dalla Costituzione del 1791 non fermò la violenta lotta politica interna, la quale, da sola, pose velocemente fine a ogni nozione di libertà. In virtù di tale interpretazione, i processi politici nei due Paesi presero presto strade divergenti, senza mai più ritrovare un punto di contatto.

Tuttavia, tale lettura tende a sottostimare la prossimità con cui venne seguito, tanto in America quanto in Francia, il contrasto politico dall’altro lato dell’Oceano, ora in qualità di modello da copiare ora temuto quale possibile causa di “contagio”. Per gli Stati Uniti non mancano esempi che lo dimostrano: la missione di Genet e la crescita delle associazioni democratiche sono una prova dell’entusiasmo scatenato nei circoli repubblicani di Jefferson e Madison dalla nascita di una nuova Repubblica in Francia. Allo stesso tempo, le forze politiche di opposizione utilizzarono la paura suscitata dal giacobinismo e dal Terrore come un’arma potente per guadagnare il sostegno dei federalisti di Hamilton e Adams.

Lo stesso, però, non si può affermare per la Francia dello stesso periodo. Si manifestò, è vero, un picco d’interesse verso il modello politico americano prima della Rivoluzione, com’è ben documentato dai dibattiti che ebbero luogo in seno all’Assemblea Nazionale Costituente.[1] Tuttavia,

1. Sul punto si vedano H.E. Bourne, *American Constitutional Precedents in the French National Assembly*, in «American Historical Review», VIII (1903), pp. 466-486;

quell'interesse iniziò a scemare una volta che fu approvata la Costituzione del 1791, per poi svanire del tutto quando fu il turno della Francia di divenire Repubblica. Oltretutto, quando, nell'estate del 1793, alcune città della provincia francese protestarono contro la decisione della Convenzione di espellere i Girondini, i Montagnardi, che erano appena saliti al potere, giunsero ad accusare i rivoltosi di federalismo, dichiarando che le rimostranze delle città ribelli rischiavano di minare l'unità e l'indivisibilità della Repubblica.[2] La guerra civile che ne seguì e il trionfo del Terrore portarono di conseguenza alla dissoluzione di ogni interesse per il modello americano. Vero è che nel 1795, quando ebbero vita i dibattiti costituzionali dopo i postumi del Termidoro, il modello costituzionale americano fu riconosciuto, ma non si trattò che di un riconoscimento formale: di fatto, il sistema bicamerale introdotto dalla Costituzione francese dell'Anno III è sostanzialmente diverso da quello americano.[3]

Questa circostanza curiosamente contraddittoria – nell'ambito della quale un gruppo di repubblicani parve studiatamente ignorare l'unico sistema politico che per loro avrebbe potuto costituire un esempio – non è stata tuttavia indagata in relazione a quanto stava accadendo in America allo stesso tempo. Risultato ne è il fatto che le ripercussioni di quegli eventi sul dibattito politico in Francia appaiono ancora pressoché sconosciute, persino oggi. Ma soprattutto sappiamo ancora assai poco a riguardo del grande interesse suscitato in Francia dalla maniera in cui Madison sfidò Hamilton nel denso periodo che va dalla fine del 1791 a tutto il 1792. Fu il conflitto innescato da tale sfida a determinare le condizioni del paesaggio politico americano dal

J. Appleby, *America as a Model for the Radical French Reformers of 1789* in «William & Mary Quarterly», XXVIII (1971), pp. 267-286; E.H. Lemay, *Lafitau, Démeunier and the Rejection of the American Model at the French National Assembly, 1789-1791*, in *Images of America in Revolutionary France*, ed. M.R. Morris, Washington DC, Georgetown University Press, 1990, pp. 171-184; V. Hunecke, *Die Niederlage der Gemässigten: Die Debatte über die Franzosische Verfassung im Jahr 1789*, in «Francia», XXIX (1971), pp. 75-128.

2. Si rimanda a A. De Francesco, *Il governo senza testa: Movimento democratico e federalismo nella Francia rivoluzionaria, 1789-1795*, Napoli, Morano, 1992; P.R. Hanson, *The Jacobin Republic under Fire: The Federalist Revolt in the French Revolution*, Pennsylvania, University Park, Pennsylvania State University Press, 2003.

3. H. Dippel, *The Ambiguities of Modern Bicameralism: Input- vs. Output-Oriented Concepts in the American and French Revolutions*, in «Tijdschrift voor Rechtsgeschiedenis», LXXI (2003), pp. 409-424; M. Troper, *Terminer la Révolution: La constitution de 1795*, Paris, Fayard, 2006.

1800 e oltre.[4] È risaputo, infatti, che Madison si opponeva all'idea di consolidare il debito pubblico, di creare una banca nazionale e di concedere il sostegno governativo all'industria manifatturiera nonché a certe simpatie, a malapena nascoste, per il sistema politico britannico. Deplorava, anzi, il fatto che queste potessero minare la costituzione americana, impedire una più ampia partecipazione popolare al processo politico e incoraggiare la nascita di un potere politico legato a filo doppio alle fazioni finanziarie, un processo che avrebbe inevitabilmente compromesso la democrazia.[5]

In maniera piuttosto bizzarra, questo duello, interamente fondato sulla cruciale importanza dell'opinione pubblica nelle vicende politiche americane, ha un interessante parallelo con quanto stava accadendo nello stesso periodo in Francia. Qui, dall'ottobre del 1791 in avanti, subito dopo l'inizio dei lavori dell'Assemblea Legislativa, i Giacobini ingaggiarono uno scontro per il potere con i Foglianti, scontro che sarebbe terminato solo con il collasso della monarchia francese durante l'insurrezione del 10 agosto 1792. Su questo aspetto è estremamente interessante notare come, appena pochi giorni dopo, Marie-Joseph Chenier, in nome della sezione Biblioteca, chiese all'Assemblea legislativa di garantire la cittadinanza francese a tutti coloro che avevano combattuto per la causa dell'umanità. Egli riconosceva solo tre americani adatti a tale onore: Paine, Priestley e Madison, il terzo dei quali essendo colui che, sosteneva, aveva «developpé avec profondeur le système des confédérations».[6] L'Assemblea accettò la sua proposta alcuni giorni più tardi aggiungendo però alla lista i nomi di Washington e Hamilton:[7] decisione chiaramente tesa a dimostrare che la Repubblica francese possedeva una visione bilanciata dei partiti politici americani; ma è altresì degno di nota il fatto che i gruppi francesi ultrademocratici considerassero Madison il loro punto di riferimento politico negli Stati Uniti, ancor più di Jefferson, mentre non avevano affatto preso in considerazione né Hamilton né Washington.

Ciò è piuttosto sorprendente, al pari degli argomenti che i Giacobini utilizzarono nel loro scontro con i Foglianti, argomenti assai simili a quelli

4. Dippel, *The Ambiguities of Modern Bicameralism*; M. Troper, *Terminer la Révolution: La constitution de 1795*, Paris, Fayard, 2006.

5. C. Sheehan, *Madison v. Hamilton: The Battle over Republicanism and the Role of Public Opinion*, in «American Political Science Review», IIC (2004), pp. 405-424.

6. M.J. Chenier, *Œuvres*, Paris, Guillaume, 1826, vol. 5, p. 50.

7. *Procès-verbaux du Comité d'Instruction publique de l'Assemblée législative*, ed. J. Guillaume, Paris, Impr. Nationale, 1889, p. 116.

adoperati da Madison nella battaglia contro i federalisti di Hamilton. Nel marzo del 1792 Étienne Clavière, prossimo a divenire Ministro delle Finanze nel governo Dumouriez, riferì al Club dei Giacobini di un complotto ordino in determinati circoli finanziari vicini alla corte al fine di abbattere il valore degli assegnati e gettare così nel caos la Rivoluzione.[8] Alcune settimane più tardi, nel maggio 1792, prima Gensonné, poi Brissot misero a parte l'Assemblea legislativa di un'altra trama: questa risultava presumibilmente organizzata da un *comité autrichien* che, in accordo con la regina e un certo numero di ministri, voleva che la Costituzione fosse cambiata così da introdurre una seconda camera, la quale avrebbe poi restituito al re molte delle prerogative perdute e consentito ai nobili che erano espatriati di ritornare in Francia e prendere nuovamente parte alla vita politica della nazione.[9] Verso la fine di giugno, Billaud-Varenne consegnò ai giacobini un discorso in cui riproponeva tale argomento una volta di più, mettendo in guardia i membri del Club circa un piano che avrebbe permesso all'aristocrazia di (re)introdurre in Francia un sistema politico fondato sull'ineguaglianza.[10] Nel frattempo, Louvet continuò a lanciare accuse contro i Foglianti dalle pagine del «Sentinelle», insistendo sul fatto che essi fossero pronti a modificare la Costituzione per consentire la creazione della seconda camera e preparare il terreno al ritorno dell'aristocrazia e alla reintroduzione del privilegio.[11]

Tuttavia, il fatto che i popoli, da entrambi i lati dell'Atlantico, fossero guardinghi rispetto al tentativo di portare la Francia e l'America in linea

8. É. Clavière, *De la conjuration contre les finances et des mesures à prendre pour en arrêter les effets*, Paris, Cercle Social, 1792, pp. 8-12.

9. *Archives parlementaires de 1787 à 1860, recueil complet des débats législatifs et politiques des chambres françaises*, eds. J. Mavidal *et al.*, Paris, Impr. Nationale, 1867, vol. 64, pp. 33-43. Sulla demagogia di Brissot e le sue teorie cospirative si rimanda a T. Tackett, *Conspiracy Obsession in a Time of Revolution: French Elites and the Origins of the Terror, 1789-1792*, in «American Historical Review», CV (2000), pp. 690-713. Si vedano anche M. Hochedlinger, *La cause de tous les maux de la France: Die Austrophobie im revolutionären Frankreich und der Sturz des Königstums, 1789-1792*, in «Francia», XXIV (1994), pp. 73-120; T.E. Kaiser, *Who's Afraid of Marie-Antoinette? Diplomacy, Austrophobia and the Queen*, in «French History», XIV (2000), pp. 241-271 e T.E. Kaiser, *From the Austrian Committee to the Foreign Plot: Marie-Antoinette, Austrophobia and the Terror*, in «French Historical Studies», XXVI (2003), pp. 579-617.

10. J.N. Billaud Varenne, *Discours sur notre situation actuelle et quelques mesures à prendre pour assurer le salut public*, Paris, Impr. du Patriote François, 1792, p. 7.

11. J.B. Louvet de Couvray, *La Sentinelle*, Paris, Impr. du cercle Social, 1792.

con la Gran Bretagna, non significa che il riconoscimento della causa giacobina da parte dei Repubblicani (e viceversa) possa essere retrodatata al 1792. Ciò è unicamente vero solo dal 1793 in avanti.[12] Anche se guardassimo la questione dall'altro lato della barricata, la storia apparirebbe piuttosto diversa. Sussistono, infatti, svariati punti di contatto tra la linea politica perseguita dai Foglianti e le scelte compiute dal governo federale degli Stati Uniti. Il tramite, in tal caso, fu la Società di Cincinnati la quale, su entrambe le sponde dell'oceano, supportò un sistema costituzionale teso a limitare il potere dell'opinione pubblica.[13] Fra i membri della società francese figuravano tutti i principali rappresentanti dei Foglianti: non solo La Fayette, ma anche Lameths e, fatto ancor più notevole, François Labord-Méréville, un altro ex componente dell'Assemblea Costituente e figlio del più influente banchiere di Francia, pronto a sostenere immediatamente i Foglianti con tutte le risorse finanziare di cui abbisognavano per le loro iniziative politiche.[14]

Una di queste iniziative, che avrebbe avuto quale mediatore l'ambasciatore americano a Parigi William Short, consisteva nell'impegno di liquidare il debito di Guerra americano depositando anticipatamente l'intera somma posseduta dal governo di Washington nelle casse reali; per immediata conseguenza, gli Stati Uniti sarebbero divenuti debitori dei banchieri Hope e Laborde, ma con una rata a interesse più bassa persino di quella stipulata a vantaggio della Francia.[15] Si trattava, è ovvio, di un caso di speculazione finanziaria, che però aveva alla base anche le sue chiare motivazioni politiche: dato che l'assegnato si stava deprezzando, i banchieri

12. Si leggano, per esempio, i giudizi favorevoli su Jefferson e Madison in J.S. Eustace, *Letters on the Crimes of George III, Addressed to Citizen Denis, by an American Officer in the Service of France*, Paris, Impr. des Sans-Culottes, 1793-1794, pp. 56-57.

13. M. Myers, *Liberty without Anarchy: A History of the Society of the Cincinnati*, Charlottesville, University Press of Virginia, 1983, pp. 162-163 e M. Hünemörder, *The Society of the Cincinnati: Conspiracy and Distrust in Early America*, New York, Berghahn, 2006.

14. G. Michon, *Essai sur l'histoire du parti feuillant: Adrien Duport*, Paris, Payot, 1924; F. Vermale, *Barnave et les banquiers Laborde*, in «Annales historiques de la Révolution Française», XIV (1937), pp. 48-64. Si veda anche F. d'Ormesson, *Jean-Joseph de Laborde: Banquier de Louis XV, mecène des Lumières*, Paris, Perrin, 2002, pp. 250-259.

15. William Short ad Alexander Hamilton, 16 giugno 1792, in A. Hamilton, *The Papers*, ed. H. Syrett, New York, Columbia University Press, 1966, vol. 11, pp. 593-595. Da vedere anche H.E. Sloan, *Principle and Interest: Thomas Jefferson and the Problem of Debt*, New York, Oxford University Press, 1995, pp. 45-46.

avrebbero tratto un considerevole profitto dal loro investimento, ben superiore all'interesse del 4% che il governo di Washington avrebbe garantito loro; allo stesso tempo, però, i Foglianti sarebbero stati in grado di irrobustire le finanze di corte durante lo scontro con l'opposizione e di entrare in possesso essi stessi di un'ingente somma di denaro attraverso il guadagno personale di Laborde-Méréville sull'affare.

L'idea di un simile disegno provenne da Barnave. In precedenza, egli era stato uno strenuo sostenitore del sistema monocamerale, ma una volta che il gioco politico della nuova Assemblea legislativa divenne chiaro, cambiò il suo orientamento al punto da entrare in contatto con la regina Maria Antonietta al fine di convincere la corte a sostenere un progetto che avrebbe riportato la situazione politica su un piano d'equilibrio, se non alla previa stabilità. Di fatto il piano era piuttosto semplice. In primo luogo, la corona avrebbe dovuto rifiutare ogni sostegno politico da parte dei nobili emigrati all'estero, chiedendo loro di tornare in Francia immediatamente. In seconda battuta, essa avrebbe dichiarato pubblicamente il suo desiderio di preservare l'ordine costituzionale ma, al tempo stesso, avrebbe rimarcato il fatto che la costituzione necessitava di per sé una revisione. Insieme avrebbe promesso in segreto all'aristocrazia che sarebbe stata istituita una seconda camera parlamentare che avrebbe consentito al ceto di giocare di nuovo un ruolo preminente nella vita politica del Paese.[16] Ancor oggi non è chiaro quanto credito godesse il progetto di Barnave presso Maria Antonietta; quel che è certo è che, almeno in via ufficiale, la regina lo sostenne. Scrisse infatti al fratello che sperava che qualche cambiamento nel testo costituzionale avrebbe aiutato a correggerlo e, quale risposta, ottenne da Leopoldo II il riconoscimento della Francia così come era emersa dalla Rivoluzione del 1789.[17]

In tale contesto, è più semplice comprendere perché la corte e alcuni degli stessi Foglianti – incluso La Fayette – volessero favorire la linea bellicosa di Brissot. Con l'inizio della guerra, l'opinione pubblica sarebbe stata distolta dalla lotta di potere tra l'esecutivo e la legislatura e in cambio sarebbe stato più agevole riformare in tempi rapidi la Costituzione. A metà marzo, Duport e i fratelli Lameth – il cosiddetto "triumvirato" – convocarono una

16. *Marie-Antoinette et Barnave: Correspondance secrete (juillet 1791-janvier 1792)*, ed. A. Soderhjelm, Paris, Colin, 1934, in particolare pp. 50 e 132.

17. *Marie-Antoinette, Joseph II und Leopold I: Ihr Briefwechsel*, ed. A. Ritter von Arneth, Leipzig, Köhler, 1866, pp. 240 e 282.

riunione per discutere secondo quali forme avrebbe dovuto essere costituita la nuova camera, ma La Fayette rigettò l'ipotesi di un organo composto da aristocratici nell'ambito del quale i seggi sarebbero stati ereditari, ribadendo che intendeva considerare solo una seconda camera i cui membri fossero eletti. L'incontro terminò senza che si giungesse a una decisione definitiva e ciò rendeva evidente di per sé il fatto che a quel punto sussistevano tra i Foglianti due diverse fazioni[18]: da un lato stavano i simpatizzanti per il modello britannico, dall'altro coloro che, come La Fayette, non avevano intenzione alcuna di dar vita a un sistema bicamerale simile a quello inglese.

Verso il maggio del 1792, a guerra già avviata, le differenze tra i due gruppi si erano rese del tutto evidenti. Da parte sua il "triumvirato" premeva affinché il re prendesse l'iniziativa e revisionasse la Costituzione, mostrandosi in tal modo allineato al modello britannico. Gli si opponevano, tuttavia, quanti non avevano alcuna intenzione di fare una simile concessione al sovrano e, prendendo a esempio il sistema bicamerale americano, chiedevano che La Fayette stesso, come Washington, lasciasse il comando delle truppe al fronte e prendesse in mano il controllo della situazione.[19] Questo è il senso in cui vanno interpretate la sua decisione di presentarsi all'Assemblea legislativa e la sua richiesta di misure repressive contro i Giacobini, richiesta che gli permise di persuadere un gran numero di deputati, i quali rifiutarono per due volte di votare l'*impeachment* del generale. Nonostante tutto, però, l'insurrezione che ebbe luogo a Parigi il 10 agosto contro il molto temuto *comité autrichien* terminò spazzando via tutti i Foglianti, condannando all'oblio – cui furono pure destinate le congetture controrivoluzionarie – un progetto che appariva invece altamente originale e che, sul finire del 1792, guardava al modello americano quale via per stabilizzare la crisi costituzionale in Francia.

Il debito dei Foglianti verso i federalisti americani è dimostrato in modo chiaro da due progetti editoriali entrambi di mano di Buisson ed entrambi volti a offrire un importante contributo alla causa della riforma costituzionale: la traduzione in francese della *Defence* di John Adams e del *Federalist*.[20] Del lavoro di Adams in Francia si aveva notizia già dal 1787

18. Pellenc a Lamarck, 15 marzo 1792, in H. Glagau, *Die Französische Legislative und der Ursprung der Revolutionskriege, 1791-1792*, Berlin, Ebering, 1896, pp. 299-301.

19. *Ibidem*.

20. J. Adams, *Défense des constitutions américaines, ou De la nécessité d'une balance dans les pouvoirs d'un gouvernement libre*, Paris, Buisson, 1792; Hamilton, Madisson [sic] e Gay [sic], *Le Fédéraliste, ou Collection de quelques écrits en faveur de la*

quando Jefferson, in veste di ambasciatore americano a Parigi, pensava si dovesse tadurre; cambiò presto idea alla luce delle critiche sollevate alle tesi di Adams da Condorcet e da altri intellettuali dell'ambiente di Turgot.[21] Pare poi che l'interesse per quel testo risorgesse al tempo dell'Assemblea costituente, per poi svanire subito insieme con quei monarchici che lo avevano apprezzato durante la battaglia per imporre il sistema bicamerale, una battaglia che persero.[22] Verso la fine del 1791, però, riemerse l'attenzione per lo scritto di Adams e un certo numero di Foglianti ne sponsorizzò la traduzione in francese: a rinfocolare allora la loro passione furono gli sforzi messi in campo dallo stesso Adams per dimostrare ai suoi lettori che le costituzioni ritenute impraticabili potevano, e dovevano, in qualche modo essere riviste.[23]

L'uomo incaricato della traduzione fu Pierre-Bernard Lamare, uno dei *protégés* di Malesherbes. Lamare aveva già alle spalle un'importante carriera nel campo delle lettere quando, al principio del 1789, entrò in politica e iniziò a gravitare gradualmente attorno a La Fayette. Fu il generale stesso, infatti, insieme con l'ambasciatore americano Short, a commissionargli la traduzione. Lamare premise al lavoro una lunga Introduzione ma, data la delicata natura dell'argomento, preferì siglarla semplicemente con le sue sole iniziali.[24] Certamente non sbagliava nell'essere cauto perché nel testo introduttivo suggeriva appunto di rivedere la Costituzione del 1791 mediante lo stabilimento di una nuova camera. Da Adams prese l'idea che

constitution proposée aux États-Unis de l'Amérique par la Convention convoquée en 1787, Paris, Buisson, 1792.

21. J. Appleby, *The Jefferson-Adams Rupture and the First French Translation of John Adams' "Defence"*, in «American Historical Review», LXXIII (1968), pp. 1084-1091; C. Bradley Thompson, *John Adams and the Coming of the French Revolution*, in «Journal of the Early Republic», XVI (1996), pp. 361-387.

22. R. Griffiths, *Le centre perdu: Malouet et les 'monarchiens' dans la Révolution française*, Grenoble, Pug, 1988.

23. J.E. Paynter, *The Rhetorical Design of John Adams' Defence of the Constitutions of... America*, in «Review of Politics», LVIII (1996), pp. 532-533.

24. «Lamarc conosce molto bene la nostra costituzione e gli affari americani. Ha portato molti dei loro scritti all'attenzione del pubblico francese, specialmente la Difesa della Costituzione americana di John Adams, che egli ha tradotto su richiesta di La Fayette e Short». Così Lamare a Talleyrand, 13 aprile 1800 in Archives du Ministère des affaires étrangères, Personnel, vol. 42, f. 229. Si veda anche A. Jainchill, *The Constitution of the Year III and the Persistence of Classical Republicanism*, in «French Historical Studies», XXVI (2003), p. 414.

questa seconda camera non avrebbe dovuto essere composta dall'aristocrazia dell'Anciem régime, quanto piuttosto da un'élite che includesse, quale *sanior pars* della società, proprietari terrieri e «uomini di talento». La distinzione tornava utile poiché permetteva a Lamare di collegare le sue suggestioni ai drammatici eventi politici che la Francia stava attraversando. Egli ricordava ai suoi lettori che i molti nobili espatriati erano, di fatto, i maggiori proprietari terrieri del Paese e che presto o tardi sarebbero tornati riacquistando il proprio posto tra i membri più influenti della società, una posizione che conferiva loro il possesso stesso della terra. Lamare lanciava il proposito di riconciliare quei nobili alla Rivoluzione dell'89 concedendo loro quella seconda camera e l'accesso alla medesima. Tuttavia, essi avrebbero dovuto essere eletti al proprio seggio e la camera sarebbe stata rinnovata ogni sei anni. È per questa ragione che il traduttore, il cui scopo era, in ogni caso, proteggere la costituzione da uno scivolamento verso la democrazia, assunse come punto di riferimento il sistema politico americano e non quello britannico.[25] Si trattava di una proposta che il suo editore Buisson, il quale era piuttosto noto nei circoli patriottici,[26] volle attenuare sensibilmente chiedendo al miglior costituzionalista del tempo, Jacques-Vincent Delacroix, di aggiungere una postfazione critica al lavoro di Adams che sottolineasse l'importanza della Costituzione del 1791.[27] Il lavoro fu pubblicato in tal forma nel marzo del '92 senza far troppo scalpore,[28] persuadendo anzi l'editore a procedere con la traduzione di un altro classico della tradizione politica americana, vale a dire il *Federalist* di Hamilton, Madison e Jay. L'impresa editoriale apparve nel settembre del '92, appena dopo il collasso della monarchia, con tutte le sembianze di un atto di omaggio da parte dei repubblicani francesi verso la cultura politica americana. Di fatto, la traduzione ne era stata commissionata qualche tempo prima. Furono di nuovo richiamate all'opera le abilità linguistiche di Lamare, ma questa volta il testo fu introdotto dalla prefazione di Trudaine de la Sablière, un nobile liberale che apparteneva all'*entourage* di La Fayette. Nella sua *Introduzione* Sablière tentava di dimostrare che la

25. Adams, *Défense des constitutions*, vol. 1, pp. Xvii-xxiii.

26. C. Hesse, *Publishing and Cultural Politics in Revolutionary Paris, 1789-1810*, Berkeley, University of California Press, 1991, pp. 186-187.

27. Si vedano i commenti di Delacroix in Adams, *Défense des constitutions*, vol. 1, in particolare pp. 542-544 e vol. 2, pp. 477-479.

28. Cfr. il «Moniteur Universel», 26 March 1792, pp. 727-728.

monarchia francese emersa dalla Rivoluzione del 1789 era compatibile con il modello costituzionale americano.[29]

Quel che le due pubblicazioni testimoniano è che, dall'inizio del 1792 in poi, il piano di riforma costituzionale dei Foglianti si basava esclusivamente sul principio americano. È precisamente per tale motivo che, a prescindere da ogni forma di nostalgia per la monarchia, la loro proposta era capace di far paura: non per nulla, i loro avversari politici li attaccarono esattamente su quello che costituiva l'aspetto più originale della loro teoria. I controrivoluzionari, infatti, li accusarono direttamente di voler stabilire una «république fédérative» simile a quella degli Stati Uniti d'America.[30] I giacobini, istigati da Brissot, mantennero le distanze dal *Federalist* che percepivano come un'opera piena di contraddizioni.[31] Queste accuse, tuttavia, costituiscono la prova di quanto i Foglianti fossero originali: essi combattevano i Giacobini sul loro stesso terreno dimostrando che in Francia, sul piano politico, i costituzionalisti monarchici erano i più moderni di tutti, ed erano persino migliori dei loro oppositori nell'allineamento con il modello rivoluzionario americano. Presto i Giacobini si ritrovarono in cattive acque durante la contesa e reagirono ricorrendo a intrighi di matrice tradizionale. Sottostando alla logica delle trame politiche tipiche dell'Ancien régime, essi denunciarono la proposta dei Foglianti come risultato delle macchinazioni del *comité autrichien* e si affidarono allo stesso strumento per mobilitare le masse che avevano dato impeto alla Rivoluzione sin dal 1789. Così facendo, i Giacobini sospinsero nelle retrovie lo scontro con i propri avversari politici. L'opinione pubblica, ancora sconvolta dalla tentata fuga di Varennes da parte del re e preoccupata per la crisi economica che la guerra stava esacerbando, si sentì ora minacciata dalle denunce giacobine contro la regina straniera e la corte traditrice. Alla fine, fu questo che contò il 10 agosto 1792, un'insurrezione popolare orchestrata dai Giacobini nel tentativo di chiudere i conti con i Foglianti una volta per tutte coinvolgendoli in una rivolta contro il *comité autrichien*. Fu la dimostrazione che nessun confronto tra i partiti politici avrebbe potuto aver luogo semplicemente in Parlamento, ma che, al contrario, avrebbe coinvolto anche le masse.

29. Sulla prima traduzione francese del *Federalist* rimando al mio *Translation and Revolution. The Marvellous History of the First French Translation of the Federalist (Paris: Buisson, 1792)*, in «Rivista storica italiana», 1/123 (2011), pp. 61-110.

30. Cfr. la *Lettre du Père éternel à M. de Lameth tant pour lui que pour son frère, MM. Duport, Barnave, Delaborde, le duc d'Aiguillon et consors*, Paris, n.t., 1792, p. 4.

31. Cfr. «Patriote François», 4 October 1792.

Quindi il 10 agosto annichilì il partito costituzionale e lasciò i Giacobini padroni del campo. Tuttavia, quel giorno portò con sé la fondamentale conseguenza di spostare il centro dell'attenzione dell'azione rivoluzionaria dall'America alla Francia. Ancora, le ragioni che avevano condotto alla "seconda Rivoluzione" influenzarono profondamente la maniera in cui si sviluppò il repubblicanesimo giacobino. I Giacobini, infatti, si allontanarono immediatamente dal modello federalista proprio dell'altra sponda dell'Atlantico poiché, pareva loro, esso non metteva in guardia dalla pericolosa tendenza a favorire il sorgere di una nuova aristocrazia. Ecco perché l'ideale di una repubblica federale svanì rapidamente in Francia, laddove invece si optò con fermezza per una nuova repubblica unita e indivisibile.[32]

Ciò nonostante, i repubblicani americani salutarono con entusiasmo la caduta della monarchia francese. Al principio del 1793, Thomas Jefferson puntò persino a una connessione stretta tra il suo partito e i Giacobini, esattamente come, dall'altra parte dell'agone politico, i Foglianti avevano inneggiato a un solido legame con i federalisti di Hamilton. Per conto di Jefferson, si trattava di una mossa che suggerisce quanto egli attendesse la vittoria giacobina in Francia per controllarne velocemente le ripercussioni al di là dell'oceano al fine di consentire ai suoi repubblicani di avere la meglio sui federalisti di Hamilton.[33] Le sue parole, però, espressero più di un semplice sentimento di speranza per il futuro successo politico: merita, infatti, considerare sotto questa luce anche la ben nota missione del cittadino Genet negli Stati Uniti. Genet, ministro plenipotenziario della Francia negli Stati Uniti, arrivò a New York nel 1793 con l'esplicita istruzione di stringere un'alleanza rivoluzionaria tra le due nazioni.[34] Il suo obiettivo era assai semplice: stimolare in America la stessa sequenza di eventi rivoluzionari che avevano condotto al rovesciamento della monarchia in Francia. Genet intendeva così fare appello all'opinione pubblica americana in modo da esercitare pressione sull'esecutivo. Nel frattempo, Jefferson avrebbe esercitato pressione da parte sua per guidare l'esecutivo a sopraffare l'ostilità di Hamilton nei confronti di un'alleanza militare con la Francia e a vincere la resistenza dello stesso Washington in proposito. Questo

32. De Francesco, *Il governo senza testa*, pp. 173-198.

33. Si veda Th. Jefferson, *The Papers*, ed. J.P. Boyd, vol. 25, Princeton, Princeton University Press, 1950, pp. 14-15.

34. P. Mantoux, *Le Comité de salut public et la mission de Genet aux États-Unis*, in «Revue d'Histoire Moderne et Contemporaine», XIII (1909-1910), pp. 5-35.

spiega la decisione di Genet di sbarcare a Charleston e di procedere con lentezza, tra il giubilo delle società democratica, verso Philadelphia dove, dopo essersi presto scontrato con il Presidente e il suo esecutivo, arrivò al punto di minacciare un appello diretto al Congresso.[35]

L'accaduto è stato spesso attribuito alla mancata comprensione del funzionamento del sistema politico americano da parte di Genet.[36] Tuttavia, il suo *pedigree* repubblicano e la sua completa accettazione dei diktat di Brissot in politica estera sembrano piuttosto suggerire l'opposto. In altre parole, quel che il ministro francese stava realmente facendo con le sue manovre prive di scrupoli era tentare di scatenare una versione americana della rivolta del 10 agosto in Francia. Questa avrebbe permesso al Congresso di prevalere sul presidente cosicché, di conseguenza, i repubblicani avrebbero avuto la meglio sui federalisti in seno al Parlamento americano. In svarianti punti della sua corrispondenza, Genet conferma la sua convinzione che la bilancia del potere politico in America fosse simile a quella in Francia prima della Rivoluzione dell'agosto 1792: egli vedeva Washington come un aristocratico;[37] Hamilton era capace di muoversi con agio in seno all'esecutivo e aspirava a stabilire buone relazioni, persino a livello istituzionale, con la Gran Bretagna, mentre Jefferson era a capo di un partito patriottico che sarebbe solo stato in grado di formare una maggioranza al Congresso e ciò grazie alla pressione delle società patriottiche.[38] Genet dovette restare più che impressionato dalle somiglianze fra la situazione americana così come la ritrovò e quella che aveva obbligato i Giacobini

35. Si veda specialmente H. Ammon, *The Genet Mission*, New York, Norton, 1973 e A.H. Bowman, *The Struggle for Neutrality: Franco-American Diplomacy during the Federalist Era*, Knoxville, University of Tennessee Press, 1974, pp. 39-98.

36. Si veda per esempio E.R. Sheridan, *The Recall of Edmond Charles Genet: A Study in Transatlantic Politics and Diplomacy*, in «Diplomatic History», XVIII (1994), p. 467.

37. «Il vecchio Washington, che è piuttosto diverso dall'uomo che è passato alla storia, non mi perdona i miei successi. Mi ostacola in mille modi e così mi obbliga a spingere segretamente per la convocazione del Congresso. Là la maggioranza, guidata dalle menti migliori dell'unione americana, sarà senza dubbio dalla nostra parte». Genet a Lebrun, 19 giugno 1793, in C. De Witt, *Thomas Jefferson, Étude historique de la démocratie américaine*, Paris, Didier, 1861, pp. 523-524.

38. «Jefferson è odiato dal Presidente e dagli altri suoi colleghi al governo, nonostante egli abbia la debolezza di condividere ufficialmente le loro opinioni, che in realtà condanna. Tuttavia, saremo presto vendicati. I rappresentanti del popolo si stanno per incontrare e saranno loro a scatenare i fulmini che distruggeranno i nostri nemici ed elettrizzeranno l'America». Genet a Lebrun, 31 luglio 1793, ivi, pp. 528-529.

a sollevare la ribellione in Francia. Questo spiega perché egli fu così fervente nel sobillare atti di ribellione – e persino di insurrezione – contro la Gran Bretagna e la Spagna nei territori del Nuovo Mondo.[39] Fu questo tipo di macchinazioni a incidere sulle prerogative dell'esecutivo americano e, alla fine, a condurre Genet alla disgrazia. All'inizio di luglio, Washington aveva già deciso di chiedere il richiamo di Genet in patria,[40] e Jefferson non volle (o più probabilmente non poté) fare nulla per salvarlo. Nonostante tutto, allora, il ruolo attivo di Genet nell'incitare l'opinione pubblica, che era divenuto il bersaglio di critiche piuttosto rozze e di facile umorismo, fu praticamente l'unica opzione che gli rimase aperta: bisogna tenere a mente che era stato inviato negli Stati Uniti in un momento in cui la Francia era in aperta guerra con tutte le altre maggiori potenze coloniali. Per giunta aveva l'ordine preciso di portare aiuto alla colonia di Santo Domingo dove i commissari Sonthonax e Polverel, nominati dal ministro girondino Lebrun, stavano affrontando enormi difficoltà nel ristabilire l'ordine e deploravano il fatto che gli inglesi, sostenuti dai federalisti americani, stessero gettando benzina sul fuoco. La situazione, descritta in allarmanti missive da Santo Domingo,[41] fu drammaticamente confermata più tardi, durante l'estate, quando, dopo un duro scontro, i due commissari cacciarono il governatore Galbaud via dall'isola accusandolo di attività controrivoluzionarie.[42] Nondimeno, alcune settimane più tardi, essi furono incapaci di fermare l'invasione britannica.[43]

Galbaud arrivò a New York con migliaia di colonialisti bianchi, pronto a denunciare Sonthonax e Polverel quali i veri istigatori delle violenze commesse dagli schiavi ribelli nella colonia.[44] Per quanto riguardava Genet, questa costituiva la prova ultima di un complotto contro i francesi dal

39. F.J. Turner, *The Origin of Genet's Projected Attack on Louisiana and the Floridas*, in «American Historical Review», III (1898), pp. 650-671.

40. Sheridan, *The Recall of Edmond Charles Genet*, p. 474.

41. Si legga la missiva di Sonthonax a Genet, Port au Prince, 8 maggio 1793, in Archives nationales, D XXV, d. 44.

42. Cfr. R. Stein, *The Abolition of Slavery in the North, West, and South of Saint-Domingue*, in «The Americas», XLI (1909-1910), pp. 47-55, e F. Gauthier, «*The Role of the Saint-Domingue Deputation in the Abolition of the Slavery*, in *The Abolitions of Slavery: From L.F. Sonthonax to Victor Schoelcher, 1793, 1794, 1848*, ed. M. Dorigny, Oxford, Berghahn, 2003, pp. 167-179.

43. D.P. Geggus, *Slavery, War and Revolution: The British Occupation of Saint-Domingue*, Oxford, Oxford University Press, 1982.

44. Jefferson, *The Papers*, vol. 27, pp. 32-34, 41-42, 75-78.

momento che gli inglesi, i federalisti di Hamilton e i bianchi proprietari di schiavi e colonialisti di Santo Domingo, al pari delle altre colonie francesi, stavano ora apparentemente agendo all'unisono al fine di arrestare la diffusione della democrazia nel Nuovo Mondo. Genet lanciò allora, il 30 ottobre, un'estrema richiesta di aiuto a Jefferson, nella quale ricordava al segretario di Stato che la conquista inglese di Santo Domingo era derivata da un piano ordito dai colonialisti stessi, molti dei quali avevano poi seguito Galbaud negli Stati Uniti, dove avevano inveito contro il modo in cui Sonthonax aveva abolito la schiavitù nell'isola durante il mese di agosto, e, ancora, dove essi erano stati tiepidamente accolti dai federalisti che, dal canto loro, non avevano mai abbandonato del tutto l'idea di tornare al potere in America accettando la sovranità britannica.[45]

L'appello di Genet cadde nel vuoto e restò lettera morta. Ciò, in parte, perché Jefferson era ormai un membro sempre più isolato dell'esecutivo. Il presidente stava diventando via via meno neutrale e si stava sensibilmente accostando alle posizioni di Hamilton che favoriva apertamente legami più solidi con la Gran Bretagna. Ma il fallimento di Genet si dovette anche al fatto che, sul piano politico, il suo tempo era finito: dopo le giornate parigine del 31 maggio e del 2 giugno 1793, i Girondini erano stati espulsi dalla Convenzione francese e la nuova della loro sconfitta si era diffusa in America. Non a caso, le accuse scagliate da Genet ai colonialisti espatriati di Santo Domingo gli si ritorsero contro e furono usate a suo detrimento. All'inizio di novembre, in quegli stessi circoli più vicini agli ex colonialisti, Genet, Sonthonax e Polverel furono accusati di essere rimasti gli ultimi rappresentanti di una consorteria *brissotinière* che, di grazia, in Francia era già stata eliminata. L'ex colonialista Duny, mentre difendeva la schiavitù e ringraziava la Convenzione, elencò i molti errori commessi da Genet, incluso non solo il riconoscimento dei neri e dei mezzosangue come rappresentanti di Santo Domingo, ma anche l'aver rovinato, con le sue avventure politiche, le relazioni privilegiate che Francia e Stati Uniti avevano volentieri intrecciato fino a quel momento.[46]

Le osservazioni di Duny erano ben fondate. L'abilità di Washington di rimanere irremovibile di fronte alle sfide lanciate da Genet permise ai federalisti di Hamilton di guadagnare l'ultima partita in seno all'esecutivo. Ciò, poco dopo, significò forzare Jefferson ad abbandonare del

45. Genet a Jefferson, 30 ottobre 1793, ivi, pp. 284-249.
46. Duny a Genet, 23 gennaio 1794, in Archives nationales, D XXVI, n. 18.

tutto la politica mentre presto iniziò a sorgere una forte opposizione alla Rivoluzione francese, che si fece fragorosa quando giunsero notizie di quanto stava accadendo durante il Terrore. Gli americani iniziarono a denunziare la Rivoluzione francese e ne derivò un cospicuo numero di violente argomentazioni contrarie, destinate a moltiplicarsi. Per un lungo tempo a venire, tali argomentazioni avrebbero condizionarlo la vita politica americana. Le azioni di Genet, infatti, sembrarono confermare l'esistenza di una fazione filofrancese pronta a sovvertire la costituzione americana, una fazione che si annidava in seno alle società repubblicane che avevano dato ampio supporto al ministro francese quando questi aveva deciso di sfidare Washington.[47]

Da questo punto di vista, le accuse dei federalisti non erano completamente prive di fondamento. I repubblicani erano divenuti un partito politico grazie alla creazione delle società democratiche, e quando Genet arrivò, queste avevano dato largo impulso all'idea di muovere guerra alla Gran Bretagna affiancando la Francia repubblicana. È per questo che la propaganda federalista martellò sul pericolo presentato da una fazione – guidata da Madison e Jefferson – capace di ridurre l'America a niente più che a una terra di conquista per i principi democratici e giacobini. Si era al principio di una nuova fase della politica americana, una fase caratterizzata da una tale ostilità nei confronti della Francia rivoluzionaria che nemmeno la caduta di Robespierre e l'arrivo a Parigi di James Monroe (il politico americano più vicino alla tradizione giacobina) avrebbero potuto arrestare, impedendole di prevalere.[48] Al suono della propaganda inneggiante contro l'ateismo e la violenza della Rivoluzione francese, si aprì allora una nuova era nella politica americana.[49] Il partito repubblicano, al fine di superare la tempesta e trovare una qualche via per proseguire la battaglia contro i federalisti, fu costretto a difendersi e, alla luce degli sforzi avversari di ri-

47. Si veda E.P. Link, *Democratic-Republican Societies, 1790-1800*, New York, Columbia University Press, 1942, pp. 175-209, e anche A. Koschnik, *The Democratic Societies of Philadelphia and the Limits of the American Public Sphere, circa 1793-1795*, in «William & Mary Quarterly», LVIII (1982), pp. 615-636.

48. A. De Conde, *Entangling Alliance: Politics and Diplomacy under George Washington*, Durham, NC, Duke University Press, 1958, e Id., *The Quasi-War: The Politics and Diplomacy of the Undeclared War with France, 1797-1801*, New York, Scribner, 1966.

49. R.H. Bloch, *Visionary Republic: Millennial Themes in American Thought, 1756-1800*, Cambridge, Cambridge University Press, 1988, pp. 186-209.

stabilire una relazione speciale con la Gran Bretagna, a fare marcia indietro attestandosi sull'idea di neutralità in politica estera.

La caduta di Genet giocò un ruolo determinate nella creazione di questa nuova epoca, che avrebbe avuto fine solo nel 1800 con una rivoluzione jeffersoniana che, peraltro, nulla concesse a una qualche forma di contatto speciale con la Francia. Qualsiasi speranza di esportare le insurrezioni del 10 agosto negli Stati Uniti, infatti, s'incagliò presto non solo contro il rifiuto del Congresso di ribellarsi a Washington e alla neutralità americana nella guerra intrapresa nel Nuovo Mondo come altroove, ma soprattutto contro la crisi in atto a Santo Domingo. Per di più, la situazione trascinò sul banco degli imputati proprio le pratiche rivoluzionarie che per tanto tempo avevano garantito la radicalizzazione del processo politico in Francia. Non è un caso che i primi a sollevare la loro voce contraria siano stati i montagnardi, nel tentativo di dimostrare come, sotto la superficie della Rivoluzione, si celasse una trama che mirava nientemeno che alla distruzione della Rivoluzione stessa. Nelle loro battaglie politiche contro i Girondini, infatti, essi utilizzarono precisamente gli stessi argomenti dei propri avversari. Nell'estate del 1793, lo scontro di potere tra Girondini e Montagnardi tracimò al di fuori dei confini del Parlamento e invase l'intera Francia, infiammando le lamentele dei *départements* secondo cui la città di Parigi stava cercando di stabilire la sua propria egemonia su tutto il Paese. Di conseguenza, esistevano coloro che erano pronti a ricordare agli altri che le radici di questo piano girondino inevitabilmente controrivoluzionario andassero rintracciate nel Nuovo Mondo stesso. Secondo il cittadino Ducher, la cospirazione ebbe origine a Londra, raggiunse Philadelphia attraverso l'Atlantico per rimbalzare poi a Santo Domingo: il suo obiettivo era distruggere la Repubblica democratica degli Stati Uniti e stabilire una monarchia ereditaria nel Nuovo Mondo, la quale avrebbe portato gli Stati Uniti e i locali possedimenti inglesi e francesi sotto la diretta influenza della Gran Bretagna. Una delle più importanti pedine di questo gioco altri non era che lo stesso ministro Genet, che era stato mobilitato per provocare le ire della Gran Bretagna e facilitare agli Stati Uniti la strada per divenire alleati della Francia. Ciò, in cambio, avrebbe consentito a Pitt di presentare all'opinione pubblica britannica la situazione che aveva pianificato con lungimiranza sotto forma di guerra difensiva.[50]

50. A.-G.-J. Ducher, *Les deux hémisphères*, Paris, Impr. Nationale, 1793. Si veda anche F.L. Nussbaum, *Commercial Policy in the French Revolution*, Washington DC, American Historical Association, 1923, pp. 205-249.

Questa interpretazione degli eventi fu ripresa da Robespierre nel suo ben noto discorso sullo stato delle operazioni militari pronunciato alla Convenzione il 17 novembre 1793. Anch'egli prestò fede all'idea di una cospirazione girondina ordita in accordo con Pitt per distruggere la democrazia e puntò il dito verso gli Stati Uniti, denunciando Genet e le sue avventure politiche oltreoceano. Queste, avvertiva, avevano avuto lo scopo di seminare zizzania tra Francia e Stati Uniti, per poi concludere che il carattere altamente implausibile della visione genetiana degli eventi costituiva di per sé stesso la prova ultima che il complotto esisteva davvero:

> Per un'assai notevole contraddizione, mentre a Parigi coloro che lo avevano nominato perseguitavano le società democratiche e denunciavano come "anarchici" i repubblicani che stavano coraggiosamente combattendo la tirannide, a Philadelphia Genet si pose a capo del club, presentando e suggerendo in continuazione al governo mozioni tanto ingiuriose quanto inquietanti. Questo mostra quanto la stessa fazione volesse ridurre il povero alla condizione degli iloti, schiacciare il popolo sotto il tacco dell'aristocrazia del ricco, e infine liberare e armare tutti i negri per distruggere le nostre colonie.[51]

Il suo ragionamento è contorno, a dire il vero, ma nondimeno chiaro: Genet negli Stati Uniti e Polverel e Sonthonax a Santo Domingo erano i rappresentanti dei Girondini nel Nuovo Mondo; condividevano gli obiettivi di coloro che in Francia si erano distinti sconfiggendo i patrioti e tendando di imbavagliare il volere della *populace* al fine di accettare un'aristocrazia basata sulla ricchezza. Quando i federalisti si ribellarono, tale fazione non esitò a unirsi alle forze controrivoluzionarie con il risultato che finirono presto sotto il giogo di Pitt, intenti a manovrare per far sì che nel Nuovo Mondo tutti si opponessero alla Francia. Quindi, la logica rivoluzionaria che aveva così condotto al licenziamento di Genet mentre era negli Stati Uniti non era stata più che una falsa pista, dal momento che il suo reale intento era quello di assicurare che gli inglesi intervenissero. Anche i commissari di Santo Domingo si erano comportanti colpevolmente e si erano

51. *Archives parlementaires*, vol. 79, p. 380. Questo il testo nell'originale francese: «Par un contraste bien remarquable, tandis qu'à Paris ceux qui l'avaient envoyé persécutaient les sociétés populaires, dénonçaient comme des anarchistes les républicains luttant avec courage contre la tyrannie, Genest, à Philadelphie, se faisait chef de club, ne cessait de faire et de provoquer des motions aussi injurieuses qu'inquiétantes pour le gouvernement. C'est ainsi que la même faction qui en France voulait réduire tous les pauvres à la condition d'ilotes et soumettre le peuple à l'aristocratie des riches, voulait en un instant affranchir et armer tous les nègres pour détruire nos colonies».

spinti al punto da consentire ai neri di assumere posizioni di potere così da avere mano libera nella distruzione della colonia. Per riassumere, dunque, Pitt avrebbe potuto fare affidamento sui Girondini in Francia esattamente allo stesso modo in cui, in America, avrebbe potuto fare affidamento su Hamilton, che egli aveva ugualmente in pugno. Per questo motivo, in realtà, Robespierre è piuttosto cauto quando tocca l'argomento degli Stati Uniti. Richiama la generosità francese al tempo della Guerra d'indipendenza ma in cambio non chiede nulla più della neutralità da parte della nuova Repubblica. La presenza di Morris a Parigi, che tanto aveva allarmato i Montagnardi, costituiva un chiaro segnale del fatto i federalisti avevano ora il sopravvento ed erano in grado di turbare il fragile equilibrio che Madison e Jefferson, con grande difficoltà, cercavano ancora di mantenere.

Robespierre mostra di essere stato un brillante allievo di Brissot nel modo in cui ricostruì la trama controrivoluzionaria dei Girondini. Già durante la rivolta degli schiavi di Santo Domingo del 1791, anche Brissot aveva insinuato che i ribelli fossero guidati da fattori controrivoluzionari, stabilendo un legame diretto fra i colonialisti proprietari di schiavi, i loro alleati sulla terraferma americana e i Foglianti, che aspiravano alla riforma costituzionale in Francia per prevenire il trionfo della democrazia.[52] Non a caso, i Montagnardi ripresero questa interpretazione della rivolta, rivolgendo ai Girondini le stesse accuse che i Girondini medesimi avevano lanciato contro i Foglianti poco meno di un anno prima. Ecco perché i Montagnardi denunciarono i Girondini come federalisti nell'estate del 1793. Così facendo, essi intendevano sottolineare il fatto che le pratiche politiche e il sistema di valori dei loro avversari erano di fatto presi di peso da quelli dei Foglianti e che quest'insieme poteva in cambio vedersi riflesso nelle politiche perseguite dal partito di Hamilton, il quale era sempre stato una sorta di quinta colonna britannica nel Nuovo Mondo. Per di più, i Girondini non si erano semplicemente limitati a creare ostacoli all'ascesa della democrazia e a combattere le società popolari; essi avevano anche seguito una politica economica interamente favorevole ai ceti mercantili e avevo provato, di conseguenza, a ristabilire un'aristocrazia in Francia truccando i mercati e incoraggiando la speculazione finanziaria.

Tutte queste accuse facevano parte di una denuncia globale del federalismo quale distruttore dell'unità politica della Repubblica, ed erano le

52. Si veda il discorso di Brissot sulla rivolta degli schiavi del 30 ottobre 1791, ivi, vol. 34, pp. 522-526.

stesse che Madison aveva adoperato in precedenza nel suo attacco contro Hamilton. Non va dimenticato, allora, che le ragioni sottese al confronto politico in Francia nel 1793 non erano così tanto diverse da quelle che stavano conducendo il dibattito politico in America nello stesso periodo.

Nondimeno, la notevole somiglianza tra questi due frangenti politici è sempre stata trascurata, dal momento che le accuse di federalismo, ridotte a un contesto politico segnato dal governo rivoluzionario, sono state semplicemente lette nei termini di un tentativo di minare l'unità dello Stato. La Convenzione stessa è largamente responsabile di un tale assunto. Dopo la caduta di Robespierre, infatti, essa non avrebbe mai ammesso l'ipotesi di guadare indietro in maniera critica a quanto aveva fatto in passato. Vero, i Girondini sopravvissuti furono reinsediati, ma in ogni caso la Convenzione rifiutò di tributare loro i dovuti onori. Fu una decisione che sancì il fatto che essi si fossero distanziati da sé da ogni forma di contratto con il modello politico americano, e su questo i Termidoriani tennero il punto con fermezza. Quindi, anche se la Costituzione del 1795 introdusse un sistema bicamerale, non fu mai fatto appello ad alcuna diretta connessione con l'esempio offerto dagli Stati Uniti, a parte, certo, un formale omaggio *en passant* a John Adams.

Il rifiuto di un qualsiasi parallelo con il modello politico americano avrebbe finito col legittimare la visione secondo cui i processi politici in Francia e negli Stati Uniti furono essenzialmente differenti gli uni dagli altri. Tale rigetto avrebbe fatto ben di più, assicurando che le tradizioni storiografiche delle due nazioni (insieme con certi altri movimenti rivoluzionari del XX secolo) avrebbero aiutato a contrastarle. Ancora, questa tendenza, in larga misura il risultato del lavoro di generazioni successive, finisce per screditare i primi anni della Rivoluzione, quando i processi politici negli Stati Uniti e in Francia erano essenzialmente piuttosto simili. Erano entrambi segnati, infatti, dalla paura che il conflitto politico tra partiti individuali, tanto in Francia quanto in America, potesse rialzare la testa su entrambe le sponde dell'Oceano. Quando i Giacobini descrissero la rivolta "federalista" del 1793 come uno sconvolgimento teso a puntellare i valori liberali contro la democrazia, bombardarono i loro nemici politici, i Girondini, con la stessa politica retorica che i repubblicani avevano adoperato nei loro attacchi agli hamiltoniani. Allo stesso modo, quando i federalisti denunciarono le società democratiche americane, diedero luogo alle medesime, vivide descrizioni di una cospirazione giacobina contro il potere esecutivo che i lafayettisti avevano già precedentemente utilizzato in Francia.

Il timore di un'analogia politica, in America come in Francia, suggerisce così che le due Rivoluzioni non si dispiegarono – come invece è stato troppo spesso asserito – in modi radicalmente differenti. Il crimine politico del federalismo in Francia e, d'altro canto, la denuncia di una cospirazione giacobina internazionale destinata a sovvertire il governo americano, rivelano invece quanto le due Rivoluzioni fossero vicine e quanto lunga fosse, in entrambi i casi, la strada verso il sistema bipartitico in due società così profondamente divise.

6. Toussaint a Milano, ovvero immagini del ribelle di Santo Domingo negli anni della Repubblica Italiana (1802-1803)

Alla fine del 1801, il Primo Console Bonaparte, approfittando dell'indifferenza dell'Inghilterra, con la quale le trattative di pace avevano fatto evidenti progressi, preparò una spedizione militare a Saint-Domingue. L'obiettivo era quello di deporre Toussaint Louverture, il governatore nero che aveva osato proclamare una costituzione che poteva sembrare al nuovo titolare del potere esecutivo francese un preludio all'indipendenza. A posteriori non è facile capire quali siano state le reali intenzioni in quel momento di Bonaparte data la sua abitudine a modulare le sue decisioni sulla base di scenari politici in continua evoluzione.

Senza dubbio però, il Primo Console desiderava la pace con l'Inghilterra e il ritorno all'equilibrio che aveva preceduto la sconfitta francese nella Guerra dei Sette Anni. In quest'ottica, il ritorno della Louisiana nello spazio coloniale controllato da Parigi e la pacificazione di Saint-Domingue avrebbero completato la restaurazione dell'impero atlantico francese, che era un obiettivo politico condiviso da tutti i gruppi politici dell'epoca. I circoli più conservatori pensavano che ciò avrebbe significato il naturale ritorno della schiavitù e di conseguenza l'eliminazione di quanto rimaneva del 1789, 1792, 1794 e 1795 nella Francia consolare. I gruppi radicali, invece, credendo alla promessa fatta dal Primo Console di chiudere la rivoluzione senza cancellarne totalmente l'eredità, ritenevano che quella sarebbe stata l'occasione per allargare il modello repubblicano oltreoceano, reindirizzando le tensioni geopolitiche verso lo scacchiere americano. Queste due posizioni convivevano persino tra i partecipanti alla spedizione: infatti il ministro della Marina, Denis Decrès, non aveva dubbi che l'allontanamento di Louverture implicasse il ritorno della schiavitù, mentre il comandante dell'operazione, Charles Leclerc, cognato di Bonaparte, voleva solo recuperare i diritti della Francia sulla colonia, senza rimettere in discussione il decreto di abolizione votato nel 1794.[1] Tutti erano però d'accordo sul fatto che la pace, una pace vittoriosa che avrebbe confermato l'egemonia francese sull'Europa continentale e ristabilito l'equilibrio, richiedeva il ritorno della stabilità politica a Saint-Domingue.

Questa interconnessione degli equilibri geopolitici spiega il forte interesse mostrato per questa spedizione anche dall'opinione pubblica delle repubbliche alleate. In particolare, a Milano, capitale della Repubblica Cisalpina, che si sarebbe dotata di una nuova costituzione con la convocazione dei Comizi di Lione, i giornali presentarono l'impresa di Bonaparte sottolineando che Toussaint – occupando la parte spagnola dell'isola e dando alla colonia una costituzione senza avvisare il Primo Console – si era messo sulla strada dell'indipendenza. Non era la prima volta che il pubblico milanese poteva leggere dell'ex schiavo diventato governatore, il «Corriere milanese» li aveva tenuti informati tanto delle sue gesta eroiche quanto delle rimostranze rivolte nei suoi confronti. Il giornale, infatti, si era occupato di Louverture fin dal 1794, quando la Lombardia era ancora sotto il dominio austriaco, perché era stato accusato di aver tradito le truppe inglesi sbarcate sull'isola e di aver permesso ai francesi di riprendere il controllo della colonia.[2] All'epoca non si era trattato che di una rapida allusione al comandante nero degli insorti che, ritornato fedele ai francesi, non poteva aspettarsi elogi da una stampa controllata dalla polizia austriaca.

Questo atteggiamento cambiò quando Bonaparte arrivò in Lombardia. Infatti, il 19 maggio 1796, pochi giorni dopo l'ingresso dei francesi in città, lo stesso giornale si affrettò a presentare il generale antillano sotto una luce molto diversa: Toussaint Louverture non era più il ribelle o il traditore degli accordi con gli inglesi, ma piuttosto un buon patriota che era stato nominato governatore militare della colonia in virtù dei meriti ottenuti sul campo di battaglia.[3] Nei mesi successivi poi la fortuna di Toussaint Louverture continuò a crescere. Il principale giornale milanese dell'epoca si allineò con la linea politica stabilita dal governo francese. Presentato come

1. P. Girard, *Napoléon Bonaparte and the Emancipation Issue in Saint-Domingue, 1799-1803*, in «French Historical Studies», 32 (2009), pp. 587-98.

2. Toussaint «che aveva restituito il distretto di Gonaives al colonnello Brisbane abusò della sua fiducia e tradì [...] riprese la guerra [...] e tutto il paese che pensavamo fosse in mano agli inglesi è ora passato ai francesi», «Corriere milanese», 27 ottobre 1794, pp. 717-718.

3. Ivi, 11 agosto 1796, p. 520.

il principale avversario degli inglesi, egli fu lodato per le operazioni militari che avevano costretto quest'ultimi a ritirarsi definitivamente dall'isola. Louverture fu così presentato come l'incarnazione della politica di libertà avviata nelle colonie dal Direttorio: aveva ricondotto i ribelli alle piantagioni, ripopolato la città di Cap-Français – che non si era ancora ripresa dagli eccessi dell'insurrezione – e aveva dato nuovo slancio all'economia coloniale dopo anni di disastri.[4]

Questa immagine positiva non durò a lungo. Le evoluzioni del dibattito politico francese ebbero una rapida influenza Oltralpe e sul «Corriere milanese» non mancarono così di moltiplicarsi gli avvertimenti contro Toussaint Louverture. Sulle colonne del giornale furono riportate anche le accuse di uno dei suoi maggiori avversari, il generale nero Etienne Mentor, che, una volta eletto nel Consiglio dei Cinquecento, aveva denunciato i progetti separatisti del suo vecchio commilitone.[5] In particolar modo, il quotidiano milanese riprese le accuse di Mentor, relative a un vantaggioso accordo privato stipulato da Toussaint che avrebbe previsto condizioni di resa molto favorevoli concesse da quest'ultimo agli inglesi.[6] Il giornale poi seguì con attenzione le polemiche suscitate dal commissario Gabriel Hédouville, costretto dal governatore nero a dimettersi dal suo incarico e a deplorare, una volta rientrato in Francia, l'ambizione di Toussaint Louverture per l'indipendenza di Saint-Domingue.[7]

Tale rappresentazione politica fu però bilanciata, all'inizio del 1799, da una serie di articoli in cui il «Corriere milanese» riprese le tendenze dei più importanti giornali francesi, che invece propugnavano la nomina di Toussaint Louverture alla guida politica della colonia. In una rubrica pubblicata nei primi giorni dell'anno, per esempio, il giornale dedicò molta attenzione al governatore al potere, elogiato come l'uomo più adatto a ridurre la drammatica frattura aperta dall'insurrezione schiavile a partire dal 1791. In quanto ex schiavo di colore, secondo il giornalista, Louverture si era mostrato infatti in grado di poter parlare agli abitanti un linguaggio che invece nessun bianco avrebbe potuto usare, dimostrando il cambiamento irreversibile della politica francese nel processo di abolizione della

4. Ivi, 19 luglio 1798, pp. 459 e 465.

5. Ivi, 26 luglio 1798, p. 479.

6. Per le accuse relative ai progetti di Toussaint Louverture: ivi, 22 ottobre 1798, p. 642; 29 ottobre 1798, p. 652 e pp. 102-103, 24 ottobre 1798, p. 819.

7. Ivi, 3 gennaio 1799, p. 1.

schiavitù. In ragione della sua istruzione poi, Louverture era stato anche in grado di dialogare con i bianchi e di selezionare i suoi collaboratori in base alle loro capacità, emancipandosi da ogni criterio razziale. Infine, sempre secondo i redattori, le sue straordinarie capacità militari gli avevano permesso di sconfiggere gli inglesi e di restituire la libertà alla colonia.[8]

Poco dopo la pubblicazione di questi articoli, le sconfitte francesi per mano della seconda coalizione portarono alla caduta della Repubblica Cisalpina. Questo non limitò la fortuna di Toussaint Louverture in Lombardia, che anzi continuò a crescere: il «Corriere milanese», che riprese le pubblicazioni sotto l'occhio vigile del commissario austriaco Luigi Cocastelli, trovò il modo di presentarlo come il campione della resistenza alla deriva rivoluzionaria, dipingendolo come il difensore dei coloni bianchi contro la violenza dei neri e anche come un possibile interlocutore del potere inglese. Per questo, il periodico milanese si schierò dalla sua parte nello scontro che lo oppose all'ufficiale mulatto Rigaud, accusato invece di essere un puro prodotto della Francia rivoluzionaria.[9] Tuttavia, dopo l'estate del 1800 e il ritorno di Bonaparte in Italia, il giornale tenne una stretta neutralità all'interno del conflitto che opponeva Toussaint Louverture e Rigaud, nell'attesa sicuramente di capirne gli esiti. L'interesse infatti tornò dopo la sconfitta di Rigaud, quando fu chiaro che Toussaint Louverture era ormai l'unico leader della colonia.[10]

Da quel momento, il giornale informò i lettori delle sue azioni, oscillando per qualche tempo tra un atteggiamento di apertura nei confronti della politica del governatore in carica, il cui patriottismo poteva rivelarsi utile, e la preoccupazione per le sue scelte che sembravano invece implicare l'indipendenza della colonia.[11] Verso la fine del 1801 tuttavia, dopo la diffusione della notizia di un'imminente spedizione a Santo Domingo, le posizioni si chiarificarono in un'ostilità patente nei confronti di Toussaint: il «Corriere milanese» spiegò così come la costituzione data dal governatore alla colonia implicasse l'imminente indipendenza dell'isola,[12] per poi tornare sulla questione pochi giorni dopo con una aperta denuncia di questa posizione.

8. Ivi, 14 gennaio 1799, p. 26.
9. Ivi, 24 giugno 1799, p. 408.
10. Ivi, 13 ottobre 1800, p. 672 e 86, 27 ottobre 1800, p. 708.
11. Ivi, 3 novembre 1800, p. 725.
12. Ivi, 26 ottobre 1801, p. 704: «La République de Toussaint Louverture [...] è riguardata come un esempio molto pericoloso e il suo esempio potrebbe estendersi a tutte le altre isole che si sostengono colla sola schiavitù dei negri».

Nel frattempo, a Lione, in occasione dei Comizi cisalpini promossi dal Primo Console, Bonaparte accettò che la Repubblica prendesse il nome di Italiana, a condizione tuttavia di essere nominato Presidente. Allo stesso tempo, impose una costituzione favorevole al mantenimento di un ordine sociale tradizionale nella penisola. Significativo a questo proposito il fatto che sciegliesse al posto di vicepresidente Francesco Melzi d'Eril, un nobile conosciuto per le sue idee moderate, capace di garantire le attese e gli interessi di coloro che attendevano con ansia la pace con l'Inghilterra. In queste condizioni, anche a Milano, la spedizione a Saint-Domingue sembrava essere un passo necessario che avrebbe posto fine, a sua volta, a un periodo di anomalo rovesciamento dell'ordine tradizionale e gerarchico scaturito dalla rivoluzione. Il timore che un uomo di colore potesse proclamare l'indipendenza della colonia e allo stesso tempo rimettere in discussione la supremazia razziale dei bianchi era una sfida quasi inconcepibile agli occhi del giornale per cui il governatore divenne un esempio drammatico della deriva sociale e morale messa in moto dal cieco fanatismo dei filantropi che avevano predicato l'abolizione della schiavitù.[13]

Così, sin dal gennaio 1802, il «Corriere milanese», riportando delle notizie da Londra e ritenendo che l'azione di Bonaparte fosse stata concertata con gli inglesi, si schierò apertamente a favore del ritorno della schiavitù. Parigi sconsigliò immediatamente di mantenere questa posizione:[14] durante la traversata delle truppe verso Santo Domingo, il «Corriere milanese» riportò la notizia della ribellione di Hyacinthe Moise, nipote di Louverture, elogiando lo zio che non aveva esitato a ordi-

13. «Questo famoso Moro Africano fu allevato sotto un curato di S. Domingo che gl'insegnò il latino: raro fenomeno in una classe d'uomini che non poterono mai imparare il francese. Touissant ha del buon senso e della capacità, ma gli manca la fermezza ne' partiti: è indeciso, timido, e esservi di più curioso quanto i dettagli della sua amministrazione. Ama essere. adulato, e quelli che lo circondano gli rendono in ciò buon servigio. Gli si è tessuta una genealogia che lo fa discendere da uno degli antichi re del Congo; e questa scoperta non gli dispiace». Ivi, 12 novembre 1801, p. 741.

14. «Ora che la marcia del governo rivoluzionario si è regolarizzata; ora che si veggono [...] nel sistema delle viste riparatrici che sono totalmente opposte a quelle che hanno accompagnato e seguito i disordini in Guadalupa e a Saint-Domingue. [...] Quegli schiavi si distaccano dalle idee folli che un'inconsiderata filantropia aveva gettato nelle grossolane loro teste. Simile al mare che i venti hanno sollevato sulla sponda e che rientra nei suoi limiti naturali subito che la tempesta ha cessato di tormentare i suoi flutti, il negro, su cui più non agisce alcuna impulsione straniera, ritorna ai suoi doveri e spontaneeamente rientra nella sua condizione». Ivi, 11 gennaio 1802, pp. 17-18.

narne la morte.[15] La decisione di difendere i coloni bianchi dall'avidità di pochi neri inferociti gli procurò quindi nuovo credito presso il «Corriere milanese» in quanto il giornale non pareva avere dubbi sulla fedeltà del governatore nero al Primo Console,[16] almeno fino a quando non si seppe che il generale Henri Christophe aveva cercato di impedire lo sbarco della flotta sostenendo di agire per conto di Toussaint Louverture, e poi, non riuscendovi, aveva dato fuoco per rappresaglia alla città del Cap Français.[17] Da quel momento in poi, il «Corriere milanese» si dissociò definitivamente da Toussaint Louverture, adducendo di volta in volta dei presunti accordi segreti con l'Inghilterra,[18] la sua esecrabile decisione di rifiutare le offerte di Bonaparte presentategli dai suoi figli di ritorno dalla Francia fino alla sua ostinata determinazione a combattere le truppe del generale Leclerc.[19] La conclusione del giornale milanese fu quindi lapidaria:

> A S. Domingo sono stati fatti dei grandi mali, e vi sono de' grandi mali da riparare; ma la rivolta è ciascun di più compressa. Toussaint, senza piazze, senza tesori, senza armate, non è più che un brigante che va errando di altura in altura con alcuni briganti al pari di lui, cui i nostri intrepidi cacciatori vanno inseguendo e che presto avranno raggiunto e distrutto.[20]

La cattura di Louverture sembrò presto porre fine alle ostilità e restituire Saint-Domingue ai francesi: a Milano si decise di non parlare più di lui, limitandosi a distillare laconicamente qualche notizia del suo arrivo in Francia e della sua prigionia.[21] Tuttavia, l'uscita di scena del governatore non mise fine alla rivolta, ma rese al contrario più tragico lo scontro militare. La ribellione di Jean-Jacques Dessalines, a cui si unirono molti generali mulatti, fu considerata infatti la prova del nefasto esempio dato da Toussaint Louverture, che aveva notevolmente rafforzato lo spirito di resistenza dei neri.

Per questo motivo, a Milano fu pubblicata la traduzione della *Vie privée, politique et militaire de Toussaint Louverture par un homme de sa couleur*, un'opera apertamente favorevole al ritorno della schiavitù nelle

15. Ivi, 11 febbraio 1802, p. 92.
16. Ivi, 1 marzo 1802, p. 136.
17. Ivi, 25 marzo 1802, p. 194.
18. Ivi, 29 marzo 1802, p. 203.
19. Ivi, 3 maggio 1802, p. 292.
20. Ivi, 17 maggio 1802, p. 327.
21. Ivi, 30 agosto 1802, p. 576.

colonie.[22] L'ormai ex governatore veniva dipinto da un lato come un uomo meritevole di morte per aver fomentato la rivolta, facendo credere ai neri che l'abolizione della schiavitù fosse possibile, mentre dall'altro – secondo una visione molto tradizionale dei rapporti sociali – veniva lodato per la sua riforma agraria, che introduceva il lavoro forzato, favorendo un rapido ritorno alle piantagioni abbandonate dai lavoratori.[23] La traduzione, molto fedele al testo originale, era preceduta da una breve introduzione che spiegava le ragioni della pubblicazione: era necessario far conoscere a tutti la natura ingannevole e pericolosa di Louverture, esprimendo al contempo la speranza che la pace, ormai ristabilita in Europa, potesse raggiungere anche quella lontana colonia.[24]

L'esito delle operazioni militari e, soprattutto, la grande resistenza dei ribelli neri contribuirono a sostenere l'interesse per Toussaint Louverture anche dopo la sua morte. Nel 1803 fu pubblicato a Milano il resoconto di un viaggio a Saint-Domingue di Carlo Mantegazza, un milanese che affermava di aver frequentato i Comizi di Lione, di aver viaggiato fino a Nantes e di essersi poi imbarcato per la colonia.[25] Durante il suo viaggio, da Lione a Santo Domingo, Mantegazza aveva sperato di trovare la pace, che era stata ristabilita anche a Milano, dove la presidenza di Napoleone assicurava un regime ormai al riparo da qualsiasi turbolenza politica. Per questo l'opera era dedicata al vicepresidente Melzi d'Eril e aveva lo scopo di far conoscere la reale situazione di Saint-Domingue, dove l'epidemia di febbre gialla aveva ucciso Leclerc e seminato la morte tra le truppe francesi. Secondo Mantegazza, il loro sacrificio era dovuto alla volontà di riportare la ragione ai neri, ciecamente affascinati dal discorso radicale della rivoluzione. Eppure, è stato dimostrato che Mantegazza non aveva mai

22. *Vita privata politica e militare di Toussaint-Louverture, scritta da un uomo del suo colore*, Milano, nella Stamperia italiana e francese in S. Zeno n. 534, 1802 anno 1. La traduzione è di autore anonimo.

23. *Vie privée, politique et militaire de Toussaint-Louverture, par un homme de sa couleur*, Paris, Magasin de Librairie, [1802]. A questo proposito, le considerazioni di Ch. Forsdick, *Situating Haiti. On Some Early Century Representations of Toussaint Louverture*, in «International journal of Francophone studies», 10 (2007), p. 25.

24. «Possa il Pubblico accettar di buon grado questo nostro lavoro! Possa l'esito delle armate francesi corrisponder pienamente ai nostri voti! Possa la Pace che felicemente oggi regna in Europa, stabilirsi in breve eziandio in quelle desolate contrade!», in *Vita privata, politica e militare di Toussaint Louverture*, p. IV.

25. C. Mantegazza, *Viaggio del cittadino Carlo Mantegazza milanese a Santo Domingo nell'anno 1802*, Milano, Stamperia e fonderia del genio tipografico, 1803.

lasciato Milano:[26] appassionato lettore di letteratura odeporica, aveva già redatto racconti di viaggi molto probabilmente fittizi. Per quanto riguarda la sua ultima fatica sull'isola delle Antille, in particolare, Mantegazza, si era basato sulle descrizioni dell'isola del barone Franz Wimpffen e di Moreau de Saint-Mery, realizzando un'opera che fu giudicata «superficiale» da Lothrop Stoddard.[27] Il giudizio è tanto più rilevante in ragione del fatto che lo stesso Stoddard era autore di una storia della Rivoluzione francese a Santo Domingo di grande erudizione grazie a letture molto approfondite sia pure dai tratti apertamente razzisti.

Nell'opera di Mantegazza, organizzata come un romanzo epistolare, era presente una lettera sulla figura di Toussaint Louverture e sulla sua eredità politica. Nonostante la finzione letteraria avanzata dall'autore, è facile intuire che Mantegazza avesse letto con attenzione la recentissima traduzione italiana della *Vie privée, politique et militaire*. Le frasi attribuite al governatore di Saint-Domingue, infatti, sono caratterizzate da una duplice interpretazione della sua azione politica presente anche nella prima opera. Da un lato, si ammiravano le sue qualità, che lo avevano portato da schiavo a diventare l'autorità suprema dell'isola, sbaragliando gli avversari sul campo di battaglia e sottomettendo culturalmente i neri, rinsaviti (e portati nelle piantagioni) dopo l'abolizione della schiavitù; dall'altro però, si insisteva sul suo tradimento, sulla sua cieca ambizione che aveva portato Louverture, che era nero, a rifiutare le generose proposte di Bonaparte per tentare la conciliazione con tutti i bianchi.[28] Questa struttura del racconto rivela bene l'ambiguità della percezione italiana della figura di Toussaint Louverture, sospesa tra l'ammirazione per le sue qualità – era riuscito alla fine a «ripacificare» i neri, mentre tutti i bianchi inviati in colonia avevano fallito – e la sua vana ambizione di opporsi a Bonaparte. È quasi inutile notare il carattere razzista di quest'opera, perché in fondo l'unico vero talento che si riconosceva a Louverture era anche quello che dimostrava il carattere folle della sua azione. In questo senso rimaneva, e non poteva essere altro, soltanto un barbaro che aveva osato sfidare il potere civilizzatore dell'europeo bianco.

26. P. Calderan, *L'immagine della rivolta di Santo Domingo. L'esempio di Carlo Mantegazza e del suo "Viaggio... a S. Domingo*, tesi di laurea, relatore prof. A. De Francesco, Università degli studi di Milano, 2009, pp. 139-157.

27. L. Stoddard, *The French Revolution in San Domingo*, Boston-New York, Houghton Mifflin, 1914, p. 402.

28. Calderan, *L'immagine della rivolta di Santo Domingo*, pp. 105-121.

Può sembrare strano, ma in Italia, come in Francia, le opinioni su Toussaint Louverture erano ancora più denigratorie da parte di chi si collocava a sinistra dello schieramento politico, che riteneva la forza civilizzatrice della Repubblica il vero motore dell'abolizione della schiavitù.[29] L'esempio più eclatante è la *Vie de Toussaint Louverture* di Jean-François Dubroca, pubblicata a Parigi nel 1802 e che ebbe un grande successo in Francia. L'autore, che aveva un passato ultrarivoluzionario, denunciava l'ipocrisia del governatore nero che aveva avviato trattative segrete con gli inglesi per l'indipendenza della colonia, ma ribadiva anche la sua fiducia nell'opera civilizzatrice del decreto di abolizione della schiavitù. Questa posizione fu aspramente criticata dall'anonimo autore de *La Vie privée*, con l'accusa di essere vicino ai circoli rivoluzionari formatosi attorno a Léger Sonthonax.[30] L'autore de la *Vie privée* naturalmente non poteva accettare il giudizio negativo espresso da Dubroca sulla schiavitù come usanza barbara che la forza civilizzatrice del repubblicanesimo aveva cercato di bandire dalla scena coloniale. Secondo gli avversari di Dubroca, il decreto di abolizione aveva fomentato le inaccettabili rivendicazioni dei neri.

Il dibattito, a volte aspro, tra queste due fazioni politiche, che comunque sostenevano il Consolato e la spedizione a Santo Domingo, varcò le Alpi. Prova ne è il fatto che Vincenzo Lancetti, patriota con un fervente passato democratico,[31] compose un poema di ottocento versi liberi in due canti sugli eventi di Santo Domingo. L'opera rimase all'epoca in forma manoscritta, ovviamente a causa della sconfitta subita dalle truppe francesi. Con una nota redatta accanto al testo, Lancetti ci informa di aver inizia-

29. L. Dubroca, *La Vie de Toussaint Louverture, chef des noirs insurgés de Saint-Domingue* [Paris], s.n., [1802]. Su Dubroca e le sue posizioni razziste che si coniugano con il republicanesimo: Ch. Bongie, *Friends and Enemies. The Scribal Politics of Post/Colonial Literature*, Liverpool, University Press, 2009, p. 69-74; D. Jenson, *Jean-Jacques Dessalines and the African Character of the Haitian Revolution*, in «William and Mary Quarterly», 3 (2012), p. 624-627; M.L. Daut, *Tropics of Haiti. Race and the Literary History of the Haitian Revolution in the Atlantic World, 1789-1865*, Liverpool, Liverpool University Press, 2015, p. 69-70.

30. «Avendola letta, l'abbiamo considerata come una violenta diatriba composta da Santonax o dalle sue creature, e come un ammasso di menzogne e di fiotti inventati», in *Vie privée, politique et militaire de Toussaint-Louverture*, p. 10.

31. Sul patriota italiano Vincenzo Lancetti, dal profilo ultra-democratico v. G. Albergoni, *Un letterato cremonese nella temperie della storia: la vicenda di Vincenzo Lancetti tra ancien régime e rivoluzione*, in *Storia di Cremona. Il Settecento e l'età napoleonica*, a cura di C. Capra, Cremona, Banca cremonese credito cooperative, 2009, pp. 380-411.

to la revisione finale dell'opera il 2 aprile 1803 e di averla completata poco dopo, il 4 maggio. Nonostante la prevedibile sconfitta francese, Lancetti aveva molta fiducia nel suo lavoro, poiché aveva insistito affinché Ugo Foscolo, il più grande poeta italiano dell'epoca napoleonica e suo collaboratore al Ministero della Guerra italiano, rivedesse i suoi versi.[32]

Il poema, intitolato *Haiti o l'isola di Sandomingo*, rimase a lungo inedito, finché non fu riscoperto all'indomani dell'Unità d'Italia da uno studioso con una forte passione patriottica, Damiano Muoni.[33] Questi lo fece leggere a Cesare Cantù e a Lodovico Corio, altri due letterati milanesi, che ne promossero immediatamente la pubblicazione: l'opera di Lancetti apparve così su «La vita nova», rivista letteraria milanese, come poema a puntate a partire dal 1876. In Italia, all'indomani della sconfitta di Napoleone III a Sedan, la popolarità del governo francese era ai minimi termini e l'intento dei promotori della pubblicazione era di utilizzare il testo per denunciare le iniquità perpetrate dai francesi nella colonia, come in tutti gli altri Paesi attraversati dalle armate rivoluzionarie. Per questo i curatori della fine del XIX secolo esaltavano i meriti di Toussaint: egli era l'uomo che aveva generosamente disposto del potere conquistato con la forza e che aveva riportato la pace nella colonia, costringendo i neri ribelli a tornare a lavorare nelle piantagioni con salari più onorevoli. Inoltre, aveva dato alla colonia una costituzione simile a quella dell'anno VIII. Solo la pretesa di Bonaparte di imporre le sue scelte in maniera dispotica, secondo i curatori, aveva reso necessaria una spedizione militare, che portò a una guerra crudele in cui i francesi si distinsero soltanto per brutalità e crudeltà.[34]

In realtà, l'obiettivo iniziale di Lancetti non voleva essere quello di evidenziare il comportamento violento delle truppe francesi. I suoi versi miravano piuttosto a magnificare la pace raggiunta da tutta l'Europa grazie all'azione vittoriosa di Bonaparte e quindi presentavano Toussaint Louverture come il principale ostacolo al ritorno della potenza francese in America. In totale contrasto con le considerazioni dei suoi futuri editori, Lancetti intendeva allora sostenere la spedizione militare e la punizione di Toussaint Louverture.

32. A questo proposito: U. Foscolo, *Scritti letterari e politici dal 1796 al 1808*, a cura di G. Gambarin, Firenze, Le Monnier, 1972, pp. LXXXII-LXXXIV.

33. La grafia di Lancetti non lascia dubbi sulla paternità del titolo del poema e attesta che l'opera fu completata nel 1803. Tuttavia, è possibile che si tratti di una seconda stesura o di una semplice trascrizione effettuata quando il nome della Repubblica nera era già noto.

34. L. Corio, *Cenni sulla guerra di Haiti*, Milano, 1876, t. 1, p. 35.

Il poeta immaginava che la Dea della Pace lo avesse fatto salire sul suo carro per condurlo nell'ultimo Paese del mondo ancora in guerra: durante il viaggio, la divinità evocava le crudeltà dei conquistatori e le tragiche vicende di Saint-Domingue, anch'essa scossa per troppo tempo dalla rivolta degli schiavi neri. Arrivata sull'isola, la Dea, sempre accompagnata dal poeta, si trasformò in Télémaque, l'allora popolare sindaco di Cap Français che godeva della stima unanime dei suoi concittadini e dei francesi, ed esortò il comandante delle truppe repubblicane, Jean Baptise Rochambeau, a emulare la generosità di Bonaparte. Nel racconto di Lancetti, i neri ribelli erano quasi ridotti all'impotenza, gli americani si guardavano bene dal fornire loro rifornimenti, mentre gli inglesi, senza dubbio volendo rispettare gli accordi di Amiens, potevano fare ben poco per aiutarli. Gli stessi coloni, gravemente responsabili dei disordini di Saint-Domingue, erano a loro volta sollecitati a fare la pace, cosa che però avrebbe richiesto un gesto di generosità e avrebbe permesso ai neri di deporre le armi. Lancetti presentava Rochambeau come riluttante a prendere tale iniziativa, adducendo i futili tentativi di pacificazione di Leclerc, le losche manovre di Toussaint Louverture, che avevano portato alla morte molti soldati francesi vittime dei suoi inganni e la conseguente necessità di continuare la guerra fino alla completa eliminazione degli insorti. Dopo aver ascoltato Rochambeau e aver piantato un ulivo, simbolo augurale di rinnovata concordia, Lancetti immaginava allora che la Dea si recasse dall'altra parte dell'isola, nell'accampamento nero, e, sempre fingendosi Télémaque, suggerì a Christophe di arrendersi, confidando nella generosità dell'avversario. Le sue speranze furono di nuovo frustrate. Il comandante nero, pur rammaricandosi di non aver seguito il consiglio di Toussaint Louverture e di non aver trovato un facile accordo con Leclerc, pensava che ormai fosse troppo tardi e che la guerra dovesse continuare, convinto che il clima e la conformazione dell'isola avrebbero giocato a suo favore e gli avrebbero permesso di prendere il potere sull'isola. Stupita da questa risposta di Christophe, che sembrava preferire l'ipotesi del suicidio piuttosto che quella della resa, la Dea piantava quindi un secondo ulivo nel campo degli insorti come gesto propiziatorio prima di tornare in Europa con il poeta. Forte era la fiducia in effetti che Bonaparte, nella sua grande saggezza, avrebbe preso direttamente in mano la questione e le avrebbe presto permesso di governare il Paese.

L'esaltazione del genio del Primo Console è quindi predominante in tutto il poema. Le accuse rivolte a Toussaint Louverture, infatti, non implicano che il poeta fosse favorevole al ripristino della schiavitù. Tre versi tratti da *La Pitié,* appena pubblicata da Jacques Delille, erano inseriti come esergo alle sue rime:[35] «O campo di battaglia di Saint-Domingue! O scene esecrabili! [...] Ah che entrambe le parti ascoltassero la pietà! Che tra i due colori rinascesse la pietà!».[36] Tale scelta, ancora una volta, proponeva un nuovo incontro tra bianchi e neri, individuando solo le responsabilità di Toussaint Louverture e separandole da quelle degli altri neri. Nel poema, il governatore viene dipinto come il vero tiranno dell'isola, che si è impadronito del potere con astuzia, e, dopo aver allontanato tutti gli inviati francesi, ha persino osato affrontare il Primo Console. Le sue ambizioni erano la causa delle disgrazie della colonia e la sua sete di potere lo aveva portato a sacrificare tutto per mantenerlo.

Questa rappresentazione di Toussaint Louverture come traditore della Repubblica, essendosi opposto anche a Étienne Polverel e a Sonthonax a cui i neri dovevano l'abolizione della schiavitù, denotava una posizione molto diversa da quella di chi, pur sostenendo il ritorno alla schiavitù, aveva tessuto le lodi della sua capacità di sottomettere i neri e di rimandarli a lavorare nei campi. Lancetti lo sottolineava anche quando alla fine del suo poema elencava tutti i personaggi della sua opera e tracciava il seguente profilo di Toussaint Louverture:

> Alla sua ambizione e alla sua ipocrisia si devono tutte le disgrazie della colonia, e la guerra attuale, il suo comportamento lo avvicinò alla folla dei piccoli ambiziosi, anche se alcuni gli riconobbero un talento straordinario.[37]

La poesia di Lancetti mostra chiaramente che anche a Milano c'erano risoluti sostenitori di Bonaparte con profonde radici democratiche, fermamente impegnati nell'abolizione della schiavitù, che rimproveravano a Toussaint Louverture, con il suo comportamento ostile alla Repubblica, di aver fatto abortire l'esperimento di società multirazziale proposto dal Direttorio.

Si tratta questo di un punto di vista destinato ad essere cancellato dagli eventi alla caduta del Primo Impero. Il movimento nazionale italiano dell'Ottocento, caratterizzato da un forte antinapoleonismo, si impegnò molto presto per la riabilitazione di Toussaint Louverture. In modo singo-

35. L'opera apparve il 20 febbraio 1803 come annunciato dagli editori il 30 nivoso anno XI nel «Journal typographique et bibliographique», VI/16 (1803), p. 127.

36. J. De Lille, *La pitié*, Paris, Giguet et Michaud, 1803, p. 33 e p. 34.

37. E. Cenomano [V. Lancetti], *Haiti o l'isola di Sandomingo*, Biblioteca nazionale Braidense di Milano, Manoscritti, AC. IX.1. fol. 60r.

lare, fu un ex giacobino, Giuseppe Compagnoni,[38] ad avviare il processo di rivalutazione del governatore nero: in un'opera pubblicata in più volumi tra il 1820 e il 1822 e dedicata alla storia d'America, egli guardava con favore alle azioni di Louverture, che i suoi compagni di un tempo – e probabilmente anche lui stesso – avevano a suo tempo considerato come un atto di tradimento. Toussaint era ormai presentato come il liberatore della colonia, che era stata occupata dalle truppe francesi. Per Compagnoni, il suo obiettivo finale era sempre stato l'indipendenza, come aveva dimostrato la Costituzione da lui concessa e che aveva suscitato la reazione di Bonaparte.[39] Tale interpretazione aprì la strada alla diffusione di un'interpretazione positiva di Toussaint Louverture, che è poi circolata in modo diffuso nella seconda metà dell'Ottocento: quella di un uomo che, durante una ribellione di schiavi, aveva forgiato un nuovo ordine basato su disposizioni giuste che, per qualche tempo, erano state imbavagliate dalla tirannia di Napoleone.

38. A questo proposito: S. Medri, *Giuseppe Compagnoni, un intellettuale tra giacobinismo e Restaurazione*, Bologna, Edizioni Analisi, 1993; M. Savini, *Un abate «libertino»: le memorie autobiografiche e altri scritti di Giuseppe Compagnoni*, Lugo, Banca del Monte di Lugo, 1988; G. Compagnoni, *Memorie autobiografiche, per la prima volta edite*, a cura di A. Ottolini, Milan, Treves, 1927.

39. G. Compagnoni, *Storia dell'America in continuazione del compendio della storia universale del sig. conte di Segur*, Milano, Società dei classici italiani, 1822, t. 19, pp. 208-216 e C. Morandi, *Giuseppe Compagnoni e* la Storia dell'America, in «Annali della R. Scuola Normale Superiore di Pisa», s. II, 8 (1939), pp. 253-261.

7. Un rivoluzionario razzista: la carriera letteraria di Jean-François Dubroca propagandista del Consolato francese (1800-1804)

1. *Le ambizioni atlantiche di Bonaparte*

Quando Washington morì non sapeva di avere un successore dall'altra parte dell'Atlantico. Bonaparte, che aveva appena preso il potere in Francia, ne rivendicò rapidamente l'eredità politica[1] individuando l'America come lo scenario più adatto per la sua mossa decisiva contro l'Inghilterra. Egli mirava infatti a ristabilire dei buoni rapporti con gli Stati Uniti, modernizzare l'isola di Santo Domingo – la cui economia era rimasta danneggiata in seguito alla rivolta degli schiavi nel 1791 – e recuperare la Louisiana (e forse anche la Florida) dalla Spagna per supportare le ricche colonie dei Caraibi.

Bonaparte sapeva esattamente cosa voleva; riteneva infatti sbagliata la politica perseguita dal Direttorio, che mirava a uniformare tutti i territori controllati da Parigi, in Europa e in America, alla struttura istituzionale francese.[2] A suo avviso, era necessario stabilire delle gerarchie chiare: la Francia doveva essere posta al centro e dotata di una costituzione che favorisse il potere esecutivo, mentre in Europa le entità politiche affiliate non dovevano più essere chiamate "repubbliche sorelle" ma "stati satellite", per i quali prevedeva l'adozione di costituzioni diverse da quella francese.

1. Cfr. D.A. Bell, *Men on Horseback. The Power of Charisma in the Age of Revolution*, New York, FSG, 2020, pp. 95-112 (ora disponibile in lingua italiana: *Il culto dei capi. Carisma e potere nell'età delle rivoluzioni*, Roma, Viella, 2023). Sono molto grato a David Bell per i suoi commenti a una prima versione del saggio e per i preziosi suggerimenti.

2. Per un'eccellente definizione dell'azione politica del Direttorio, inteso come un «Impero repubblicano» si veda Pierre Serna, *Lorsque la loi fait la révolution aux Colonies... ou l'empire des lois républicaines*, in *Les colonies, la Révolution Française, la loi*, ed. F. Régent, J.-F. Niort e P. Serna, Rennes, PUR, 2014, p. 276.

In America, invece, i dipartimenti d'oltremare dovevano tornare allo status originario di "colonie", a supporto delle finanze della madrepatria. La Costituzione dell'Anno VIII, l'atto costitutivo del nuovo regime consolare, chiarisce bene questo punto di vista politico, specificando che per le colonie si sarebbe adottata una legislazione speciale, che avrebbe dato valore formale a tale distinzione, sancendo in pratica la loro subordinazione.

Nuovamente vittorioso in Italia, Bonaparte iniziò a dar forma al suo progetto: nell'ottobre del 1800 predispose un accordo con gli Stati Uniti, senza però menzionare la restituzione della Louisiana da parte della Spagna nel frattempo avvenuta; nel febbraio del 1801 firmò il Trattato di Lunéville con l'Austria e, infine, costrinse la Gran Bretagna a un accordo. Verso la fine dell'anno, quando i negoziati di pace stavano facendo progressi, affidò al cognato, il generale Leclerc, il comando di una spedizione a Santo Domingo per rovesciare Toussaint Louverture, il governatore nero la cui libertà d'azione contrastava con la riaffermata subordinazione delle colonie alla madrepatria. L'apice della fortuna del Primo Console nella sua politica americana si registrò nella primavera del 1802: in marzo fu siglato il Trattato di Amiens con la Gran Bretagna, che restituiva alla Francia la Martinica, Tobago e Santa Lucia; poche settimane dopo, Louverture venne catturato e si progettò di riprendere il controllo della Louisiana. Bonaparte si era perciò convinto di poter ribaltare i rapporti di forza con la Gran Bretagna nell'emisfero occidentale, dominare le relazioni commerciali con il Nuovo Mondo e schiacciare la presenza britannica nella regione caraibica.[3]

L'evento che rovinò i suoi piani fu la decisione, il 30 Fiorile, anno X (20 maggio 1802), di ristabilire la schiavitù nelle colonie appena restituite alla Francia dall'Inghilterra. La mossa implicava che la precedente aboli-

3. «I francesi sono ora in possesso dell'intera isola di Santo Domingo con tutti i loro precedenti insediamenti in quel settore e la Louisiana sarà ceduta alla repubblica; lo stesso vale, con ogni probabilità, per la Florida. Con questi possedimenti, [la Francia] è indiscutibilmente padrona del Golfo del Messico». *Sketches on the Intrinsic Strength, Military and Naval Force of France and Russia; with Remarks on their Present Connexion, Political Influence and Future Projects*, Hague, s.n.t., 1803, p. 57. Per un'interpretazione opposta della situazione politica internazionale, si veda G. Orr, *The Possession of Louisiana by the French, considered, as it affects the interests of those nations more immediately concerned*, London, printed by D.N. Shury, for J. Ginger (late Wright), 1803, p. 13: «Il Console francese [...] sta, o almeno vorrebbe stare, come il Colosso di Rodi, con un piede sull'emisfero occidentale e l'altro su quello orientale, afferrando entrambi per quanto il suo potere glielo consenta, anche se i suoi mezzi non sono all'altezza dei suoi desideri, mentre la marina britannica oppone ai suoi giganteschi piani un ostacolo insormontabile».

zione, votata il 16 Piovoso Anno II (6 febbraio 1794) dalla Convenzione all'indomani degli eventi di Santo Domingo, non si sarebbe concretizzata. Questo sospetto fu presto confermato dall'arrivo di un secondo contingente francese nella Guadalupa per ripristinare la schiavitù. Nella vicina Santo Domingo, questa mossa suscitò dure proteste da parte di alcuni generali neri e meticci, che pure avevano contribuito alla cattura di Louverture. Temendo che gli eventi nella Guadalupa costituissero un'anticipazione di ciò che sarebbe potuto accadere anche a loro, essi si ribellarono al corpo di spedizione francese. Questo segnò l'inizio di una guerra che culminò con la sconfitta delle truppe di Bonaparte e con la nascita, nel gennaio del 1804, del nuovo stato di Haiti. In seguito, il generale Jean-Jacques Dessalines fu accusato di aver massacrato i bianchi che non erano riusciti a fuggire insieme ai soldati francesi in maniera che la popolazione dell'isola fosse costituita unicamente da neri.

Nel frattempo, nel Maggio del 1803 erano riprese le ostilità tra la Francia e la Gran Bretagna e Bonaparte, non avendo più bisogno della Louisiana come trampolino di lancio verso Santo Domingo, aveva dato disposizioni per vendere la colonia agli Stati Uniti. L'Impero francese aveva quindi già perso alcuni dei suoi possedimenti nelle Americhe quando, nel 1805, la rovinosa battaglia navale di Trafalgar infranse definitivamente i sogni di espansione della Francia nel Nuovo Mondo.

Ciò non significa, tuttavia, che Bonaparte non avesse creduto nell'impresa o che non aspirasse a una resa dei conti con la Gran Bretagna per vendicare la sconfitta nella Guerra dei Sette Anni, ripartendo proprio dal luogo in cui erano cominciate le sventure della Francia.[4] I suoi piani americani non erano privi di punti deboli (a partire dal fatto che gli Stati Uniti temevano la presenza francese in Louisiana); alla fine però fallirono perché egli aveva cercato di adottare nel Nuovo Mondo le stesse tecniche impiegate con tanto successo dall'altro lato dell'Atlantico.

In Francia, la pacificazione della Vandea e il concordato con la Chiesa avevano dimostrato la validità della sua politica di *ralliement*, ovvero la sua volontà di raggiungere tutti coloro che, un tempo oppositori della Rivoluzione, erano adesso disposti a sostenere il nuovo ordine. Si trattava di una strategia che si sarebbe rivelata vincente anche nelle aree europee

4. P.R. Girard, *The Slaves Who Defeated Napoleon. Toussaint Louverture and the Haitian War of Independence, 1801-1804*, Tuscaloosa, University of Alabama Press, 2011, pp. 44-45.

controllate dai francesi: il Primo Console divenne Presidente della Repubblica italiana, emanò l'Atto di Mediazione tra i cantoni elvetici e riuscì a manovrare le elezioni nella Repubblica Batava.

Dal suo punto di vista, non c'era alcuna ragione apparente per cui si non potesse agire allo stesso modo anche nelle Americhe, e il primo banco di prova fu la decisione di mantenere la schiavitù nelle colonie appena restituite dalla Gran Bretagna: un tragico passo indietro sulla strada dei diritti umani. Bonaparte, tuttavia, sul momento ritenne che la sua fosse una mossa vantaggiosa, dato che i proprietari terrieri di quelle colonie intendevano semplicemente conservare un sistema economico che già le truppe britanniche avevano permesso loro di mantenere.[5] Fu, in altre parole, un pragmatismo spregiudicato quello che spinse il Primo Console a non modificare la struttura sociale della Martinica, di Tobago o di Santa Lucia per non perdere l'appoggio dei piantatori, fondamentale per lo sviluppo di una politica commerciale su larga scala nelle Americhe.[6] In precedenza, però, per ciò che riguarda Santo domingo, Bonaparte aveva adottato l'approccio opposto deludendo quanti si aspettavano il ripristino del sistema schiavile. Sull'isola Louverture era la figura dominante e Bonaparte, per le stesse ragioni che lo avevano costretto altrove a farsi sostenitore della schiavitù, cercò in un primo momento di convincerlo a passare dalla sua parte. Il loro scambio epistolare suggerisce che il Primo Console credette di poter riporre la sua fiducia nel governatore. Questo spiega perché egli reagì con tanto vigore quando Louverture, anziché obbedire, e senza nemmeno avvisarlo, prese disinvoltamente in prestito alcune parole della Costituzione dell'Anno VIII sulle caratteristiche delle colonie per dotare l'isola di una sua propria carta.[7]

In ogni caso, anche nelle colonie il Primo Console cercò di riproporre la sua politica di *ralliement*, ritenendo che, nonostante la Martinica fosse rimasta indenne dal contagio rivoluzionario e Santo Domingo avesse già ottenuto l'abolizione della schiavitù, ciò non avrebbe impedito la coesistenza dei due sistemi. A posteriori, sarebbe facile rimproverare a Bonaparte

5. Béatrice Laurent, *A toponymic conquest? The British presence in Martinique 1794-1802*, in «Cultures of the Commonwealth», 19-20-21 (2016-2017), pp. 67-77.

6. W.S. Cormack, *Patriots, Royalists, and Terrorists in the West Indies. The French Revolution in Martinique and Guadeloupe,1789-1802*, Toronto, University of Toronto Press, 2019, pp. 254-255.

7. P. Girard, *Napoléon Bonaparte and the Emancipation Issue in Saint-Domingue, 1799-1803*, in «French Historical Studies», 32/4 (2009), pp. 587-618.

di aver sottovalutato l'impatto rivoluzionario del decreto del 1794 e di non aver tenuto conto del desiderio di libertà della popolazione nera. All'epoca, però, l'opinione pubblica francese – l'unica cui il Primo Console era sensibile – auspicava una pacificazione senza restaurazione. Si trattava di una richiesta che implicava il desiderio di non tornare alle circostanze prodotte dalla Rivoluzione, né di convertire coloro che ne erano rimasti immuni. La questione della schiavitù non era però contemplata da questa politica di salvaguardia dello status quo e quindi non c'era spazio per le aspirazioni di coloro che si vedevano ancora negata la libertà, anche se non era escluso che a quanti l'avessero già conquistata fosse permesso di conservarla. Sebbene molti sostengano che Bonaparte avesse pianificato da sempre il ripristino della schiavitù, l'esempio degli Stati Uniti dimostra che nelle sue intenzioni, a seconda dei singoli contesti locali, libertà e schiavitù potevano coesistere, e questa era probabilmente la strada che Bonaparte voleva seguire per far sentire la sua voce nel Nuovo Mondo.

Questa prospettiva americana è rimasta a lungo una vicenda abbastanza oscura, poiché Bonaparte, divenuto in seguito Imperatore dei francesi con il nome di Napoleone I, consegnò volentieri all'oblio i suoi progetti di un impero transatlantico per soffocare le notizie sulle sconfitte subite nel Nuovo Mondo.[8] Ciò non toglie che il suo piano fosse partito bene e che, per tutti gli anni del Consolato, Bonaparte avesse insistito sulla necessità di una declinazione anche sul versante americano della sua prospettiva politica. Il problema risiedeva nelle diverse aspettative suscitate nella società francese: gli ambienti conservatori, di cui facevano parte i coloni di Santo Domingo, chiedevano la fine della politica del Direttorio a favore dei neri e dei meticci e il ripristino della schiavitù. Per coloro che viceversa credevano nell'identità repubblicana di Bonaparte, le Americhe erano il luogo in cui si sarebbe dovuto rovesciare ogni equilibrio di potere favorevole all'Inghilterra e fondare una nuova società coloniale ispirata ai principi civilizzatori della Francia. Si trattava di due linee di pensiero diverse destinate a scontrarsi, soprattutto rispetto alla Gran Bretagna filo-schiavista, ma Bonaparte – indifferente al profilo socioculturale del nuovo impero americano – ne favorì la coesistenza all'interno del proprio governo. Era infatti convinto che entrambi gli orientamenti rafforzassero la sua strategia

8. A. Sepinwall, *The specter of Saint Domingue: American and French Reactions to the Haitian Revolution,* in *The World of the Haitian Revolution*, a cura di D.P. Geggus e N. Fiering, Bloomington, Indiana University Press, 2009, pp. 317-318.

americana, verso la quale voleva indirizzare l'opinione pubblica mediante un'incessante propaganda.

Qualcosa del genere è suggerito dal suo decreto del 27 nevoso, Anno VIII (17 gennaio 1800), con cui obbligò molti giornali a chiudere, pur permettendo la circolazione di opuscoli e volantini e promuovendo l'apertura di nuove librerie.[9] Negli anni del Consolato, questi diventarono gli strumenti di legittimazione delle sue idee politiche: Bonaparte si avvalse di una schiera di letterati, scelti nel novero di quanti, tra gli intellettuali che si erano moltiplicati negli anni della Rivoluzione,[10] erano più che disposti a lodare il nuovo ordine a patto di finire sul libro paga del governo.[11] In tutto ciò non c'era nulla di nuovo, dato che già durante la Guerra dei Sette Anni molti propagandisti erano stati sostenuti dal ministero e avevano avuto accesso ai documenti del governo.[12]

Il libraio Dubroca non fa eccezione. All'inizio del 1801 egli aprì la sua bottega al civico 1760 di rue de Thionville, avviando un'attività finalizzata soprattutto alla stampa e alla vendita dei propri scritti. Attivo per tutta l'epoca napoleonica, egli fu uno scrittore eclettico e l'autore di numerosi libri sui temi più rilevanti dell'epoca, spesso composti saccheggiando l'opera altrui.[13] Oggi, tuttavia, è noto principalmente per le sue biografie di Toussaint Louverture e Jean-Jacques Dessalines, due scritti volti a denigrare i leader della rivolta di Santo Domingo. A causa dell'abbondanza di

9. F.-A. Aulard, *Un document sur l'histoire de la presse. La préparation de l'arrêté du 27 nivôse an VIII*, in «Révolution française», 44/1 (1903), pp. 78-82; Carla Hesse, *Publishing and Cultural Politics in Revolutionary Paris, 1789-1810*, Berkeley, University of California Press, 1991, p. 169.

10. J.-L. Chappey, *Les sociétés savantes à l'époque consulaire*, in «Annales historiques de la Révolution française», 309 (1997), pp. 451-472.

11. Vale la pena notare come molti giornalisti nei primi anni della Restaurazione fossero chiamati *girouettes* (banderuole) per il modo in cui la loro fedeltà oscillava da Napoleone a Luigi XVIII. Cfr. P. Serna, *La République des girouettes. 1789-1815, et au-delà: une anomalie politique, la France de l'extrême centre*, Seyssel, Champ Vallon, 2005.

12. Sul punto si veda in particolare D.A. Bell, *The Cult of the Nation in France: Inventing Nationalism, 1680-1800*, Cambridge (MA), Harvard University Press, 2001, pp. 78-92; E. Dziembowski, *Un nouveau patriotisme français, 1750-1770. La France face à la puissance anglaise à l'époque de la guerre de Sept Ans*, Oxford, Voltaire Foundation, University of Oxford, 1998, pp. 62-67; e J. Shovlin, *Selling American Empire on the Eve of Seven Years War: The French Propaganda Campaign of 1755-1756*, in «Past & Present», 206 (2010), pp. 121-149.

13. Per una lista dei suoi lavori si veda J.-M. Querard, *La France littéraire*, Paris, chez Firmin Didot Frères, 1828, vol. II, pp. 611-613.

motivi razzisti, i due lavori hanno suscitato una certa attenzione soprattutto negli ultimi anni, in particolare nell'ambito degli studi postcoloniali.[14]

Dubroca, tuttavia, aveva avuto un vivace passato da rivoluzionario, celato dalle sue opere più famose, ma che vale la pena ricordare perché suggerisce una diversa interpretazione della politica di Bonaparte nei confronti delle colonie americane. Inizialmente, infatti, le opere di Dubroca definiscono l'azione del Consolato come una grande opera di civilizzazione che avrebbe originato una cittadinanza repubblicana compiuta. La biografia di Toussaint Louverture (1802), ad esempio, smaschera la presunta ipocrisia del governatore nero, accusato di aver negoziato segretamente l'indipendenza della colonia con l'Inghilterra, ma elogia anche il carattere civilizzatore insito nell'abolizione della schiavitù. Questa visione, che lasciava intatto il legame con la cultura politica del Direttorio e insisteva sul carattere repubblicano del Consolato, non resse tuttavia alla prova degli eventi americani e, dopo l'indipendenza di Haiti, Dubroca si convinse che l'ideale universalistico dell'Illuminismo fosse ormai esaurito. Ciò è evidente nella sua biografia di Jean-Jacques Dessalines (1804), ricca di descrizioni sulla barbarie e l'inferiorità della popolazione di colore; le sue osservazioni, tuttavia, erano ancora una volta strumentali ad addossare la colpa alla Gran Bretagna, designandola come la vera responsabile della ribellione degli schiavi.

In questo modo, gli scritti di Dubroca ci permettono di individuare il luogo e il momento esatto in cui la lettura razzista ha compiuto un salto di qualità decisivo,[15] e, allo stesso tempo, accennano a un impulso scatenante che le considerazioni filosofiche, letterarie e antropologiche tendono spesso a ignorare. Egli vorrebbe infatti farci credere che la nascita di Haiti – un mondo rovesciato e perduto, dove la barbarie ha avuto la meglio sulla civiltà – fosse l'esito, in qualche misura prevedibile, per il quale la Gran Bretagna aveva a lungo lottato. La Francia di Bonaparte aveva combattuto una guerra di civiltà nelle Americhe non contro i neri, ritenuti capaci solo violenze fini a se stesse, ma piuttosto contro una nazione affine, e tuttavia

14. Cfr. C. Bongie, *Friends and Enemies. The Scribal Politics of Post/Colonial Literature*, Liverpool, Liverpool University Press, 2009, pp. 69-74; D. Jenson, *Jean-Jacques Dessalines and the African Character of the Haitian Revolution*, in «William and Mary Quarterly», 3 (2012), pp. 624-627; e M. Daut, *Tropics of Haiti. Race and the Literary History of the Haitian Revolution in the Atlantic World, 1789-1865*, Liverpool, Liverpool University Press, 2015, pp. 69-70.

15. Bongie, *Friends and Enemies*, p. 71.

disposta ad annientare i propri simili pur di saziare la propria fame di supremazia. Il lavoro di Dubroca ci permette quindi di capire come il conflitto tra gli imperi europei nelle Americhe non fosse solo militare, ma anche culturale. Per questo motivo, se le armi furono fondamentali per il trionfo dei ribelli di colore, la comune identità degli avversari europei ne sanciva l'esclusione dal contesto della civiltà. In altre parole, la condizione degli haitiani nelle Americhe del XIX secolo[16] non fu il prodotto dell'ostilità congiunta delle grandi potenze mondiali nei confronti di un "fatto impensabile", ovvero di un evento inconcepibile (e quindi inaccettabile) che sfidasse la loro supremazia con il suo modello rivoluzionario.[17] Piuttosto, al di là delle preoccupazioni che questa rivoluzione suscitò a livello locale,[18] le aspettative suscitate tra gli schiavi del Nuovo Mondo,[19] il drammatico crollo del commercio francese[20] e il silenzio seguito alla nascita di Haiti[21] erano piuttosto il riflesso della sprezzante constatazione che solo il conflitto armato tra inglesi, francesi e spagnoli aveva potuto portare a un risultato altrimenti irripetibile. Haiti non nacque dunque da una rivoluzione – termine che avrebbe implicato un profilo politico negato ai ribelli – ma da una manifestazione di violenza bestiale fomentata da alcuni bianchi per trionfare in un conflitto che era esclusivamente il loro. Questo spiega perché la rivolta di Santo Domingo e la nascita dello Stato nero di Haiti – oggi considerata un momento fondamentale nell'epoca delle rivoluzioni – siano state

16. Sul punto si veda M. Barcia, *From Revolution to Recognition: Haiti's Place in the Post-1804 Atlantic World*, in «American Historical Review», 125/3 (2020), pp. 899-905.

17. M.-R. Trouillot, *Silencing the Past: Power and the Production of History*, Boston, Beacon Press, 1995, p. 82.

18. Riguardo alle ripercussioni della rivolta haitiana su Cuba si veda A. Ferrer, *Freedom's Mirror. Cuba and Haiti in the Age of Revolutions*, Cambridge, Cambridge University Press, 2014, pp. 52-54.

19. Cfr. J.A. Dun, *Dangerous Neighbors. Making the Haitian Revolution in Early America*, Philadelphia, University of Pennsylvania Press, 2016, pp. 179-202; e C. Naranjo Orovio, *Le fantasme d'Haïti: l'élaboration intéressée d'une grande peur*, in *Saint-Domingue espagnol et la révolution nègre d'Haïti*, a cura di A. Yacou, Paris, Éditions Karthala, 2007, pp. 637-665. Si veda inoltre S. Fischer, *Modernity Disavowed: Haiti and the Cultures of Slavery in the Age of Revolution*, Durham, Duke University Press, 2004, pp. 7-13.

20. J. Popkin, *Facing Racial Revolution. Eyewitness Account of the Haitian Revolution*, Chicago, University of Chicago Press, 2007, pp. 1-3.

21. Cfr. Y. Kyoung Kwon, *When Parisian Liberals spoke for Haiti: French Anti-Slavery Discourses on Haiti under the Restoration, 1814-1830*, in «Atlantic Studies», 8/3 (2011), pp. 317-320.

a lungo trattate come un episodio circoscritto e insignificante.[22] Il silenzio non nasce da preoccupazione o sconcerto, bensì dall'arroganza dettata da una forza culturale ritenuta ancora più incontrovertibile di quella militare.

2. *Dubroca... chi era costui?*

Non è facile rispondere agli interrogativi sull'identità di Dubroca. Da un punto di vista politico fu una delle tante *girouettes* presenti nella Francia rivoluzionaria: fu sacerdote e patriota, spretato e sposato, divorziato e risposato, fautore prima della scristianizzazione e poi della teofilantropia, estremista e anti-robespierrista, in due diversi momenti anche realista rispetto alle quattro dinastie presenti nella millenaria storia francese, poi ancora bonapartista e infine repubblicano durante l'ultima avventura dei Cento Giorni, prima di perdersi nelle nebbie della Restaurazione.

Il suo vero nome era Jean-François, e non Louis, come invariabilmente certificano i cataloghi delle biblioteche, sulla scorta della bibliografia di Querard.[23] Nato a Saint-Sever, un comune del dipartimento di Landes, il 16 dicembre 1757 fu instradato dalla famiglia verso il sacerdozio. Durante la Rivoluzione si trovava a Parigi e rinunciò ai voti solo

22. La comprensione di questo modo di intendere gli eventi è la dimostrazione migliore dei cambiamenti storiografici che hanno fatto seguito alle opere di C. Fick, *The Making of Haiti. The Saint-Domingue Revolution from Below*, Knoxville, University of Tennessee Press, 1990 e L. Dubois, *Avengers of the New World. The Story of the Haitian Revolution*, Cambridge, Harvard University Press, 2004.

23. Come suggerito già da D. Jenson in *Jean-Jacques Dessalines and the African Character*, in «William and Mary Quarterly», 69/3 (2012), p. 626, Louis Dubroca è la stessa persona nota come Jean-François Dubroca: si veda in proposito l'atto di matrimonio di quest'ultimo con Marie Françoise Thérèse Lecomte, del 7 luglio 1801, che conferma che risiedeva allo stesso indirizzo della sua libreria. In realtà, le uniche opere firmate L. Dubroca sono state pubblicate negli anni Venti dell'Ottocento dalla moglie (forse vedova?) Madame Lecomte-Dubroca e molto probabilmente vanno attribuite a lei (come *nom de plume*) o al loro figlio, Charles Horace, nato nel 1803, attore alla *Comédie-Française* conosciuto anche con il nome di Lecomte, cioè con il cognome da nubile della madre. Si veda in particolare Archives Nationales (d'ora in poi AN), Paris, MC/ET/ XCIII, cart. 235 (Contrat de mariage de Jean-François Dubroca, libraire, 1760, rue de Thionville, divorcé d'avec Claudine Françoise Rose, avec Marie Françoise Thérèse Lecomte, 38 rue des Deux- Écus, 19 messidor an IX). Sul punto si veda inoltre R. Arbour, *Dictionnaire des femmes libraires en France, 1470-1870*, Genève, Droz, 2003, p. 330 e *L'intermédiaire des chercheurs et curieux*, vol. 36, 1900, p. 229.

dopo la caduta della monarchia.[24] Essendo stato vicino al movimento di scristianizzazione dell'Anno II, dopo il Terrore fu tra i principali sostenitori della teofilantropia, una strana forma di deismo filosofico sostenuta dal Direttorio per contrastare il cattolicesimo e, attraverso la cultura repubblicana, promuovere un rinnovamento dello spirito civico.[25] Grégoire, che lo conobbe in quegli anni, lo descrisse come il migliore oratore della setta;[26] questa sua particolare abilità lo aiutò quando si trattò di aderire al *Portique républicain*, una società letteraria ultrademocratica fondata nel 1799 che si ispirava ai valori della ragione e intendeva promuovere un'etica autenticamente repubblicana.[27]

Il colpo di Stato del 18 brumaio mise presto a tacere il movimento, ma sarebbe sbagliato dipingerlo semplicemente come un covo di incorreggibili avversari del Primo Console. Lo stesso Dubroca fu tra coloro che elogiarono il generale corso, avendo ammirato Bonaparte fin dalla campagna d'Italia e intravvedendo nella sua presa di potere la nascita di un governo fortemente intenzionato a sostenere la cultura politica repubblicana. Del resto, la decisione di aprire una libreria era in linea con il suo progetto di costruire un nuovo impianto di etica popolare. I testi che iniziò a pubblicare seguirono infatti due direzioni editoriali profondamente interconnesse: da un lato, si specializzò nella stampa di opere etiche e pedagogiche che

24. Jean-François Dubroca era ancora sacerdote nel 1792 quanto, la mattina del 21 agosto, nella chiesa parigina di St. Sulpice, pronunciò un elogio delle persone che avevano perso la vita durante l'insurrezione del 10 agosto. Cfr. *Discours prononcé à Paris, le 21 août 1792, dans le temple catholique de Saint-Séverin, jour du service funèbre des victimes du 10 août, par M. Dubroca, citoyen et prêtre*, s.l., s.d. [Paris, 1792]. Si veda anche J.-P. Bertaud, *Un jour, un homme, la Révolution*, Paris, Robert Laffont, 1988, pp. 231-232. Lasciò quindi l'abito nei mesi successivi, perché il 18 febbraio 1793 sposò Claudine Françoise Roze. È molto probabile che sia stato lo stesso Dubroca a pronunciare un discorso alla Convenzione di accettazione della Costituzione del 1793 a nome dei militari invalidi. Cfr. Dubroca, *Discours prononcé à la Convention nationale pour l'acceptation de l'acte constitutionnel par les militaires invalides.... Séance du 5 août 1793*, Paris, Imprimerie nationale, 1793. Un sentito ringraziamento a Thomas Lefèvre per le sue preziose ricerche genealogiche.

25. A. Mathiez, *La théophilantropie et le culte décadaire, 1796-1801. Essai sur l'histoire religieuse de la Révolution*, Paris, Félix Alcan éditeur, 1903, pp. 262-263.

26. [Henri] Grégoire, *Histoire des sectes religieuses*, Paris, Baudouin Frères éditeurs, 1826, tomo II, p. 104: «Dubroca, ex barnabita: è autore di numerose opere e tra loro è il migliore oratore».

27. J.-L. Chappey, *Le Portique Républicain et les enjeux de la mobilisation des arts autour du Brumaire an VIII*, in *Les arts de la scène et la Révolution française*, ed. P. Bourdin e G. Loubinoux, Clermont Ferrand, PUBP, 2004, pp. 487-507.

diffondessero i principi del repubblicanesimo; dall'altro, egli seguiva con attenzione l'attualità politica, soprattutto nelle colonie d'oltremare, con una tempestività che gli valse l'accusa, da parte degli inglesi, di essere al soldo del governo francese.

Come si vedrà, questo sospetto era giustificato; Dubroca aveva tuttavia colto quanto fosse importante per Bonaparte la questione coloniale e, sulla scorta dell'esempio degli Stati Uniti, vide nelle Americhe la nuova frontiera dell'etica repubblicana. Fu così che durante la seduta del *Portique républicain* del 7 marzo 1800 egli pronunciò un ispirato elogio di Washington, chiaramente intriso di fiduciosa attesa nei confronti di Bonaparte, quasi a confermare lo stretto legame tra le due Repubbliche.[28] Osservando, perciò, in controluce il profilo del presidente americano descritto da Dubroca si possono rintracciare i tratti politici del Primo Console. Washington veniva celebrato come l'incarnazione della virtù repubblicana: egli aveva gettato le basi della libertà americana; poi, una volta che questa si era affermata, si era ritirato a vita privata, per tornare infine nell'arena politica quando la libertà della patria fu di nuovo in pericolo. Gli si poteva dunque riconoscere il merito di aver distinto il potere civile da quello militare e di aver sacrificato tutto ai valori repubblicani. In altre parole, tale discorso mostra come Dubroca si aspettasse che Bonaparte, attraverso il suo impegno incessante per la patria in pericolo, seguisse fedelmente l'esempio di Washington.[29]

L'elogio fu poi pubblicato da Nicolas Des Essarts, editore anti-robespierrista e scrittore eclettico, che, in quegli stessi anni,[30] ristampò anche un pamphlet di Dubroca, già apparso nel settembre 1798, contro la Gran Breta-

28. Dubroca, *Éloge de Washington*, Paris, N.-L.-M. Des Essarts, Anno VIII (1799). Si veda la relazione sulla riunione in «L'Ami des Lois», 1644, 19 ventoso Anno VIII (10 marzo 1800), p. 3: «I rappresentanti americani presenti all'incontro hanno rifiutato i posti a sedere che erano stati loro assegnati e si sono mescolati al resto del pubblico».

29. Vale la pena di notare come Albert Mathiez, in *La théophilantropie et le culte décadaire*, pp. 629-632, riferendosi al discorso di Dubroca, affermò che questi avesse frainteso la situazione politica causata dal colpo di stato di Brumaio e che era riuscito solo a sottolineare il proprio senso di repubblicanesimo. Per una recensione positive si veda «L'Ami des Lois», 1667, Primidi II germinale Anno VIII (1° aprile 1800), p. 4: «Lodare un grande uomo non serve a nulla; dire quello che ha fatto e dirlo con dignità e con la passione di un animo forte e virtuoso è l'unica cosa necessaria ed è quello che ha fatto Dubroca».

30. «Journal typographique et bibliographique», vol. III, 20, 10 ventoso Anno VIII [1° marzo 1800], p. 157.

gna.[31] Curiosamente, questo scritto è preceduto da un altro saggio, pubblicato qualche mese prima dal deputato Boulay de la Meurthe, sulla rivoluzione inglese del 1640.[32] Des Essarts non chiarì mai le ragioni per cui aveva deciso di presentare i due lavori insieme.[33] La rivista «Ami des Lois», tuttavia, ne aveva illustrato i motivi in una recensione apparsa nel febbraio precedente: nel suo scritto Boulay ricordava come lo spirito di fazione fosse stato la causa della caduta della repubblica inglese, mentre Dubroca incoraggiava il popolo francese a non commettere lo stesso errore.[34] Ogni possibile paragone tra Cromwell e Bonaparte era quindi escluso perché – al momento della ristampa – il deputato de la Meurthe aveva appena presentato all'organo legislativo la Costituzione dell'Anno VIII, frutto di una rivoluzione che aveva eliminato le fazioni e rappresentava quindi la volontà generale del popolo.[35]

È su questo terreno, dunque, che Des Essarts (e Dubroca) spostarono il confronto tra le esperienze storiche delle due rivoluzioni per renderne possibile la contrapposizione. In Francia, la lotta contro l'*Ancien Régime* aveva portato alla libertà, mentre dall'altra parte della Manica l'esperimento era presto fallito, riconsegnando il popolo inglese ai capricci di governi dispotici. Nel lavoro di Dubroca, tutto ciò derivava dalla protervia con cui l'esecutivo di Londra aveva cercato di sabotare la Rivoluzione francese.

31. Dubroca, *La politique du gouvernement anglais dévoilée*, Paris, Des Essarts, Year VI (1798). Dubroca aveva iniziato a collaborare con Des Essarts nel 1797 e proseguì finché non aprì la sua libreria nel 1801. Il suo primo lavoro per Des Essarts fu la revisione di un compendio di storia naturale scritto in prigione da una delle vittime del Terrore. cfr. *Entretiens d'un père avec ses enfants sur l'histoire naturelle, ornés de quatre cent figures*, Paris, Des Essarts, 1797. Sul punto si veda inoltre, in collaborazione con il medesimo editore, Dubroca, *Discours sur divers sujets de morale, pour les fêtes nationales*, Paris, Des Essarts, 1799.

32. Cfr. A. Boulay de la Meurthe, *Essai sur les causes qui, en 1649, amenèrent en Angleterre l'établissement de la République*, Paris, Baudouin, 1799. Sul ruolo giocato dal precedente inglese nella congiuntura cruciale del 1799 in Francia si veda P. Serna, *1799. Le retour du refoulé ou l'histoire de la Révolution anglaise à l'ordre du jour de la crise du Directoire*, in *La Révolution, 1789-1871. Écriture d'une histoire immédiate*, ed. P. Bourdin, Clermont-Ferrand, PUBP, 2008, pp. 224-232.

33. Entrambi furono pubblicati con uno schizzo relativo alla polizia londinese con il titolo di *Mélanges historiques et politiques sur l'Angleterre*, Paris, Des Essarts, 1801.

34. «Ami des Lois», 1615, 20 piovoso Anno VIII (9 febbraio 1800), p. 2.

35. «Gazette nationale ou Moniteur universel», 82, 22 frimaio Anno VIII (12 dicembre 1799), pp. 325-326. Si veda anche A. Jainchill, *Reimagining Politics After the Terror. The Republican Origins of French Liberalism*, Ithaca, Cornell University Press, 2008, pp. 225-226.

Non è un caso che in quel puntiglioso *j'accuse* molta attenzione fosse dedicata alla politica aggressiva di Pitt nei confronti della situazione a Santo Domingo. Secondo Dubroca, il dibattito sulla tratta degli schiavi incoraggiato all'interno dei Comuni altro non era che una manovra volta a destabilizzare l'opinione pubblica francese. La *Société des Amis des Noirs* aveva sostenuto queste tesi e intrapreso una campagna per l'abolizione della schiavitù che, però, a Santo Domingo aveva portato a un inasprimento del conflitto tra le fazioni, favorendo notevolmente la rivolta. Dubroca suggeriva quindi che le manovre di Pitt avessero istigato il tentativo indipendentista dei ricchi piantatori di Santo Domingo, com'era accaduto già con gli schiavi ribellatisi nel 1791. In entrambi i casi, ciò che più contava per la Gran Bretagna era il collasso finanziario della colonia francese.[36]

In queste considerazioni si può rintracciare un'eco della polemica che Louis-Sébastien Mercier scatenò contro gli *Amis des Noirs*, a conferma di come Dubroca avesse fatto delle idee di Mercier un chiaro punto di riferimento politico e culturale.[37] Ad ogni modo, la ripubblicazione, nei primi mesi del 1800, di un testo fortemente ostile alla Gran Bretagna fece il gioco di coloro che sostenevano la decisione di Bonaparte di avviare un'operazione militare a Santo Domingo, e non c'è dubbio che Dubroca fosse favorevole. Infatti, nel luglio seguente, in occasione di un raduno del *Portique républicain*, egli rese un sentito omaggio al generale Desaix, lo sfortunato vincitore della battaglia di Marengo; in quell'occasione «i nomi ripetuti di Bonaparte, conquistatore dell'Italia e pacificatore del mondo, e del valoroso Desaix [...] riempirono tutti i cuori di entusiasmo».[38]

Nei mesi successivi, Dubroca cercò di farsi un nome nel panorama culturale della capitale entrando a far parte della *Société libre des sciences, lettres et arts* di Parigi, dove incontrò Grégoire. Quest'ultimo scrisse un commento che illustrava le ragioni di Dubroca nell'abbandonare il culto teofilantropico, un'opera che assomigliava a una palese adesione alla politica bonapartista.[39] Poco dopo Dubroca tentò di aprire un dialogo diretto

36. Dubroca, *La politique du gouvernement anglais dévoilée*, pp. 93-96.

37. L.-S. Mercier, *Le Nouveau Paris*, Paris, Fuchs, Pougens et Cramer, 1797, tomo II, pp. 83-86.

38. «Journal des Hommes libres», 220, 16 messidoro Anno VIII [5 luglio 1800], p. 887.

39. *Règlement de la Société libre des sciences, lettres et arts de Paris et liste des membres composant la société pour l'an IX de la République française*, Paris, imprimerie de Mme Huzard, 1801, p. 26, dove Dubroca è risulta iscritto come membro del *Portique républicain*. Per le sue considerazioni sul culto teofilantropico, si veda [Henri] Grégoire,

con il governo: verso la fine del 1800 chiese infatti al deputato Louis Rallier, un teofilantropo che aveva appoggiato il colpo di Stato di Brumaio, di metterlo in contatto con Roger Ducos, vicepresidente del Senato conservatore ed ex console provvisorio, per ottenere un posto al Ministero dell'Istruzione. Il suo attivismo con i teofilantropi, tuttavia, gli si ritorse contro spingendo l'organo esecutivo, desideroso di stabilire un accordo con il Papa, a declinare cortesemente la sua richiesta.[40] Il *Portique républicain*, inoltre, avrebbe presto chiuso i battenti, essendo troppo di sinistra per sopravvivere al nuovo clima ideologico del Consolato. A quel punto a Dubroca non restò altro da fare che intraprendere la carriera di insegnante privato e cercare di vendere i propri scritti.[41]

Verso la fine del 1801, quando furono resi pubblici gli accordi preliminari di Londra che portarono al Trattato di Amiens (1802), Dubroca lanciò la sua attività editoriale dando alle stampe una biografia del Primo Console. Il testo, dal tono ovviamente celebrativo, ritrae Bonaparte come il vero rappresentante dello spirito rivoluzionario e l'artefice della pace vittoriosa.[42] L'opuscolo, preceduto da un discorso che Dubroca aveva già pubblicato nel 1797 appositamente per celebrare la prima campagna d'Italia del Generale,[43] apparve in libreria nei primi giorni del 1802.[44] Il suo autore, però, seguendo il dibattito politico in corso, stava già lavorando sulla spedizione di Santo Domingo.

A partire dalla fine del 1800 i rapporti della polizia riferirono che la capitale era rimasta scossa dalla notizia che Louverture avesse dotato la colonia di una costituzione in modo da aprire la strada alla sua indipendenza. Tali voci alimentavano il sospetto che la Gran Bretagna, da dietro le quinte,

Histoire des sectes, tomo II, p. 104: «Egli stesso dichiara che, essendo stato istituito il culto teofilantropico in un momento in cui le fazioni erano ancora in fermento, si rese presto conto che la teofilantropia era tanto più pericolosa in quanto la religione ne era il pretesto e il velo; che non appena se ne accorse, si ritirò e divenne oggetto di un odio implacabile».

40. AN, série F17, boîte 1330, dossier Dubroca.

41. Sulla scuola dell'oratorio di Dubroca, aperta al civico 8 di rue Christine, cfr. «Gazette nationale ou Moniteur universel», 212, 2 fiorile Anno III (22 aprile 1805), p. 4.

42. [Dubroca], *La vie de Bonaparte premier consul de la République française et pacificateur de l'Europe, depuis sa naissance jusqu'au 18 Brumaire Year 10, époque de la paix générale, précédée d'un hommage à la paix*, Paris, Bonneville, 1801.

43. Dubroca, *Discours sur la paix, prononcé dans plusieurs temples de Théophilanthropie le 30 frimaire de l'an VI de la République Française*, Paris, chez l'Auteur, 1797.

44. Cfr. «Journal typographique et bibliographique», vol. 5, 16, 30 nevoso Anno X [20 gennaio 1802], p. 125.

stesse manipolando gli eventi, accrescendo quindi il timore che sull'isola i bianchi fossero esposti alle ritorsioni dei neri.[45] Questa notizia, abilmente diffusa dalla stessa polizia, fomentò lo zelo patriottico della popolazione, che accolse con entusiasmo la partenza della flotta francese per Santo Domingo. Poco dopo lo sbarco delle truppe nell'isola, però, si diffuse la voce che esse pure rischiavano di essere distrutte dalla resistenza armata.[46]

Le molteplici tensioni favorirono la diffusione del risentimento nei confronti di Louverture e, in quegli stessi giorni, verso la fine di marzo del 1802, Dubroca mise in commercio una biografia del governatore nero che lo dipingeva come un traditore.[47] L'opera era una sorta di storia degli eventi più recenti, che partiva dalla ribellione degli schiavi del 1791 per spiegare l'ascesa militare e politica di Louverture fino ad arrivare al febbraio del 1802, quando questi ordinò di incendiare la città di Cap per ostacolare lo sbarco delle truppe francesi. L'obiettivo di Dubroca era quello di rassicurare l'opinione pubblica dimostrando come il governatore nero fosse stato a quel punto abbandonato da tutti, anche dagli inglesi: benché il governo di Pitt avesse favorito la sua ascesa, il ministero di Addington agiva ormai in collaborazione con i francesi. È interessante notare come l'autore, che in precedenza aveva tuonato contro l'ingerenza britannica sull'isola, si adattasse ora al nuovo scenario politico, esprimendo parole di comprensione nei confronti delle precedenti azioni della Gran Bretagna.[48]

Poco dopo, il trattato di Amiens e la cattura di Louverture sembrarono sostenere la posizione di Dubroca, stimolando la circolazione della sua opera, le cui vendite eclissarono quelle di altri autori sul tema medesi-

45. Sul punto si vedano i rapport di polizia datati, rispettivamente, 19 e 24 novembre 1801 riprodotti in F.-A. Aulard, *Paris sous le Consulat. Recueil de documents pour l'histoire de l'esprit public à Paris*, Paris, L. Cerf, Noblet et Quantin, 1901, tomo 2, pp. 613 e 624.

46. Ivi, pp. 780, 783-785, 795, 802-803 (tutti rapporti del marzo 1802).

47. Dubroca, *La vie de Toussaint Louverture, chef des noirs insurgés de Saint-Domingue*, Paris, Dubroca et Bonneville, 1802. Si veda la relativa pubblicità nella «Gazette nationale ou Moniteur universel», vol. 29, 191, 11 germinale Anno X [1° aprile 1802], p. 766, e nel «Journal typographique et bibliographique», vol. 5, 28, 30 germinale Anno X [20 aprile 1802], p. 224.

48. Dubroca, *La vie de Toussaint Louverture*, p. 36. Si veda in particolare la traduzione in inglese: «I have no intention, in citing this paragraph, to blame or misrepresent the English nation, which, at that time the enemy of France, had the incontestable right to sustain itself by such alliances as it could make; my design is to shew the profound dissimulation and perfidy of Toussaint», in Id., *The Life of Toussaint Louverture, Chief of the French [sic] Rebels of St. Domingo*, London, Dubroca, 1802, pp. 38-39.

mo.[49] In quello stesso anno, il suo libro fu tradotto in svedese[50] e due volte in inglese. Negli Stati Uniti, si incaricò della traduzione Nicholas Herbemont, un francese emigrato in South Carolina durante il Terrore, interessato a mettere in luce i pericoli a cui erano esposti i proprietari dello Stato.[51] L'edizione inglese ebbe però una diffusione più ampia, tanto da arrivare sulla scrivania di John Adams, allora presidente degli Stati Uniti, il quale, sulla sua copia, descrisse il testo come «un'infame calunnia su un grande eroe, un vero patriota e un brav'uomo».[52]

A ben guardare, la *Vie de Toussaint Louverture* è un testo di pura propaganda politica di tipo diffamatorio, che avvalora le ragioni che avevano spinto il Primo Console a rovesciare il governatore. Non deve sorprendere allora che Dubroca mettesse in primo piano la slealtà di Louverture, accusato di voler separare la colonia dalla Francia. L'ipocrisia del governatore si rivela nella sua brutalità e nella sua religiosità superstiziosa, mediante la quale esercitava il proprio comando incontrastato. Gli schiavi erano del tutto impreparati ad affrontare un uomo di tale spietata determinazione e intelligenza, che aveva imparato a leggere e scrivere per liberarsi dalla

49. Cfr. [Charles-Yves] Cousin d'Avallon, *Histoire de Toussaint Louverture, chef des noirs insurgés de Saint-Domingue*, Paris, chez Pillot frères, 1802, e *Vie privée politique et militaire de Toussaint Louverture par un homme de sa couleur*, Paris, rue de la Parcheminerie, 1801. Entrambi – come si vedrà nelle pagine che seguono – furono stampati poche settimane dopo la pubblicazione dell'opuscolo di Dubroca. Si veda la réclame dei due volumi sul «Journal typographique et bibliographique», vol. 5, 29-30, 8 fiorile Anno X [28 aprile 1802], p. 239.

50. Dubroca, *Anföraren för de upproriska negrerna på Domingo, Toussaint-Louvertures lefverne*, Stockholm, tryckt hos Carl Delén, 1802.

51. [Dubroca], *The Life of Toussaint Louverture, late General in Chief and Governor of the Island of San Domingo*, Charleston, T.B. Bowen, 1802. Per alcune osservazioni su Nicholas Laurent Michel Herbemont, tra i migliori viticoltori dei primi anni degli Stati Uniti, si rimanda a *Pioneering American Wine: Writings of Nicholas Herbemont, Master Viticulturist*, ed. D.S. Shields, Athens, University of Georgia Press, 2019, p. 16.

52. Il passo è citato nella recensione di Malick Ghachem al volume di R.A. Johnson, *Diplomacy in Black and White: John Adams, Toussaint Louverture, and Their Atlantic World Alliance*, Athens, University of Georgia Press, 2015. Cfr. «Journal of Southern history», vol. 81, 2 (2015), p. 448. Tuttavia, Arthur Scherr ha sottolineato come il ruolo di Adams sia stato fondamentale per la vittoria di Louverture contro il generale Rigaud nel marzo del 1800 e come il presidente fosse di conseguenza interessato a rivalutare un personaggio fortemente sostenuto dal suo governo. Sul punto si veda quindi A. Scherr, *John Adams, Slavery and Race. Ideas, Politics and Diplomacy in an Age of Crisis*, Santa Barbara, Praeger, 2018, p. 181.

schiavitù. Nella sua sete di supremazia, Louverture aveva superato la barriera culturale che ostacolava il progresso del suo popolo, ma ciò non gli aveva consentito di liberarsi dalla ferocia cui erano soggetti i neri, vittime di una società arretrata e violenta. Le parole di Dubroca riflettevano gli stereotipi sulla popolazione africana che l'Illuminismo, nonostante la varietà di pose anche più comprensive verso il dramma della schiavitù, aveva finito per enfatizzare. I neri erano vittime di un'ignoranza feroce, conseguenza diretta di uno stato di barbarie, che impediva loro di progredire e li poneva in una posizione subordinata rispetto ai bianchi. Louverture, a prescindere dalla sua posizione di potere all'interno della colonia, non faceva eccezione: in fin dei conti, rimaneva un uomo violento la cui intelligenza, espressa solo attraverso la pura ferocia, dimostrava tutta l'arretratezza culturale del popolo a cui apparteneva.

E tuttavia, Dubroca non rinunciava a trarre insegnamenti dall'Illuminismo e da quanti avevano creduto nella possibilità di civilizzare i neri, rimanendo fermo nella convinzione che la rivoluzione potesse guidarli sulla via del progresso. Nel descrivere gli eventi di Santo Domingo, egli rimase fedele a uno spirito informato dal suo passato rivoluzionario, che si basava sulla contrapposizione tra la nuova morale repubblicana e la barbarie dell'*Ancien Régime*. Il tema dell'arretratezza dei neri gli riusciva particolarmente utile nei suoi tentativi di distinguere la Francia repubblicana – che aveva voluto la fine della schiavitù e aveva invitato tutti i cittadini, *de quelque couleur qu'ils fussent*, «di qualunque colore fossero», a partecipare al governo della colonia – dai capi della rivolta, che erano rimasti degli schiavi, dato che la tenebra dell'ignoranza li aveva resi meri strumenti nelle mani dei reazionari. Negli anni della sua ascesa politica, Louverture era stato in un primo momento guidato dai monarchici e si era circondato di sacerdoti; il suo zelo religioso lo aveva spinto a perpetrare dei massacri. In seguito, era stato al servizio del re di Spagna, dove lui, ex schiavo, poteva sfoggiare le insegne della nobiltà.[53]

La guerra degli schiavi a Santo Domingo si era quindi risolta in una difesa della Chiesa e della monarchia, richiamando, come scrisse esplicitamente Dubroca, le dinamiche del conflitto vandeano. Tutti i nemici della Rivoluzione, comprese le potenze straniere, avevano guidato le azioni di Louverture finché egli, riconoscendo la forza delle istituzioni repubblica-

53. Un'interpretazione ripresa da P. Pluchon, *Toussaint Louverture, un révolutionnaire noir d'Ancien Régime*, Paris, Fayard, 1989.

ne, aveva ritenuto opportuno schierarsi ancora una volta con la Francia. Tutto questo, però, altro non era, per Dubroca, che uno stratagemma per liberarsi dalla tutela spagnola e ottenere ancora più potere. Prova ne era l'espulsione del commissario Sonthonax, favorevole all'abolizione della schiavitù e accusato davanti al Direttorio di volere l'indipendenza della colonia. Louverture si diede quindi a screditare Hédouville, il successore di Sonthonax, insinuando che volesse ristabilire la schiavitù nella colonia. Infine, egli si liberò con la violenza del generale meticcio Rigaud, che fu costretto a rifugiarsi in Francia. In preda alla megalomania e contando sulla debolezza del Direttorio, Louverture stava per dichiarare l'indipendenza e allearsi con gli inglesi, se non fosse stato per l'ascesa di Bonaparte e la concessione di un regime speciale per le colonie. Ciò lo spinse però a elaborare una propria costituzione, recidendo così ogni legame con la madrepatria. Fu così che Santo Domingo conseguì la propria indipendenza. Il pensiero di Dubroca sul punto era chiaro: il Primo Console era nel giusto nel voler organizzare una spedizione per ristabilire l'ordine sull'isola e restituirla così alla Francia.

In un libro che equiparava la rivolta di Santo Domingo a quella della Vandea,[54] non c'era molto spazio per dilungarsi sui pregiudizi razziali. Nonostante Dubroca ribadisse per ben quattro volte che Louverture fosse un africano – associando il termine all'essere *couvert de sang, féroce, forcené, farouche*, «coperto di sangue, feroce, pazzo, selvaggio»[55] – tali origini non lo portarono mai a contestare l'abolizione della schiavitù. Certo, nel testo gli schiavi ricevevano la loro parte di attacchi, volta a volta dipinti come creduloni, primitivi e selvaggi, ma erano proprio le loro gravi carenze a dimostrare la grandezza dello sforzo legislativo della Francia, che li aveva liberati dalle catene. Il decreto del 1794 viene infatti presentato nel testo come la prova del rapporto indissolubile tra la madrepatria e la popolazione nera: quest'ultima, tutto dovendo alla Francia, in definitiva si sarebbe certamente opposta alla secessione e avrebbe infine preso le distanze da Louverture.

L'opera di Dubroca non era quindi ostile nei confronti di coloro che avevano abolito la schiavitù e ciò è confermato dall'assenza di accuse alla *Société des Amis des Noirs*. Alcuni passaggi dimostrano inoltre che l'autore fosse un avido lettore del «Moniteur», nonché un buon conoscitore

54. M. Ghachem, *The Colonial Vendée*, in *The World of the Haitian Revolution*, p. 171.
55. [Dubroca], *La vie de Toussaint Louverture*, pp. 34, 43 e 67.

degli ambienti ministeriali avendo avuto accesso ai rapporti inviati dagli agenti francesi François-Marie Kerversau e Antoine Chanlatte, che invano avevano tentato di opporsi a Louverture prima di riguadagnare Parigi nel settembre del 1801.[56] Queste erano dunque le fonti primarie di un'opera letteraria evidentemente commissionata dal governo. Vale la pena di sottolineare che, mentre il ministro della Marina, Denis Decrès, era un convinto sostenitore della schiavitù, i due agenti sopra citati erano sinceri patrioti: essi accusavano il governatore nero di volere l'indipendenza ma non intendevano affatto, per questo motivo, mettere in discussione l'abolizione della schiavitù.[57] In fondo, questa era la medesima linea di pensiero di Dubroca, il cui obiettivo era dar voce a coloro che volevano semplicemente ristabilire i diritti della Francia metropolitana, eliminando dal quadro chi alimentava le fiamme della secessione.

Dubroca lodò quindi gli sforzi legislativi della Convenzione e prese le distanze dal Direttorio che, all'opposto, aveva dato ascolto alle calunnie di Louverture. In altre parole, il suo sostegno al Consolato giunse quasi all'improvviso – ciò per cui sarebbe stato criticato in seguito[58] –, proprio perché egli tenne fermo sul valore culturale e politico dell'abolizione della schiavitù, di cui riteneva aver trovato traccia nelle azioni dello stesso Primo Console. Ciò è illustrato nel testo dalla sua presa di posizione in favore di Sonthonax contro il deputato Vaublanc, che viceversa appoggiava la richiesta dei coloni di ripristinare la schiavitù. Dubroca sostenne fermamente il valore moralizzante della presenza francese nei Caraibi, lodò i commissari Hédouville e Roume, dipingendoli come vittime dell'inganno di Louverture, e denunciò come veri e propri traditori Vincent, accusatore di Hédouville in Francia, e Henri Pascal, che redasse la costituzione di Santo Domingo. È in questo contesto che va inserita la sua affermazione – poi ripetuta in ogni successiva biografia di Louverture – secondo cui il governatore nero fosse un devoto lettore di Raynal e avesse accettato di buon grado il paragone con Spartaco

56. Si veda la relazione di Kerversau al ministro Decrès datata 1° germinale Anno IX [22 marzo 1801] riprodotta in *The Haitian Revolution. A Documentary History*, ed. D. Geggus, Cambridge, Hackett, 2014, pp. 120-122.

57. Girard, *The Slaves Who Defeated Napoleon*, pp. 37-39.

58. «L'abbiamo letta ed è solo una violenta denuncia scritta da Sonthonax o da un suo pari; è un intreccio di bugie e fatti inventati e dal modo in cui è stata scritta è facile capire le opinioni di chi l'ha composta», Dubroca, *Vie privée politique et militaire de Tousaint Louverture*, p. 10.

fatto dal generale francese Laveaux in un momento di entusiasmo che rasentava la viltà.[59] In realtà, Dubroca dava poco peso a quell'episodio in particolare, che gli interessava soprattutto perché gli permetteva di criticare il fanatismo di quanti, tra i politici francesi, avevano rinunciato alla moralità delle istituzioni repubblicane per assecondare le ambizioni di Louverture. Quest'ultimo fu toccato solo indirettamente dal paragone, poiché il vero bersaglio della critica di Dubroca era proprio Laveaux, di cui, non a caso, il Primo Console aveva appena ordinato l'arresto a causa delle sue simpatie per gli ambienti neo-giacobini.[60]

Il pamphlet di Dubroca rifletteva, quindi, una specifica prospettiva politica all'interno dell'esecutivo per cui non solo era necessario allontanare dalla scena il controrivoluzionario Louverture, ma anche riaffermare la missione civilizzatrice della spedizione inviata da Bonaparte, che rilanciava e portava a compimento il meglio della Rivoluzione.

3. *Da Louverture a Dessalines*

Nei mesi successivi, Dubroca continuò a dedicarsi a temi americani, pubblicando un libro sulla moralità femminile durante l'epoca rivoluzionaria[61] e una descrizione della Louisiana.[62]

Poiché all'epoca il ritorno della colonia era dato per scontato, gli editori facevano a gara per pubblicare titoli che trattassero l'argomento. Le osservazioni del ministro di Luigi XVI, Vergennes, furono pubblicate postume,[63] e fu stampato un primo resoconto di Louis-Narcisse Baudry des Lozières che dava voce a tutti coloro che si erano stabiliti in Louisiana

59. [Dubroca], *La vie de Toussaint Louverture*, p. 42. Sul punto si veda D. Coleman, *The Cultural Afterlives of Toussaint Louverture and the Haitian Revolution*, in *Tracing War in British Enlightenment and Romantic Culture*, ed. N. Ramsey e G. Russell, London, Palgrave Macmillan, 2015, pp. 78-80.

60. B. Gainot, *Le général Laveaux, gouverneur de Saint-Domingue, député néo-Jacobin*, in «Annales historiques de la Révolution française», 278 (1989), pp. 433-454.

61. Dubroca, *Les femmes célèbres de la Révolution*, Paris, chez l'Auteur, 1802.

62. Dubroca, *L'itinéraire des Français dans la Louisiane, contenant l'histoire de cette colonie française, sa description, le tableau des moeurs des peuples qui l'habitent*, Paris, chez l'Auteur, 1802.

63. N. Dessens, *From Saint-Domingue to New Orleans: Migration and Influence*, Gainesville, University Press of Florida, 2007, pp. 112-113.

dopo essere fuggiti da Santo Domingo in seguito alla ribellione.[64] Nella colonia americana esistevano condizioni favorevoli per l'arrivo degli schiavi e Baudry des Lozières, stretto collaboratore di Decrès al ministero, aveva le idee chiare su come procedere: gli schiavi dovevano essere importati in Louisiana mentre i sostenitori dell'abolizione della schiavitù non dovevano essere ammessi e ai neri doveva essere vietato, anche a titolo individuale, di conseguire la libertà. Tutto questo poteva essere realizzato con l'appoggio dei nativi americani, che si sentivano superiori ai neri e mai avrebbero unito le proprie forze con le loro. Era quindi importante mantenere un buon rapporto con i "selvaggi", che respingevano gli schiavi fuggitivi contribuendo a mantenere la pace nella colonia, acquistando la loro terra invece di conquistarla e pregando che, alla fine, la religione cristiana avrebbe operato un miracolo civilizzandoli.[65] Quando Baudry des Lozières scrisse queste parole, era già da tempo in circolazione un'altra sua opera a sostegno della schiavitù, *Les égarements du nigrophilisme*. Tale attivismo fornisce una chiara indicazione di come sarebbe stato l'impero americano di Bonaparte se i francesi fossero riusciti a reprimere la resistenza incontrata a Santo Domingo.[66]

Dubroca, invece, prese la direzione opposta, sperando di catturare l'attenzione del lettore con una storia della presenza francese in Louisiana dalla fine del XVII secolo. Basandosi sui numerosi resoconti a sua disposizione, passava quindi a fornire una descrizione dettagliata degli indigeni, presentando un'analisi sulle attività commerciali della regione e tracciando una sintesi delle prospettive economiche dischiuse dal suo ritorno alla Francia. Nulla veniva detto sui neri né sul modello, schiavile, di organizzazione del lavoro. L'unico accenno a Santo Domingo, infatti, suggeriva che la Louisiana fosse, in realtà, la regione più adatta per avviare la (ri) costruzione dell'Impero francese nelle Americhe.[67] In sostanza, il libro si

64. R. Le Gardeur, *The Saint Domingue Refugees in Louisiana, 1792-1804*, in *The Road to Louisiana: The Saint-Domingue Refugees. 1792-1809*, ed. C.A. Brasseaux e G.R. Conrad, Lafayette, Center for Louisiana Studies, University of Southwestern Louisiana, 1992, p. 151.

65. L.-N. Baudry des Lozières, *Voyage à la Louisiane et sur le continent de l'Amérique septentrionale, fait dans les années 1794 à 1798*, Paris, Dentu, 1802, pp. 147-148 e 191-199.

66. P. Serna, *Comme des bêtes. Histoire politique de l'animal en Révolution, 1750-1840*, Paris, Fayard, 2017, pp. 326-330.

67. Dubroca, *L'itinéraire des Français dans la Louisiane*, p. 92.

opponeva agli ambienti favorevoli alla schiavitù e interpretava la politica di Bonaparte nel Nuovo Mondo come un appello nei confronti della parte migliore e più dinamica della società francese, affinché si impegnasse apertamente nella colonizzazione. Secondo Dubroca, le Americhe erano una regione troppo importante per essere lasciata nelle mani di banditi, disadattati, donne di malaffare e schiavi. Occorreva invece una spinta diretta da parte del governo per incoraggiare l'emigrazione, in modo che la colonia conoscesse un rapido sviluppo, anche sul piano culturale. Nel testo è presente un chiaro richiamo al genio francese, il solo in grado di promuovere anche nel Nuovo Mondo quelle raffinate forme di civiltà per le quali era rinomato in Europa. Non a caso, il suo punto di riferimento era, ancora una volta, Mercier, che, nell'ultima versione della sua opera *An 2440*, sosteneva la necessità della presenza di un elemento civilizzatore nell'America del Nord, seguendo esattamente la stessa logica.[68] In questo modo, Dubroca riaffermava il modello illuminista di civiltà come puntello del discorso colonialista e, benché in contrasto con le geremiadi degli ambienti anti-abolizionisti, legittimava il robusto ritorno delle forze francesi nel Nuovo Mondo. Per questo motivo, il testo fu visto con favore dall'esecutivo, uno strumento utile per agevolare i preparativi della flotta francese in partenza per la Louisiana. Ancora una volta, le parole di Dubroca riecheggiano le idee politiche di Bonaparte:

> In un momento in cui i servizi politici del governo annunciano l'interesse che ispira il recente possesso della Louisiana; in un momento in cui tutti gli occhi sono aperti sui vantaggi di questa colonia, credo di compiere un'azione utile, raccogliendo sotto un unico punto di vista tutte le informazioni autentiche esistenti su questa regione dell'America.[69]

L'aggravarsi della situazione a Santo Domingo costrinse, tuttavia, Bonaparte a rivolgere lo sguardo altrove, anche perché il trattato di Amiens cominciava a sembrare solo una tregua temporanea in un conflitto destinato a riaccendersi. La libreria Dubroca, nel frattempo, aveva iniziato a specializzarsi in materiale didattico, adattando alcune opere della tradizione letteraria francese al nuovo panorama politico. Tra il 1802 e il 1803 pubblicò alcuni testi di oratoria sacra di Fénelon e Gaichiés, che avrebbero aiutato i ministri

68. L.-S. Mercier, *L'an deux mille quatre cent quarante. Rêve s'il en fût jamais*, Paris, Anno VII [1798], tomo III, pp. 74-77.
69. Dubroca, *L'itinéraire des Français dans la Louisiane*, pp. 3-4.

religiosi nella loro missione evangelica, e offrì ai lettori una versione condensata dell'*Histoire universelle* di Bossuet, con chiari riferimenti all'unità provvidenziale dello Stato. Diede quindi alle stampe un trattato di Jean-Baptiste de la Salle sulle regole etiche da insegnare ai bambini e distribuì un compendio sull'arte della guerra – con abbondanti aggiunte sull'epoca rivoluzionaria – dedicato al generale Berthier. Pubblicò inoltre anche un manuale di geografia, che metteva in risalto le nuove dimensioni amministrative della Francia.[70] Accanto a queste iniziative, tutte intraprese con il sostegno del governo, Dubroca continuò a mettere l'accento sull'importanza della disciplina oratoria, pubblicando un trattato sull'arte di parlare in pubblico che avrebbe avuto molteplici edizioni e che gli avrebbe permesso di aprire una scuola di recitazione nei locali della sua libreria.[71]

La ripresa delle ostilità con l'Inghilterra lo spinse a esprimersi nuovamente sugli eventi internazionali. I suoi scritti sulla Louisiana erano a quel punto divenuti inutili, dato che, in pochi mesi, Bonaparte aveva rinunciato al possesso della colonia, a tutto vantaggio degli Stati Uniti. Nel frattempo, la febbre gialla e l'insurrezione di Dessalines stavano creando una situazione drammatica a Santo Domingo. Non si poté fare altro che puntare ancora una volta il dito contro Pitt, ristampando, questa volta da solo, l'opuscolo del 1798 contro la Gran Bretagna.[72] La nuova edizione uscì nell'estate del 1803 e rifletteva il nuovo clima politico,[73] unendosi al coro dei detrattori

70. Dubroca, *La civilité puérile et honnête, à l'usage des enfans des deux sexes*, Paris, Dubroca, s.d. [1802]; [D'Anglesy], *Le guide du jeune militaire [...]: nouvelle édition, refondue et augmentée d'un très grand nombre de faits mémorables puisés dans l'histoire de la Révolution*, Paris, Dubroca, 1802; [aa.vv.], *De l'éloquence de la chaire, ou Nouveau manuel des orateurs sacrés*, Paris, Dubroca, 1803; Dubroca, *Nouvelle géographie élémentaire de la France d'après son organisation actuelle... suivie d'un abrégé de la géographie universelle*, Paris, Dubroca, 1803; Id., *L'histoire universelle de Bossuet, exposée par demandes et par réponses, en faveur des écoles et des familles chrétiennes, précédée d'une instruction élémentaire sur l'étude de l'histoire*, Paris, Dubroca, 1803.

71. Dubroca, *Principes raisonnés sur l'art de lire à haute voix; suivis de leur application particulière à la lecture des ouvrages d'éloquence et de poésie*, Paris, Dubroca, 1802. Questa è sicuramente la più autorevole tra le numerose opere di Dubroca. Cfr. L. De'Ath, *Language and Diction: Dubroca's Traité and French style soutenu in the Nineteenth Century*, in «Journal of Singing», 66/1 (2009), pp. 63-70 e 2 (2009), pp. 171-180.

72. Dubroca, *Mémoires pour servir à l'histoire des attentats du gouvernement anglais, contre toutes les puissances de l'Europe et particulièrement contre la France depuis le commencement de la Révolution jusqu'à ce jour*, Paris, Dubroca, 1803.

73. Cfr. «Journal typographique et bibliographique», vol. 6, 37, 8 messidoro Anno XI (27 giugno 1803), p. 293: «Le circostanze del momento consigliano davvero questo testo».

del governo di Londra,[74] tra i quali, come già si è visto, Dubroca poteva rivendicare un ruolo in prima linea. I suoi scritti, come evidenziato da una nota tipografica, erano di stampo patriottico:

> Quest'opera [è] adatta a rivelare il machiavellismo del ministero britannico, a suscitare l'indignazione dei francesi contro le sue odiose manovre e ad alimentare ulteriormente lo zelo patriottico con cui essi sostengono le vigorose misure prese dal governo francese e dal suo leader per vendicare l'atroce violazione del più solenne e recente trattato.[75]

In questa nuova edizione, infatti, i toni si fanno più accesi, mancando qualsiasi elogio per la popolazione inglese, probabilmente ora considerata complice e non una semplice vittima delle politiche del governo. Inoltre, il testo originale fu riscritto per dare spazio agli eventi del Brumaio che portarono alla rottura del Trattato di Amiens. A questo proposito, anche l'interpretazione di Dubroca dei fatti di Santo Domingo subì una modifica, poiché ora egli divideva il processo di ingerenza britannica in tre specifici momenti: il 1789, quando Pitt cercò di incoraggiare la secessione dei coloni; il 1791, quando fomentò la rivolta degli schiavi; e l'anno VI, quando il commissario Hédouville, che resisteva agli inglesi, fu allontanato dall'isola.[76]

Ancora una volta, il testo era in linea con i piani di Bonaparte: il Primo Console temeva infatti che la rottura del Trattato di Amiens fosse indicativa del fatto che Santo Domingo non potesse più essere difesa e che quindi l'unica strada da percorrere fosse quella del rafforzamento del patriottismo e della denuncia della barbarie britannica. La posta in gioco della sfida doveva essere alzata, come poi avvenne: prima la decisione di organizzare un accampamento a Boulogne per preparare l'invasione della Gran Bretagna, poi la nascita dell'Impero – anche se ormai Santo Domingo era perduta – garantirono a Bonaparte quella guerra totale che alla fine (almeno in teoria) avrebbe dovuto rendere possibile il ritorno dei francesi sull'isola.

Come di consueto, Dubroca tenne conto della mutata situazione e si affrettò a pubblicare altri lavori: innanzitutto le *Constitutions de l'Empire*,

74. Si veda per esempio P.-F. Barbault-Royer, *Résumé sur l'Angleterre*, Paris, Galland, s.d. e J. Chas, *Réflexions sur l'Angleterre*, Paris, s.d. [1803], p. 24: «È il governo inglese che ha armato i neri di S. Domingo e che ha ricoperto quella colonia di rovine e ceneri. Il governo inglese ha riconosciuto sia l'autorità che l'usurpazione di quell'uomo vomitato dall'inferno per spargere fuoco, esilio e morte su quella terra sfortunata».

75. «Journal général de la littérature de France», tomo 6, 1803, p. 314.

76. Dubroca, *Mémoires pour servir à l'histoire*, pp. 8-10 e pp. 195-198.

insieme a un profilo storico del Consolato e a un'altra edizione di una biografia di Bonaparte già pubblicata nel 1802;[77] poi, verso la fine del 1804, diede alle stampe una biografia di Jean-Jacques Dessalines, che solo poche settimane prima aveva osato sfidare ancora una volta Bonaparte proclamandosi imperatore di Haiti.[78]

Il testo era, infatti, una continuazione del libro dedicato a Toussaint Louverture, da cui prendeva in prestito interi brani per mostrare come l'uno, Dessalines, continuasse a commettere i crimini dell'altro. In questa occasione, però, il filo conduttore era la denuncia della Gran Bretagna, accusata fin dalla prefazione di aver incoraggiato la rivolta degli schiavi e di aver tollerato le azioni violente di Dessalines. Quest'ultimo veniva dipinto come un criminale astuto, tenace e sanguinario, analfabeta e primitivo, e perciò un burattino nelle mani degli inglesi. In altre parole, le scene raccapriccianti che nel testo abbondano servivano a ricordare come la ferocia della rivolta nera fosse solo un aspetto della violenza causata dalla politica britannica. Tutto ciò spiega perché il libro fu accolto con indifferenza dall'altra parte della Manica, mentre fu apprezzato nei Paesi che si schierarono con la Francia contro la Gran Bretagna. Nel giro di pochi mesi, il testo fu tradotto in tedesco – anche all'interno della rivista storico-letteraria *Minerva* – in fiammingo e in spagnolo;[79] un'edizione in particolare fu stampata in Messico nel 1806 corredata di immagini dei massacri ordinati da Dessalines.[80]

77. Dubroca, *Les constitutions de l'Empire français, précédées d'une instruction historique*, Paris, 1804.

78. Dubroca, *La vie de J.-J. Dessalines, chef des noirs révoltés de Saint-Domingue*, Paris, Dubroca, 1804. Si veda l'annuncio della pubblicazione in «Journal typographique et bibliographique», vol. 8, 15, 10 frimaio Anno XIII (1° dicembre 1804), p. 116.

79. Dubroca, *Lebens des J.J. Dessalines oder Jacob's der Ersten, Kaysers von Haiti, St. Domingo*, Leipzig, Bey J.C. Hinrichs, 1805; si veda inoltre *Geschichte der Neger Empörung auf St. Domingo unter den Unfuhrung von Toussaint Louverture und Jean-Jacques Dessalines*, in «Minerva», 1 (1805), pp. 434-465; *Het Leven van Jean-Jacques Dessalines hopperoofd der opgestane negers van St. Domingo*, Haarlem, Bohn, 1805; *Vida de J.J. Dessalines, jefe de los negros de Santo Domingo. Con notas muy circunstanciadas sobre el origen, caracter y atrocidades de los principales gefes de aquellos rebeldes desde el principio de la insurreccion en 1791*, Madrid, La Imprenta real, 1805.

80. A.V. Ramirez Olivares, *Dessalines y Santo Domingo en la Nueva España, de la libertad al horror*, in «Graffylia», 5 (2005), pp. 108-114. Si veda anche, per i disegni inseriti nell'edizione messicana dell'opera di Dubroca, K. Donahue-Wallace, *Ilustrando el terror de rebellion. Los grabados de la Vida de J.J. Dessalines*, in *Arte y crisis en Iberoamérica*, ed. F. Guzmàn Schiappacasse, G. Cortés Aliaga e J. Manuel Martínez Silva, Santiago, Ril

Quest'ultima versione, tuttavia, richiede una piccola precisazione, poiché il promotore della pubblicazione, Juan Lopez Cancelada, editore della «Gaceta de México» e membro dei circoli conservatori della Nuova Spagna, scrisse una breve introduzione all'opera in cui sosteneva che la tragedia di Santo Domingo dovesse essere intesa come un monito nei confronti del paradigma rivoluzionario del 1789. Il suo intento era quello di mobilitare tutti i bianchi contro la minaccia che i neri e gli indigeni avrebbero potuto rappresentare per loro; soprattutto, però, metteva in guardia i lettori rispetto alle idee liberali che gli inglesi amavano spargere per minare la credibilità della Spagna.[81] Cancelada aveva colto nel segno perché il bersaglio polemico di Dubroca – il quale era disposto a sacrificare le opinioni espresse in precedenza nella biografia di Louverture – restava la Gran Bretagna, accusata di aver incoraggiato prima il dissenso dei coloni verso la Francia e poi la rivolta degli schiavi.

La tragedia della spedizione fallita e la ripresa della guerra avevano però provocato in Dubroca un improvviso irrigidimento delle posizioni. Nell'opera su Dessalines, ad esempio, la sua opinione sugli abolizionisti si era fatta più dura: egli, infatti, li accusava di favorire la divisione tra i bianchi e di aver contribuito a diffondere delle idee di libertà presso una popolazione selvaggia e feroce che ne avrebbe fatto un uso terribile. Inoltre, destinò Sonthonax, il pioniere dell'abolizionismo, al suo personale girone infernale dove erano raccolti quanti, ingenuamente, avevano creduto nella possibilità che la popolazione nera sarebbe stata subito in grado di fare buon uso della propria libertà. Nel testo il deputato Vaublac, favorevole alla schiavitù, non è più citato, ma le persone di razza mista, che nell'opera precedente erano state trattate con rispetto (molti, a partire dal generale

editores, 2004, pp. 85-91; A.E. Gómez, *Images de l'apocalypse des planteurs*, in «L'ordinaire des Amériques», 215 (2013), pp. 29-32.

81. Dubroca, *Vida de J. J. Dessalines, jefe de los negros de Santo Domingo. Con notas muy circunstanciadas sobre el origen, caracter y atrocidades de los principales gefes de aquellos rebeldes desde el principio de la insurreccion en 1791*, México, M. de Zúñiga y Ontiveros, 1806, Introduccion: «Quanto è importante l'unione tra tutti i bianchi in una colonia in cui sono presenti anche neri e altre razze. La divisione dei bianchi nativi di quell'isola ha permesso ai neri di conquistarla e ha causato la morte dei bianchi per mano loro, dopo molti casi di violenza nati da un'orribile crudeltà. Infelici europei e creoli! Povere vittime! Quanto vi è costato aver creduto alle promesse dell'ipocrita Louverture e del feroce Dessalines! E voi, sostenitori della Gran Bretagna, che prestate attenzione agli emissari inglesi inviati dall'isola di Giamaica, osservate i vantaggi di una nazione che vi ha [...] sacrificato per i suoi vili interessi, ridicolizzando i vostri sogni di libertà e indipendenza».

André Rigaud, parteciparono alla spedizione di Leclerc), erano ora poste sullo stesso piano dei neri. Il tema dell'atavica arretratezza cui tutti erano soggetti, e che in precedenza era stato usato a mo' di giustificazione per la generosità della Francia nei confronti degli schiavi, veniva ora messo in disparte. Tutti i leader della rivolta nera – Boukman e Biassou, Jean-François e Louverture, Dessalines e Christophe – ora erano dipinti come esseri immorali e feroci, e condannati da un giudizio fondato sulla loro totale dissociazione dai valori della civiltà. A quel punto, i leader neri non erano più considerati i campioni della controrivoluzione né gli istigatori di una Vandea fuori dalla Francia; più semplicemente, la loro natura barbarica li poneva al di fuori delle regole del conflitto politico e li relegava in una condizione di pura barbarie. A tal proposito può essere utile fare una semplice verifica di quante volte il termine *africain* ricorra nei due testi: nella biografia di Louverture compare quattro volte, nel libro su Dessalines tre volte di più, e sempre associato a un'idea di disumanità connessa a brutalità, barbarie, crudeltà e criminalità.

Lo slittamento di significato intervenuto nell'opera non rifletteva solo un dato antropologico, bensì una precisa agenda politica, poiché la definizione di *africain* durante la rivolta degli schiavi aveva acquisito una valenza di radicalismo rivoluzionario.[82] Da questo punto di vista, l'espressione si ricollegava al termine *sauvage*, che aveva caratterizzato, con un riferimento indiretto agli indigeni della Louisiana, coloro che in Francia nell'Anno II avevano rappresentato un'alterità violenta e innaturale rispetto ai valori rivoluzionari.[83] Così, se Dessalines veniva ritratto come un animale – spesso con le sembianze di una tigre feroce – e l'intera popolazione di colore presentata come una terrificante difformità rispetto ai bianchi, ciò era il risultato di un giudizio basato prima di tutto su ragioni politiche, che Dubroca riteneva giusto, in quel particolare contesto, riaffermare. In altre parole, se da un lato è comprensibile la tentazione di leggere l'opera di Dubroca semplicemente in chiave razzista, dall'altro è necessario procedere con cautela, come dimostra un passaggio specifico del libro relativo alle tribù africane che costituivano la popolazione schiava di Santo Domingo.

82. V. Saint-Louis, *Le surgissement du terme 'africain' pendant la révolution de Saint-Domingue*, in «Ethnologies», 28/1 (2006), pp. 163-167.

83. Per un esame dettagliato di questo tema politico nella cultura politica termidoriana, si veda S. Luzzatto, *L'autunno della rivoluzione. Lotta e cultura politica nella Francia del Termidoro*, Torino, Einaudi, 1994, pp. 180-194.

Parlando delle forze di Biassou, Dubroca descrive infatti i mandingo come «popoli selvaggi, crudeli e cannibali che vedevano la guerra con i bianchi solo come un mezzo per soddisfare il loro orribile gusto per la carne umana».[84] Sarebbe facile accostare le parole di Dubroca a quelle di Baudry des Lozières, che denunciò anch'egli il cannibalismo Mandingo,[85] se non fosse che il passo sopra citato è ripreso parola per parola da *Adonis, ou le bon nègre*,[86] un romanzo di Jean-Baptiste Picquenard. Pubblicato nel 1798, esso si poneva come obiettivo, pur nel contesto delle violenze perpetrate durante la rivolta degli schiavi, di individuare l'opportunità di un accordo tra neri e bianchi sulla base di una nuova morale repubblicana. Dubroca aveva saccheggiato più volte l'*Adonis*, dando però ampio spazio ai commenti di Baudry des Lozières, che certo non lo stimava.[87] Il riferimento all'opera di Picquenard gli riusciva utile per raccontare la violenza attraverso una struttura narrativa che garantisse facile presa nei lettori, offrendogli al contempo un universo politico-ideologico all'interno del quale poteva facilmente inserire la propria condanna di Dessalines.[88] Picquenard aveva lavorato con Sonthonax a Santo Domingo e il suo romanzo era in effetti un elogio della missione civilizzatrice della Repubblica nel Nuovo Mondo. Le sue idee erano quindi prossime a quelle di Louis-Sébastien Mercier, che, come è noto, aveva persino previsto l'arrivo di uno "Spartaco nero" e si era opposto alla tratta degli schiavi e alla schiavitù in generale.[89] In seguito, tuttavia, questi aveva criticato la sfrontatezza della *Société des Amis*

84. Dubroca, *La vie de J.-J. Dessalines*, p. 14.

85. L.-N. Baudry des Lozières, *Les égarements du nigrophilisme*, Paris, chez Migneret imprimeur, 1802, p. 143.

86. J.-B. Picquenard, *Adonis ou le bon nègre. Anecdote colonial*, Paris, 1798, pp. 45-46. Il plagio di Dubroca è già stato evidenziato da Y. Charara, *Fictions coloniales au XVIII*e *siècle*, Paris, L'Harmattan, 2005, pp. 189-190, e da Bongie, *Friends and Enemies*, pp. 72-73. Sul punto si veda anche l'introduzione di C. Bongie a J.-B. Picquenard, *Adonis suivi de Zoflora et de documents inédits*, Paris, L'Harmattan, 2006, pp. VII-XLVI.

87. Vale la pena notare che Baudry des Lozières aveva una pessima opinione dell'*Itinéraire* di Dubroca, dal momento che si trattava di un testo scritto da chi non aveva mai visitato la Louisiana: L.-N. Baudry des Lozières, *Voyage à la Louisiane et sur le continent de l'Amérique septentrionale*..., Paris, Dentu, 1802, p. 264.

88. Si veda la rappresentazione del personaggio del prete reazionario Philémon come un altro esempio del plagio di Dubroca nei confronti di Picquenard: Picquenard, *Adonis ou le bon nègre*, pp. 137-141 e Dubroca, *La vie de J.-J. Dessalines*, pp. 29-31.

89. Picquenard, *Adonis ou le bon nègre*, pp. 137-141 e Dubroca, *La vie de J.-J. Dessalines*, pp. 29-31.

des Noirs, prendendo le distanze dalle facili illusioni cosmopolite create dall'Illuminismo.[90] Per di più, sia Picquenard che Mercier erano concordi nell'individuare la Gran Bretagna come l'istigatrice della protesta, bianca o nera che fosse, promossa al solo fine di distruggere le ambizioni coloniali della Francia,[91] ed entrambi seguivano con trepidazione l'evolversi della situazione a Santo Domingo. Ad ogni buon conto, nessuno dei due avrebbe rinunciato a sostenere la tesi della moralità repubblicana, ed è in tale contesto che va inserito il commento di Dubroca su Dessalines.

Il fatto che il libro fosse uscito verso la fine del 1804 non deve indurci a pensare che l'autore stesse emettendo una sentenza su un nemico che era riuscito a prevalere sulla Francia. Al contrario, egli era certo che lo scontro finale fosse molto vicino, e il suo pamphlet che teneva assieme le due figure di Louverture e Dessalines era un appello a tornare sull'isola per ripristinare l'opera civilizzatrice che la strategia britannica aveva sabotato.

Le cose andarono diversamente, però, perché la sconfitta a Santo Domingo fece il gioco degli elementi più arretrati della società politica consolare. A quel punto, la disumanizzazione dei ribelli, che avrebbe dovuto rimanere nell'ambito di una valutazione esclusivamente morale, sconfinò nel campo dell'antropologia, dove si mescolò al nuovo discorso razziale che il riemergere della Francia nel panorama coloniale aveva favorito.[92]

Non è quindi un caso che, contemporaneamente alle azioni militari intraprese contro i ribelli neri, si cominciasse a definire il nuovo ordine sociale nella regione atlantica controllata dai francesi. Verso la fine del 1802, un apporto rilevante alla riflessione sulle colonie fu quello da Pierre-Victor Malouet, un uomo che aveva sostenuto la rivoluzione del 1789 e difeso la schiavitù, che si era rifugiato in Inghilterra dopo la caduta della monarchia ed era tornato a Parigi solo grazie al colpo di stato di Brumaio.[93] Le sue os-

90. L. Marcellesi, *Louis-Sébastien Mercier: Prophet, Abolitionist, Colonialist*, in «Studies in Eighteenth-Century Culture», 40 (2011), pp. 247-273.

91. Picquenard, *Adonis ou le bon nègre*, p. 60 e Mercier, *Le Nouveau Paris*, p. 208.

92. Cfr. J.-L. Chappey, *La Société des Observateurs de l'homme (1799-1804). Des anthropologues au temps de Bonaparte*, Paris, Société des études robespierristes, 2002 e Pierre Serna, *Tenir les noirs à l'oeil. Hypothèse pour une 'iconoirlogie'*, in «Annales historique de la Révolution française», 395 (2019), pp. 71-191.

93. P.-V. Malouet, *Collection de mémoires et correspondances officielles sur l'administration des colonies: et notamment sur la Guiane française et hollandaise*, Paris, Baudouin, 1802, vol. IV. Su Malouet e i circoli che sostenevano la schiavitù nella Francia di Bonaparte si veda Y. Benot, *La démence coloniale sous Napoléon*, Paris, La Découverte, 1992, pp. 189-192.

servazioni sul sistema coloniale francese nelle Americhe, che insistevano sull'importanza di stabilire un collegamento tra la Guyana, Santo Domingo e la Louisiana, furono riprese prima da Pierre-Louis Berquin-Duvallon, un proprietario terriero dell'isola che si era rifugiato a New Orleans,[94] e poi, nel marzo del 1803, da Baudry des Lozières, in un secondo resoconto dei suoi viaggi in Louisiana.[95]

Il nuovo libro rappresentava un'opportunità per parlare soprattutto di Santo Domingo. Certo di un'imminente riconquista dell'isola e su posizione opposte rispetto ai *philosophes de l'an II*, che in Francia avevano incitato le stesse orde selvagge che ora si ritrovavano in America, nel suo scritto Baudry des Lozières chiedeva il rapido ripristino della schiavitù. Spiegava quindi i motivi dell'inferiorità dei neri anche rispetto agli indigeni della Louisiana e proponeva un modello sociale in cui i meticci potessero essere puniti per la loro insubordinazione.[96]

Dubroca non condivideva affatto questo punto di vista: il suo rimaneva un discorso repubblicano. Costretto a ridurre le argomentazioni a sostegno dell'umanitarismo, credeva comunque nel potere civilizzatore della Francia rivoluzionaria rispetto alle forze oscurantiste dell'*Ancien Régime*, che però a Santo Domingo, prima a causa delle azioni dei coloni e poi di quelle della popolazione nera, stava dando pessima dimostrazione di sé. Baudry des Lozières, invece, insieme agli altri sostenitori della tratta degli schiavi, non era interessato alle invettive di Dubroca contro gli inglesi – anch'essi, peraltro, proprietari di schiavi – perché il pensiero del libraio parigino rifletteva una visione repubblicana che a suo modo di vedere aveva incoraggiato i sogni di libertà degli africani. Si trattava di due linee politiche opposte, destinate a scontrarsi in America e sull'America, senza che nessuna delle due riuscisse a prevalere sull'altra, proprio perché Bonaparte

94. P.-L. Berquin-Duvallon, *Vue de la colonie espagnole du Mississipi ou des provinces de Louisiane et Floride occidentale en l'année 1802, par un observateur résident sur les lieux*, Paris, L'imprimerie expéditive, 1803, pp. 254-255: «Si tratta di un tipo di uomini che la natura sembra aver destinato alla schiavitù, per la loro inclinazione mentale, la loro disposizione a lasciarsi guidare, la loro incapacità morale e, per così dire, una particolare predisposizione, una propensione innata, una tendenza elastica, in loro, verso uno stato puramente passivo, in ciò del tutto diverso dai selvaggi o dagli indigeni d'America, contrari all'assoggettamento come i negri sono naturalmente compatibili con esso».

95. L.N. Baudry des Lozières, *Second voyage à la Louisiane faisant suite au premier de l'auteur de 1794 à 1798*, Paris, chez Charles imprimeur, 1803.

96. Ivi, pp. 209-211 e pp. 242-243.

di fatto permise loro di coesistere grazie all'ambiguità dei suoi progetti di modernizzazione. In questo modo, la civiltà francese mescolò la sua tradizione politica con l'apporto delle scienze naturali, che in breve definirono una rigida gerarchia della specie umana e finirono per creare razzismo e xenofobia.[97] La disastrosa avventura americana di Bonaparte lasciò così in eredità alla Francia del XIX secolo la presunzione di sentirsi autorizzata a ricorrere alla forza contro quelle popolazioni – inevitabilmente arretrate e impulsive – che si opponevano al suo modello culturale, considerato come un faro di civiltà.

4. *Dubroca in Gran Bretagna*

Inutile dire che il lavoro di Dubroca non ebbe successo in Inghilterra. Il primo a prenderlo di mira fu il reverendo Herbert Marsh, prolifico professore di Cambridge, che nel 1799 confutò minuziosamente gli scritti sulla presunta aggressione degli inglesi alla Francia rivoluzionaria. In particolare, lo studioso sottolineò il modo in cui Dubroca imitava le posizioni politiche di Thomas Erskine, deputato londinese vicino agli ambienti radicali, che aveva denunciato le tendenze guerrafondaie di Pitt e i cui discorsi contro il governo britannico erano stati tradotti anche in francese.[98] Marsh tuttavia si sbagliava: il punto di riferimento di Dubroca era in realtà Bertrand Barère, un ex membro della Convenzione che, solo alcuni mesi prima di lui, aveva pubblicato un pamphlet che attaccava l'Inghilterra e che divenne un modello nella disputa ideologica con il nemico d'oltremanica.[99] Tra le numerose critiche mosse da Marsh, spicca in ogni caso l'inattendibilità dell'affermazione secondo cui Londra sarebbe stata l'artefice della

97. Serna, *Comme des bêtes*, pp. 319-330.

98. H. Marsh, *Politique dévoilée de la France vis-à-vis de l'Angleterre*, London, s.n.t., 1799, tomo I, pp. 93-97. Cfr. anche [Thomas] Erskine, *Coup d'oeil sur les causes et les conséquences de la guerre actuelle avec la France*, London, J. Debrett e Paris, Laran, 1799.

99. B. Barère, *La liberté des mers, ou le gouvernement anglais dévoilé*, Paris, s.n.t., 1798. Si veda inoltre Id., *Rapport sur les crimes de l'Angleterre envers le peuple français et sur ses attentats contre la liberté des nations, fait au nom du Comité de Salut public*, Paris, s.n.t.,1793, pp. 30 e 36. Sull'anglofobia durante il Terrore si veda Sophie Wahnich e Marc Bélissa, *Les crimes des Anglais: trahir le droit*, in «Annales historiques de la Révolution française», 300 (1995), pp. 233-248.

rivolta degli schiavi a Santo Domingo. Il ragionamento di Dubroca era, a suo avviso, del tutto fuori luogo: secondo Marsh, contenere le proteste dei neri era anche nell'interesse dell'Inghilterra; esse, infatti, avrebbero potuto costituire un pericoloso precedente per le vicine colonie britanniche, minando così l'impalcatura istituzionale dell'intera regione americana.[100]

Questa posizione era d'altronde in linea con la benevola neutralità del governo inglese nei confronti della spedizione di Leclerc, data la diffusa convinzione che il ripristino dell'ordine a Santo Domingo avrebbe giovato all'intero mondo coloniale.[101] Tuttavia, se da un lato la prospettiva, inaccettabile, di un "Commonwealth africano" nel centro delle Americhe contribuì alla sottoscrizione del Trattato di Amiens, dall'altro non mise a tacere quanti, nella sfera politica britannica, temevano la presenza di Bonaparte nel Nuovo mondo. Per loro, l'insubordinazione dei neri era una cosa di poco conto rispetto all'espansionismo francese. Questo era anche il punto di vista di Marcus Rainsford, un soldato che aveva servito a lungo nei Caraibi. Benché contrario all'abolizionismo, egli simpatizzava con Toussaint Louverture, sostenendo di dover la vita al governatore nero. Il suo appoggio alla ribellione, che gli permise di prevedere la sconfitta francese,[102] era motivato da un paternalismo intriso da un senso di superiorità dei bianchi nei confronti dei neri. Proprio per questo motivo si preoccupava di tranquillizzare i lettori sulle potenziali conseguenze di una vittoria dei ribelli. Anche se fossero riusciti a cacciare i francesi, essi non sarebbero mai stati in grado di sconvolgere gli equilibri nell'area caraibica: la loro inadeguatezza sul piano culturale avrebbe impedito alla ribellione di estendersi nelle colonie vicine.[103]

Le opinioni di Rainsford erano condivise da William Cobbett, un giornalista britannico appena tornato dagli Stati Uniti, dove si era fatto un

100. «Questa accusa, di per sé, è talmente ridicola che non merita nemmeno di essere confutata. Sarebbe stato contro gli interessi dell'Inghilterra, inoltre, fomentare la rivolta dei neri a Santo Domingo, poiché avrebbe dovuto aspettarsi, come in effetti ciò che seguì confermò, che quelli delle proprie isole avrebbero seguito questo esempio». Marsh, *La politique dévoilée*, p. 28.

101. Riguardo all'opinione pubblica Britannica in merito alla spedizione di Leclerc, si veda D. Geggus, *British Opinion and the Emergence of Haiti, 1791-1805*, in *Slavery and British Society, 1776*-1846, ed. J. Walvin, London, Palgrave, 1986, pp. 131-143.

102. [Marcus] Rainsford, *A Memoir of the Transactions that took place in St. Domingo in the Spring of 1799*, London, Scott,1802, pp. 17-18.

103. Questa affermazione è contenuta nella seconda edizione della stessa opera pubblicata con il seguente titolo: *St. Domingo or an Historical, Political and Military Sketch of the Black Republic*, London, Scott,1802, pp. 59-63.

nome per aver combattuto contro coloro che sostenevano le idee democratiche della Rivoluzione francese. Nel suo giornale, il «Political Register», criticò il governo Addington per la sua neutralità, che aveva un che di complice. Nonostante Cobbett fosse un sostenitore della schiavitù, il suo disprezzo per i neri non gli impediva di sperare che essi avrebbero respinto le truppe francesi. Anch'egli, infatti, riteneva che la creazione di un Commonwealth africano non fosse una prospettiva da temere: esso, infatti, non avrebbe avuto abbastanza forza da danneggiare l'equilibrio socioeconomico dell'area caraibica. Questa linea di pensiero era condivisa anche dal convinto abolizionista James Stephen, che nel 1802 condannò il piano del Primo Console per ristabilire la schiavitù in America. Se da un lato temeva che una vittoria dei neri avrebbe destabilizzato le colonie britanniche, dall'altro l'affermazione dei ribelli, a suo avviso, sarebbe stata preferibile a un successo francese, che avrebbe inevitabilmente reso possibile una politica di espansione di Bonaparte nei Caraibi.[104]

Altri ancora vedevano le cose in modo diverso: Henry Brougham, futuro sostenitore dell'abolizione della schiavitù in Gran Bretagna, in una dettagliata recensione dell'opera di Stephen, tuonava contro la tratta degli schiavi e sperava che un rapido ripopolamento bianco avrebbe aiutato a riparare i danni causati dal traffico di esseri umani nelle colonie caraibiche. Tuttavia, proprio per questo motivo, era necessario per gli europei ristabilire l'ordine a Santo Domingo: «i negri sono veramente i giacobini delle isole delle Indie occidentali. Sono gli anarchici, i terroristi, il nemico interno. Contro di loro è necessario che la nazione rivale si unisca e che il governo ostile si coalizzi». E proseguiva:

> Abbiamo la massima simpatia per le sofferenze immeritate degli infelici negri; detestiamo l'odioso traffico che ne ha riversati a miriadi nelle Antille, ma dobbiamo anche provare un po' di pietà per i nostri fratelli europei, anche se sono bianchi e civilizzati, e deprecare l'incoerente spirito di filantropia canzonatoria che, in Europa, si eccita solo per i torti o le miserie dei poveri e dei dissoluti, e che, dall'altra parte dell'Atlantico, non si scalda se non nei confronti del selvaggio, del mulatto e dello schiavo.[105]

La traduzione in inglese della biografia di Louverture di Dubroca deve quindi essere vista nel quadro di uno sforzo comune contro lo spirito nero

104. Geggus, *British Opinion*, pp. 137-138.
105. «Edinburgh Review», 1 (1802), p. 227.

di ribellione nelle Antille. L'iniziativa fu di Henry Delhay Symonds, un libraio e stampatore che si era già guadagnato una reputazione politica per aver pubblicato le opere di Paine. La pronta apparizione della traduzione, a poche settimane dalla pubblicazione dell'originale in francese, fu pensata per soddisfare le simpatie di una parte dell'opinione pubblica britannica nei confronti di Bonaparte. Lo rivela la traduzione del sottotitolo, trasformato da *noirs insurgés de Saint-Domingue* in un più generico «ribelli francesi di San Domingo». Dietro questa variazione si celava la volontà di insistere sul significato politico della spedizione, il cui obiettivo era quello di stroncare la rivolta dei neri per riportare l'ordine (e ristabilire pienamente le distinzioni razziali) nell'isola caraibica. Ad ogni modo, in Gran Bretagna l'opera ricevette un'accoglienza tiepida. Nel luglio del 1802, ad esempio, il «Monthly Review» negava a Dubroca una certa indipendenza di giudizio e sottolineava la natura propagandistica delle sue parole:

> Secondo il resoconto che ci viene presentato, egli [Toussaint Louverture] è un mostro cresciuto di pari passo con i suoi crimini; è l'assassino dei suoi benefattori, ipocrita, spergiuro e crudele. Va ricordato, tuttavia, che questa descrizione è stata composta per giustificare le forti misure prese dal governo francese contro di lui. Anche se le atrocità di cui questo capo negro si è reso colpevole fossero raccontate senza la minima esagerazione, esse sarebbero di per sé orribili a sufficienza; pertanto, le pagine di M. Dubroca devono essere lette con cautela.[106]

In queste parole, va da sé, riemergevano le insinuazioni sui rapporti di Dubroca con il governo francese. Ancora più dura, tuttavia, fu la recensione della *Critical Review*, che diede voce alle ragioni degli abolizionisti che guardavano con diffidenza alla spedizione inviata da Bonaparte:

> La vita di un nero scritta da un bianco, l'immagine del leone dipinta dall'uomo [...]: Toussaint è qui rappresentato come un completo ipocrita [...] da uno scrittore che si diletta in tali espressioni, è quindi vano aspettarsi una narrazione imparziale. L'insieme è una caricatura, non un personaggio. Tuttavia, anche nel tentativo di rendere il povero nero ancora più nero, lo schiavo è di gran lunga inferiore in ferocia, crudeltà e vizio agli eroi della grande nazione, che hanno dimostrato all'umanità che tutti i vantati effetti della vita civile non possono domare il cuore di un bianco che, sciolti tutti i vincoli della religione e della virtù, non si possa distinguere dal nero più vizioso, se non per una superiore perizia nel compiere i suoi crimini.[107]

106. «Monthly Review, or Literary Journal Enlarged», 38 (1802), p. 332.
107. «Critical Review», s. 2, 36 (1802), p. 348.

Questo scritto fu chiaramente influenzato da James Stephen, che nel frattempo aveva steso un ritratto elogiativo di Louverture in cui Dubroca veniva ferocemente accusato di essere al servizio di Bonaparte per calunniare un uomo d'onore.[108] L'opinione pubblica si schierò presto dalla parte del governatore nero, come dimostrano le numerose iniziative giornalistiche di sostegno.[109] Di lì a breve fu pubblicato in Germania un altro libro su Toussaint Louverture che, pur pretendendo di essere una biografia, era in realtà un resoconto romanzato della sua vita.[110] In altre parole, se la pubblicazione del pamphlet di Dubroca in lingua inglese voleva essere un'operazione promozionale a vantaggio del Primo Console, il suo esito non avrebbe potuto essere più deludente.

Ciò non significa, tuttavia, che in Gran Bretagna la causa dei ribelli avesse avuto fin da principio un grande seguito. Nel 1803, in un voluminoso libro sulle questioni relative alla tratta degli schiavi, Brougham sostenne ancora una volta che un accordo tra la Francia e i ribelli fosse nell'interesse dell'Europa.[111] L'anno successivo ribadì che l'indipendenza dei neri non avrebbe risolto, ma anzi amplificato, un problema causato in origine dalla tratta degli schiavi, che aveva portato un numero impressionante di africani

108. «Monsieur Dubroca, che è stato impiegato dal governo francese per calunniare il povero Toussaint in un libello intitolato alla sua vita, pubblicato a Parigi mentre si mettevano taglie sulla sua testa a St. Domingo [...]. Qui mi permetto di citare ancora una volta le parole del Dubroca, campione del Console [...]. Che un difensore del Console si azzardi a parlare dell'ambizione come di un crimine è strano, ma forse l'unica ambizione colpevole, secondo Buonaparte, è quella che mira a promuovere la libertà e la felicità dei nostri compatrioti». J. Stephen, *Buonaparte in the West Indies, or the History of Toussaint Louverture, the African Hero*, London, J. Bretell, 1803, pp. 5 e 13-14. Vale la pena ricordare che, negli anni successivi, Stephen avrebbe scritto la biografia di Toussaint Louverture. Id., *The History of Toussaint Louverture*, London, J. Butterworth and Son, 1814.

109. G. Pierrot, *'Our hero'. Toussaint Louverture in British Representations*, in «Criticism», 50/4 (2008), pp. 581-607.

110. *Toussaint Louverture's frühere Geschichte nach Englischen Nachrichten bearbeitet*, Fürth, im Bureau fur Litteratur,1802. Per quanto riguarda la fortuna europea di Toussaint Louverture, si veda in particolare Bell, *Men on Horseback*, e in special modo le pp. 159-164.

111. «Attualmente, le potenze che compongono il sistema delle Indie Occidentali devono solo assistere gli strenui sforzi del governo francese nelle isole in rivolta, come sarebbero chiamate in Europa ad aiutare il governo regolare della Francia se i giacobini si diffondessero nuovamente nel paese e minacciassero un'immediata restaurazione del regno del terrore», tratto da H. Brougham, *An Inquiry into the Colonial Policy of the European Powers*, Edinburgh, Willison,1803, tomo II, pp. 312-313.

nella regione caraibica.[112] La ripresa della guerra tra le due potenze europee, tuttavia, giocò a favore dei ribelli. Il campo di Boulogne e la minaccia di invasione portarono la stampa britannica a serrare i ranghi sulla necessità di un blocco navale a Santo Domingo per impedire ai francesi di ottenere rinforzi. Nell'ottica di un sostegno diretto alla ribellione sull'isola, James Stephen pubblicò prima la già citata biografia di Louverture e, subito dopo, un appello per stringere un'alleanza tra l'Inghilterra e Haiti.[113] In realtà, il governo di Londra, rassicurato sul fatto che il contagio rivoluzionario non si sarebbe propagato tra gli schiavi del Nuovo Mondo, vedeva le cose in modo diverso. Infatti, adottò la linea di coloro che ritenevano che la nascita di un Commonwealth africano – con il quale si sarebbero potuti stipulare immediatamente proficui accordi commerciali – fosse tutto sommato un giusto prezzo da pagare per porre fine all'avventura di Bonaparte nei Caraibi. Nel momento stesso in cui i francesi capitolavano, Lord Hobart, Segretario di Stato per la Guerra e le Colonie, scriveva al governatore giamaicano George Nugent:

> Se riuscirete a garantire i rapporti commerciali proposti e a impedire ai briganti di muoversi per mare, l'insediamento di un governo nero a St. Domingo sarà meno pericoloso per la Giamaica di quello francese. La vostra situazione deve essere stata ad ogni modo delicata, ma considerando tutte le circostanze (a patto che i francesi siano costretti ad evacuare) direi che il risultato è, come auspicato, favorevole.[114]

Le parole di Hobart confermano che il governo inglese non ritenesse Dessalines un valido interlocutore in un dialogo politico ma anche la con-

112. «Tale è stata la storia della popolazione negra di San Domingo e tali sono stati le tappe con cui la tratta degli schiavi ha preparato la società di quell'infelice isola a tutte le miserie di una guerra servile. Se la conseguenza di quello stato di cose innaturale, che la rapida importazione e il trattamento crudele dei negri avevano provocato, non fosse stata altro che una ribellione passeggera – se i francesi avessero avuto successo nei loro tentativi di ripristinare il dominio degli uomini civilizzati nella colonia in rivolta –, gli orrori ineffabili dei quattordici anni in cui la contesa ha infuriato ci avrebbero giustificato a considerare con maggiore antipatia la tratta degli schiavi africani, causa di tante calamità diffuse». Il passo si trova in H. Brougham, *A Concise Statement of the Question regarding the Abolition of the Slave Trade*, London, J. Hatchard, 1804, p. 75.

113. J. Stephen, *The Opportunity, or Reasons for an Immediate Alliance with St. Domingo*, London, J. Hatchard, 1804.

114. H.B.L. Hughes, *British Policy towards Haiti, 1801-1805*, in «Canadian historical Review», 25/4 (1944), p. 402.

sapevolezza che le sue azioni potessero essere facilmente contenute. Poco dopo, i primi resoconti dei massacri perpetrati sui bianchi furono quindi visti come una conferma della natura bestiale e feroce dei neri. Nonostante i tentativi di Stephen di mitigare la natura degli eventi,[115] l'opinione pubblica britannica fu presto invasa dalle notizie sulla barbarie e le atrocità dei ribelli.[116] William Cobbett confermò quindi il suo odio verso i neri, dipingendoli indistintamente come una razza inferiore capace solo di obbedire e per la quale gli editti del 1789 avevano rappresentato unicamente l'occasione per dimostrare la propria insopprimibile bestialità. La Rivoluzione francese era sempre sul banco degli imputati: essa era infatti responsabile non solo del Terrore, della violenza sugli strati inferiori della popolazione parigina e delle guerre in Europa, ma anche della brutale rivolta degli schiavi africani nel Nuovo Mondo. Il trionfo dei neri fu l'ennesima conferma delle nefaste conseguenze dei concetti rivoluzionari applicati a quanti – bianchi, ma soprattutto neri – non avevano raggiunto un livello compiuto di civiltà.[117]

In questo contesto ostile ai ribelli, nel 1805 Marcus Rainsford affrontò nuovamente il tema di Santo Domingo ampliando il suo lavoro del 1802 e

115. «Dalla Giamaica e dal Nord America sono giunte varie notizie di un massacro in questa città e in altri luoghi in un periodo successivo [...]. Spero che si rivelino, come una moltitudine di notizie simili provenienti dalla stessa zona, del tutto prive di fondamento o grandi esagerazioni della verità; ma considerando le circostanze senza precedenti in cui è probabile che si scatenino la rabbia e il panico popolare, specialmente mentre i francesi continuano a minacciarli e a infastidirli da Cuba, tali eventi non sono certamente improbabili». Cfr. Stephen, *The Opportunity*, pp. 121-122.

116. M. Clavin, *Race, Rebellion, and the Gothic: Inventing the Haitian Revolution*, in «Early American Studies», 5/1 (2007), pp. 1-29.

117. «Si pretende di trovare una giustificazione per questi mostri assetati di sangue nel trattamento che hanno subito per tanto tempo dai loro padroni. La stessa difesa è stata fatta per i settembristi di Parigi [...]. In effetti, i massacri di Santo Domingo sono stati il prodotto di dottrine come quelle che hanno provocato i massacri in Francia, e in entrambi i casi le giustificazioni [...] erano ugualmente falsi. Nessun monarca fu mai più mite di quello della Casa di Borbone, e nessun padrone fu mai più misericordioso e gentile dei piantatori di Santo Domingo: in entrambi i casi, fu l'eccesso di indulgenza, o forse di indolenza, delle autorità di governo, che prima eccitò e poi incoraggiò e favorì lo spirito di ribellione dei governati. Ed è una vergogna sentire gli uomini di questo regno lamentarsi, o cercare di lamentarsi, delle difficoltà e delle privazioni dei negri, quando tanti bisognosi di vera compassione tra i loro concittadini sembrano attirare solo una minima parte della loro attenzione... I negri sono una razza sanguinaria: sono fatti e segnati per la servitù e l'asservimento: è lo scopo a cui sono stati ovviamente destinati; e di questo fatto ogni giorno ci fornisce nuove prove», in «Cobbett's Political Register», 28 luglio 1804, p. 125.

trasformandolo in una storia della nascita di Haiti,[118] dove la figura Toussaint Louverture era centrale: un uomo la cui forza interiore e generosità rappresentavano i tratti più distintivi della sua personalità. Dessalines, che fu comunque il fondatore della repubblica nera di Haiti, rimaneva sullo sfondo ed era presentato solo come un fortunato emulatore di Louverture. Tale scelta dimostra che Rainsford, pur occupandosi ufficialmente delle origini di Haiti, descriveva in realtà, a beneficio del pubblico britannico, il drammatico confronto – non solo militare – che si era verificato nei Caraibi tra la Francia e la Gran Bretagna.

Nella sua ricostruzione, le vicende legate all'indipendenza della colonia e alla nascita di una repubblica nera erano interpretate come il risultato di uno scontro tra le potenze europee dell'epoca e perciò prive di qualsiasi autonomia storica. La scelta stessa di porre Louverture al centro della narrazione per le sue qualità umane piuttosto che per il suo profilo politico rivela come il bersaglio polemico di Rainsford fosse in realtà la Francia rivoluzionaria, colpevole di aver attaccato il governatore nero semplicemente per non aver seguito le regole repubblicane. Questa sua originalità era stata la vera causa della fine di Louverture, e la biografia di Dubroca, che Rainsford definì «distorta per fini di partito»,[119] ne era effettivamente la prova, dove tutte le accuse mosse al governatore nero derivavano da meri pregiudizi ideologici. Questa prospettiva è tanto più evidente qualora si esamini il modo in cui Rainsford subordinava la politica rivoluzionaria ai parametri del colore della pelle.

Nella sua opera, il vessillo dell'uguaglianza non era portato solo dai giacobini bianchi, ma piuttosto da tutti i meticci, che – se possibile – erano riusciti a superare i primi in termini di violenza, estremismo e malvagità.[120] È il caso di Ogè, che aveva tentato invano di orchestrare una rivolta nel 1790, ma soprattutto del generale Rigaud – sempre dalla parte della Repubblica, avversario degli inglesi e rivale di Toussaint – che veniva dipinto come un uomo coraggioso, ma crudele.[121] Nella narrazione di Rainsford, i neri costituivano un mondo a parte rispetto all'estremismo rivoluzionario

118. M. Rainsford, *An Historical Account of the Black Empire of Hayti: Comprehending a View of the Principal Transaction in the Revolution of Saint Domingo, with Its Ancient and Modern State*, London, J. Cundee, 1805, si cita qui l'edizione con l'introduzione di P. Youngquist e G. Pierrot, Durham-London, Duke University Press, 2013.

119. Ivi, p. 8.

120. Su questo argomento si veda Daut, *Tropics of Haiti*, pp. 56-61.

121. Rainsford, *An Historical Account of the Black Empire of Hayti*, pp. 84-103 e 131.

di alcuni bianchi e di tutti i meticci, poiché erano spinti alla violenza in nome della libertà ma in definitiva risultavano incapaci di decisioni politiche autonome. La barbarie, quindi, giocava in funzione assolutoria dei neri, e valorizzava al contempo la figura di Louverture, unico tra i suoi coetanei ad aver superato la barriera dell'ignoranza. In questo modo, era entrato a far parte del mondo civilizzato ottenendo così l'identità culturale dei bianchi senza però abbracciare la violenza dei giacobini e dei loro compagni meticci.

Da questo punto di vista, il profilo di Louverture anticipava i presupposti della politica coloniale britannica del XIX secolo, che puntava a individuare una classe dirigente locale da assimilare allo stile di vita europeo. In questo senso, la posizione di Rainsford, sebbene da un punto di vista diametralmente opposto, si ricollega a quella di Dubroca. Nei loro racconti, entrambi ritraggono Louverture come un uomo che, grazie all'istruzione, era riuscito a superare i limiti storici del suo popolo e a inserirsi successivamente nella società europea. Solo nell'analisi delle sue azioni in qualità di governatore le loro idee divergono. Secondo Dubroca, Louverture restava un traditore che aveva rinnegato i valori dell'uguaglianza pur di accordarsi con gli inglesi; viceversa, secondo Rainsford, egli era la prova di come i valori della libertà si scontrassero con la narrazione rivoluzionaria della Francia.

Entrambi consideravano Louverture un uomo civilizzato, e questa caratteristica lo distingueva dai suoi compagni neri: né Rainsford né Dubroca mettevano infatti in dubbio la loro inferiorità. Non era quindi difficile concludere che solo un violento conflitto interno tra bianchi europei avesse permesso ad alcuni schiavi neri di emergere nell'ampio panorama della politica internazionale: una rivoluzione schiavista a Santo Domingo non era mai esistita, e la repubblica nera di Haiti era solo il sottoprodotto casuale di un conflitto politico che si stava svolgendo altrove. Dopo il 1804, sia in Francia che in Gran Bretagna, la vicenda haitiana ormai appariva come un incidente di percorso, un evento isolato, il risultato di un improvviso gesto di ribellione che sarebbe stato presto dimenticato dalla storia. È perciò nell'arroganza con cui le potenze europee guardarono all'indipendenza di Santo Domingo che risiedono le ragioni immediate del silenzio che seguì la nascita di Haiti.

Bibliografia di Antonino De Francesco

Monografie

*Il sogno della Repubblica. Il mondo del lavoro dall'*Ancien Régime *al 1848*, Milano, FrancoAngeli, 1983

La guerra di Sicilia. Il distretto di Caltagirone nella rivoluzione del 1820-21, Acireale, Bonanno 1992

Il governo senza testa. Movimento democratico e federalismo nella Francia rivoluzionaria, 1789-1795, Napoli, Morano 1992

Rivoluzione e costituzioni. Saggi sul democratismo politico nell'Italia napoleonica, 1796-1821, Napoli, Edizioni scientifiche italiane, 1996

Vincenzo Cuoco. Una vita politica, Roma-Bari, Laterza, 1997

1799. Una storia d'Italia, Milano, Guerini e Associati, 2004

Storiografia e mito della "Grande Révolution". La rivoluzione francese nella cultura politica italiana del '900, Napoli, Guida, 2006

L'Italia di Bonaparte. Politica, statualità e nazione nella penisola tra due rivoluzioni, 1796-1821, Torino, Utet, 2011; trad. fr.: *L'Italie de Bonaparte: politique, construction de l'État et nation dans la Péninsule en Révolution 1796-1821*, Seyssel, Champ Vallon, 2022

La palla al piede. Una storia del pregiudizio antimeridionale, Milano, Feltrinelli, 2012

The Antiquity of the Italian Nation: the Cultural Origins of a Political Myth in Modern Italy, 1796-1943, Oxford, Oxford University Press, 2013; trad. it.: *L'antichità della Nazione. Il mito delle origini del popolo italiano dal Risorgimento al fascismo*, Milano, FrancoAngeli, 2020

Storie dell'Italia rivoluzionaria e napoleonica (1796-1814), Milano, Bruno Mondadori, 2017

La guerre de deux cents ans: une histoire des histoires de la Révolution française, Paris, Perrin, 2018; trad. it.: *Tutti i volti di Marianna: una storia delle storie della Rivoluzione francese*, Roma, Donzelli, 2019; trad. fr.: *Historicizing the French Revolution: The Two Hundred Years' War*, London, Bloomsbury, 2022; trad. sp.: *La Revolución francesa: Doscientos años de combates por la historia*, Zaragoza, Prensas de la Universidad de Zaragoza, 2022

Repubbliche atlantiche. Una storia globale delle pratiche rivoluzionarie, 1776-1804, Milano, Cortina, 2021

Il naufrago e il dominatore. Vita politica di Napoleone Bonaparte, Vicenza, Neri Pozza, 2021

Curatele

Con L. Biscardi, *Vincenzo Cuoco nella cultura di due secoli: atti del Convegno internazionale, Campobasso, 20-22 gennaio 2000*, Roma-Bari, Laterza, 2002

La democrazia alla prova della spada. Esperienza e memoria del 1799 in Europa, Milano, Guerini e Associati, 2003

Da Brumaio ai cento giorni. Cultura di governo e dissenso politico nell'Europa di Bonaparte, Milano, Guerini e Associati, 2007

Con M. Albertone, *Rethinking the Atlantic world. Europe and America in the Age of Democratic Revolutions*, Basingstoke, Palgrave Macmillan, 2009

Con P. Serna, J.A. Miller, *Republics at war, 1776-1840: revolutions, conflicts, and geopolitics in Europe and the Atlantic World*, Basingstoke, Palgrave MacMillan, 2013

Tra Washington e Napoleone. Quattro saggi sulla Storia della guerra americana di Carlo Botta, Milano, Guerini e Associati, 2014

Con L. Mascilli Migliorini, R. Nocera, *Entre Mediterráneo y Atlántico: circulaciones, conexiones y miradas, 1756-1867*, México, Santiago, Fondo de cultura económica, 2014

In Search of Pre-Classical Antiquity: Rediscovering Ancient Peoples in Mediterranean Europe (19th and 20th c.), Leiden, Brill, 2017

Con M. D'Amico, AC. Siccardi, *L'Italia ai tempi del ventennio fascista: a ottant'anni dalle leggi antiebraiche: tra storia e diritto*, Milano, FrancoAngeli, 2019

Edizioni critiche

V. Cuoco, *Saggio storico sulla rivoluzione di Napoli*, a cura di A. De Francesco, Manduria, Lacaita 1998

T. Cappiello, *Confutazione del sistema di Brown*, con note introduttive di A. De Francesco e P.A. Fasullo, Mandria, Lacaita, 1999

F. Lomonaco, *Rapporto al cittadino Carnot: preceduto dalla traduzione dei Droits et devoirs du citoyen di Gabriel Bonnot de Mably*, a cura di A. De Francesco, Manduria, Lacaita, 1999

V. Cuoco, *Essai historique sur la révolution de Naples*, édition bilingue, texte établi par A. De Francesco, Paris, Les Belles Lettres 2004

V. Cuoco, *Platone in Italia*, a cura di A. De Francesco e A. Andreoni, Roma-Bari, Laterza, 2006

V. Cuoco, *Scritti di statistica e di pubblica amministrazione*, a cura di A. De Francesco e L. Biscardi, Roma-Bari, Laterza, 2009

J.P. Brissot, M. Robespierre, *Discorsi sulla guerra*, a cura di A. De Francesco, Roma, Viella, 2013

V. Cuoco, *Saggio storico sulla rivoluzione di Napoli*, a cura di A. De Francesco, Roma-Bari, Laterza, 2014

Contributi in volume

Ideologie e movimenti politici, in *Storia d'Italia*, vol. I, *Le premesse dell'Unità*, a cura di G. Sabbatucci, V. Vidotto, Roma-Bari, Laterza, 1994, pp. 229-336

Les rapports entre administrateurs et administrés à Lyon pendant les premières années de la Révolution, 1789-1793, in *Ville et révolution française*, sous la direction de B. Benoit, Lyon, PUL, 1994, pp. 37-52

Naissance et mort d'une démocratie municipale: pratiques de gouvernement direct dans la révolte fédéraliste, in *Les fédéralismes. Réalités et représentations, 1789-1874, actes du colloque de Marseille, septembre 1993*, sous la direction de B. Cousin, Aix en Provence, Publications de l'Université de Provence, 1995, pp. 293-301

Prefazione, in A. Manes, *Un cardinale condottiero: Fabrizio Ruffo e la Repubblica partenopea*, Roma, Jouvence, 1996, pp. 7-11

Thiers' Muses: Redepicting the Crime of Federalism in post-Robespierrist revolutionary France, in *When shooting is over. The order and the Memory, 6th Biennal Symposium of Milan Group on Early United State History*, Milan, 1998, p. 107-131

Verso una nuova Europa, in *Storia della letteratura italiana*, a cura di E. Malato, vol. VIII, *Tra L'Otto e il Novecento* Roma, Salerno 1998, pp. 5-53

Genova e l'Italia: il complotto democratico nella pratica politica del Triennio, in *Loano 1795: tra Francia e Italia dall'Ancien Régime ai tempi nuovi,* a cura di J. Costa Restagno, atti del Convegno, Loano, 23-26 novembre 1995, Bordighera, Istituto internazionale di studi liguri, 1998, pp. 341-65

Torino e il Piemonte visti dal Regno delle Due Sicilie: Palermo, in *Il Piemonte alle soglie del 1848*, a cura di U. Levra, Torino, Istituto per la storia del Risorgimento, 1998, pp. 815-824

La constitución de Cádiz en Nápoles, in *Constitución en España: orígenes y destinos,* ed. J.M. Inurritegui, J.M. Portillo, Madrid, Centro de Estudios Políticos y Constitucionales. M. de la Presidencia, 1998, pp. 273-286

How not to finish a revolution, in *Naples in the 18th century*, edited by G. Imbruglia, Oxford, University Press, 2000, pp. 167-182

Foederale Konzeptionen im europaeischen Denken zwischen 1789 und 1848, in *Verfassungwandel um 1848 im europaeischen Vergleich*, herausgegeben M. Kirsch, Berlin, Humblot, 2000, pp. 63-77

Presentazione, in G. Lanzara, *Descrizione dei fatti sortiti nella terra di Avigliano, Provincia di Basilicata, in materia di stato, 1799*, Possidente, Pianeta Libro, 2000, pp. 5-11

Brigandage méridional ou révolte politique? Les lectures culturelles des élites politiques italiennes dans les années 1860, in *La contre-révolution en Europe*, sous la direction de J.C. Martin, Rennes, PUR, 2001, pp. 269-277

Crises politiques et changements d'opinion dans l'Italie contemporaine. L'exemple de l'historiographie du jacobinisme, 1943-1956, in *Inconstances politiques*, sous la direction de B. Gaiti, P. Serna, Paris, Hermes, 2001, pp. 123-133

La question de la nationalité dans l'Italie révolutionnaire, in *La plume et le sabre. Hommages offerts à Jean-Paul Bertaud*, textes réunis par M. Biard, A. Crépin, B. Gainot, Paris, Publications de la Sorbonne, 2002, pp. 443-454

Un caso di estremismo politico nella Napoli del 1799: Francesco Lomonaco traduce Mably, in *Napoli 1799 fra storia e storiografia: atti del convegno internazionale, Napoli, 21-24 gennaio 1999*, a cura di A.M. Rao, Napoli, Vivarium, 2002, pp. 375-391

La rappresentazione della Spagna nella cultura napoletana tra rivoluzioni e Restaurazione, in *Alle origini di una nazione: antispagnolismo e identità italiana*, a cura di A. Musi, Milano, Guerini e Associati, 2003, pp. 227-244

Rappresentanza, democrazia, bonapartismo: ripensare il 1799, in *La democrazia alla prova della spada. Esperienza e memoria del 1799 in Europa*, a cura di A. De Francesco, Milano, Guerini e Associati, 2003, pp. 15-30

Milano repubblicana e il Ticino, 1796-1803 in *Creare un nuovo cantone all'epoca delle rivoluzioni. Ticino e Vaud nell'Europa napoleonica*, a cura di F. Panzera, Bellinzona, Salvioni, 2004, pp. 55-65

La carboneria in Sicilia: notabilato politico o politica notabilare?, in *La nascita della nazione, la carboneria: intrecci veneti, nazionali e internazionali*, a cura di G. Berti, F. Della Peruta, Rovigo, Minelliana, 2004, pp. 163-171

Les interprétations du coup d'état du 2 décembre en Italie, in *Comment meurt une République? Autour du Deux Décembre 1851*, sous la direction de S. Aprile, N. Bayon, L. Clavier, Paris, Créaphis éditions, 2004, pp. 223-232

Insorgenze e identità italiana, in *Nazione e controrivoluzione nell'Europa contemporanea, 1799-1848*, a cura di E. Di Rienzo, Milano, Guerini e Associati, 2004, pp. 85-116

Gli anni di Mayr: la stagione rivoluzionaria e napoleonica in Italia, in *Mayr a S. Maria Maggiore, 1802-2002*, a cura di L. Aragona, F. Bellotto, M. Eynard , Bergamo, Civica Biblioteca e archivi storici "Angelo Mai", 2004, pp. 3-14

"Un certo paese magico e misterioso". L'immagine del 1799 nella letteratura popolare lombarda d'epoca liberale, in *L'Italia delle cento città. Dalla dominazione spagnola all'unità nazionale*, a cura di M. L. Cicalese, A. Musi, Milano, FrancoAngeli, 2005, pp. 96-118

Au cœur du système de pouvoir bonapartiste: la Médiation et la République italienne, in *La Suisse de la Médiation dans l'Europe napoléonienne, 1803-1814,* sous la direction de M. Turchetti, Fribourg, Academic Press, 2005, pp. 131-139

Au-delà de la Terreur: mouvements démocratiques et masses populaires dans la France du Directoire, in *La Révolution à l'œuvre. Perspectives actuelles dans l'histoire de la Révolution française*, sous la direction de J.-C. Martin, Rennes, PUR, 2005, pp. 151-164

Municipalisme et fédéralisme dans la France girondine et jacobine, in *Constitution & revolution: aux Etats-Unis d'Amérique et en Europe (1776-1815)*, a cura di R. Martucci, Macerata, Laboratorio di storia costituzionale, 1995, pp. 361-369

Leggere il «Platone in Italia» agli inizi del XXI secolo, in V. Cuoco, *Platone in Italia*, a cura di A. De Francesco e A. Andreoni, Roma-Bari, Laterza, 2006, pp. XVII-LXXIV

L'antichità italica nel modello politico-culturale della stagione napoleonica: Vincenzo Cuoco e il suo Platone in Italia, in *Uso e reinvenzione dell'antico nella politica di età moderna, secoli XVI-XIX*, a cura di F. Benigno e N. Bazzano, Manduria-Roma, Lacaita, 2006, pp. 385-398

I Pittagorici, in *Vincenzo Monti nella cultura italiana*, a cura di G. Barbarisi e W. Spaggiari, Milano, Cisalpino, 2006, vol. II, pp. 233-244

Archita, Melzi d'Eril e l'italiano (senza qualità) di Giulio Bollati, in *Libri, e altro. Nel passato e nel presente per Enrico Decleva*, a cura di G.G. Merlo, Milano, Dipartimento di Scienze della storia-Fondazione Arnoldo e Alberto Mondatori, 2006, pp. 371-382

Un nobile repubblicano nel Piemonte di fine secolo XVIII: Pietro Avogadro di Formigliana, in *Tra res e imago. In memoria di Augusto Placanica*, a cura di M. Mafrici e M.R. Pelizzari, Soveria Mannelli, Rubbettino, 2007, pp. 1027-1038

Tirar di scherma nell'Italia napoleonica: Giuseppe Errante, Pietro Grisetti, Giuseppe Rosaroll e la storia della loro amicizia, in *Studi in memoria di Cesare Mozzarelli*, Milano, Vita e Pensiero, 2008, pp. 1045-1070.

Nazione e controrivoluzione nel Mezzogiorno d'Italia, 1799-1867, in *El carlismo en su tiempo: geografías de la contrarrevolución*, Pamplona, Gobierno de Navarra, 2008, pp. 153-165

Il volto oscuro del Decennio. La Sicilia di fronte alla tradizione napoleonide a Napoli, in *Due francesi a Napoli: atti del Colloquio internazionale di apertura*

delle celebrazioni del Decennio francese (1806-1815), a cura di R. Cioffi, R. De Lorenzo, A. Di Biasio, L. Mascilli Migliorini, A. M. Rao, Napoli, Giannini, 2008, pp. 55-67

Vincenzo Solenghi, ufficiale medico browniano, in *Armi e nazione: dalla Repubblica cisalpina al Regno d'Italia (1797-1814)*, a cura di M. Canella, Milano, Franco-Angeli, 2009, pp. 277-290

Les patriotes italiens devant le modèle directorial français, in *Républiques sœurs: le Directoire et la Révolution atlantique: actes du Colloque de Paris, 25 et 26 janvier 2008*, sous la direction P. Serna, Rennes, Pur, 2009, pp. 267-280

Federalist Obsession and Jacobin Conspiracy: France and the United States in a Time of Revolution, 1789-1794, in *Rethinking the Atlantic world. Europe and America in the Age of Democratic Revolutions*, eds. M. Albertone, A. De Francesco, Basingstoke, Palgrave Macmillan, 2009, pp. 239-256.

Do sanfedismo ao brigantaggio: a contra-revoluçao no sul de Italia, in *Contra-revoluçao, espirito publico e opiniao no sul da Europa. Seculos XVIII e XIX*, ed. M. de Fátima Sá e Melo Ferreira, Lisboa, Centro de estusos de historia contemporanea portuguesa, 2009, pp. 19-30

26 maggio 1805. Bonaparte incoronato in Duomo, in *I giorni di Milano*, Roma-Bari, Laterza, 2010, pp. 147-168

Dal sanfedismo al brigantaggio: la controrivoluzione nel Mezzogiorno d'Italia (1799-1863), in *Blancs et contre-révolutionnaires en Europe: espaces, réseaux, cultures et mémoires (fin 18.-debut 20. siècles): France, Italie, Espagne, Portugal*, sous la direction de B. Dumons, H. Multon, Rome, École française de Rome, 2011, pp. 31-43

Per una storia del repubblicanesimo italiano nel secolo XIX, in *Studi storici dedicati a Orazio Cancila*, a cura di A. Giuffrida, F. D'Avenia, D. Palermo, Palermo, Mediterraneo, 2011, pp. 1339-1353

La cultura politica e i modelli istituzionali, in *L'unificazione italiana*, Roma, a cura di G. Sabbatucci, V. Vidotto, Istituto della Enciclopedia Italiana, 2011, online

Costituzioni e codificazioni, in *L'Italia napoleonica. Dizionario critico*, a cura di L. Mascilli Migliorini, Torino, Utet 2011, pp. 171-190

Introduzione, in R. M. Delli Quadri, *Nel sud romantico: diplomatici e viaggiatori inglesi alla scoperta del Mezzogiorno borbonico*, Napoli, Guida, 2012, pp. 11-19

Prefazione, in D. Notarangelo, *La rivoluzione napoletana del 1799 in Puglia e Basilicata*, [Torino], Cerabona, 2013, pp. 9-14

Duello giacobino: Brissot e Robespierre a confronto su rivoluzione, guerra, repubblica, in J.P. Brissot, M. Robespierre, *Discorsi sulla guerra*, a cura di A. De Francesco, Roma, Viella, 2013, pp. 7-82

Comment naissent les Républiques?, in *1792. Entrer en République*, sous la direction de M. Biard, P. Bourdin, H. Leuwers, P. Serna, Paris, Armand Colin, 2013, pp. 71-82

The American Origins of the French Revolutionary War, in *Republics at war, 1776-1840: revolutions, conflicts, and geopolitics in Europe and the Atlantic World*, eds. P. Serna, A. De Francesco, J.A. Miller, Basingstoke, Palgrave MacMillan, 2013, pp. 27-45

Verri, Pietro, in *Il Contributo italiano alla storia del Pensiero. Storia e Politica*, Roma, Istituto della Enciclopedia Italiana, 2013, pp. 302-207

Cuoco, Vincenzo, in *Il Contributo italiano alla storia del Pensiero. Storia e Politica*, Roma, Istituto della Enciclopedia Italiana, 2013, pp. 331-336

L'immagine del 1799 nel lungo Ottocento italiano, in *Antirisorgimento: appropriazioni, critiche, delegittimazioni*, a cura di M.P. Casalena, Bologna, Pendragon, 2014, pp. 45-68

Introduzione, in *Tra Washington e Napoleone: quattro saggi sulla Storia della guerra americana di Carlo Botta*, a cura di A. De Francesco, Milano, Guerini e Associati, 2014, pp. 9-24

El espacio revolucionario transatlántico: una comparación historiográfica, in *Entre Mediterráneo y Atlántico: circulaciones, conexiones y miradas, 1756-1867*, ed. A. De Francesco, L. Mascilli Migliorini, R. Nocera, México, Santiago, Fondo de cultura económica, 2014, pp. 137-150

Una difficile modernità italiana: immagini e significati del "Saggio storico" di Vincenzo Cuoco nella cultura politica nazionale, in V. Cuoco, *Saggio storico sulla rivoluzione di Napoli*, a cura di A. De Francesco, Roma-Bari, Laterza, 2014, pp. I-CXXIII

An unwelcome Sister Republic: Re-reading political relations between the Cisalpine Republic and the French Directory, in *The Political Culture of the Sister Republics, 1794-1806: France, the Netherlands, Switzerland, and Italy*, eds. J. Oddens, M. Rutjes, E. Jacobs, Amsterdam, Amsterdam University Press, 2015, pp. 211-218

Testa d'asino, cuor di leone: ancora qualche breve considerazione sull'impresa 'italiana' di Murat, 1814-1815, in *Murat: Napoli e l'Europa*, a cura di N. Marini D'Armenia, Napoli, Arte'm, 2015, pp. 141-155

Crisi ed eredità dell'età napoleonica: l'idea di Nazione, in *1815 Italia ed Europa tra fratture e continuità. Atti del LXVII Congresso di storia del Risorgimento italiano*, a cura di R. Ugolini, V. Scotti Douglas, Roma, Istituto per la Storia del Risorgimento italiano, 2017, pp. 21-35

Prefazione, in L. Vigo, *Protostasi sicula o genesi della civiltà*, a cura di G. Girardi, Roma, Arbor Sapientiae, 2017, pp. XIII-XVIII

Plumas contrarrevolucionarias en Francia durante la III República: El ejemplo de la colección Brochures populaires sur la révolution française, 1875-1889, in *El desafío de la revolución: Reaccionarios, antiliberales y contrarrevolucionarios (siglos XVIII y XIX)*, ed. P. Rújula López, J. Ramón Solans, Granada, Comares, 2017, pp. 261-275

1792: L'Italia e il Mediterraneo all'ora della rivoluzione, in *Storia mondiale dell'Italia*, a cura di A. Giardina, Roma-Bari, Laterza, 2017, pp. 478-481

Distinguishing and undermining: Northern and Southern Italy facing the Congress of Vienna, in *Am Rande der grossen Politik: Italien und der Alpenraum beim Wiener Kongress*, Hg. B. Mazohl, K. Schneider, E.M. Werner, Innsbruck, Innsbruck University Press, 2017, pp. 195-114

Introduction, in *In Search of Pre-Classical Antiquity: Rediscovering Ancient Peoples in Mediterranean Europe (19th and 20th c.)*, edited by A. De Francesco, Leiden, Brill, 2017, pp. 1-18

Il sogno italiano di Gioacchino: qualche nota ancora sulle operazioni militari di Murat nel biennio 1814-1815, in S, *Una storia di rigore e di passione: saggi per Livio Antonielli*, a cura di S. Levati, S. Mori, Milano, FrancoAngeli, 2018, pp. 473-489

Alle origini della nazione: qualche nota sulla Storia della città di Bitonto di Enrico Sappia, in *Studi di storiografia e storia antica: omaggio a Pier Giuseppe Michelotto*, a cura di M. Bellomo, Roma, Arbor Sapientiae, 2018, pp. 105-110

Ancora qualche nota sulle Guerre servili in Sicilia sotto i Romani di Saverio Scrofani (Parigi, Gratiot, 1806), in *Amicitia res plurimas continet: omaggio a Febronia Elia*, a cura di M. Albana, C. Soraci, Acireale, Bonanno, 2018, pp. 181-196

Après la chute des Girondins. Vivre et représenter la souveraineté dans les villes fédérées, in *Les Défis de la représentation. Langages, pratiques et figuration du gouvernement*, sous la direction de M. Albertone, D. Castiglione, Paris, Classiques Garnier, 2018, pp. 223-242

Un intruso tra i libri della Sorbona: La French Revolution di Nesta H. Webster, in *Il valore e la virtù: studi in onore di Silvana Raffaele*, a cura di E. Frasca, Acireale, Bonanno, 2019, pp. 99-110

Alcune note su Crispi nella temperie della prima crisi politica nazionale (1862-1867), in *Francesco Crispi*, a cura di M. Saija, Soveria Mannelli, Rubbettino, 2019, pp. 247-259

Non conoscevamo quasi il Vico: alcune note sul significato dell'opera di Cuoco nel mondo culturale milanese di primo Ottocento, in *Vico e la filosofia civile in Lombardia*, a cura di G. Cerchiai, Milano, FrancoAngeli, 2020, pp. 33-46

Sicilia inglese e Italia napoleonica, in *Il decennio inglese 1806-1815 in Sicilia: bilancio storiografico e prospettive di ricerca*, a cura di M. D'Angelo, R. Lentini, M. Saija, Soveria Mannelli, Rubbettino, 2020, pp. 43-54

Teodorico a Parigi, o di un concorso bandito dall'Institut sul dominio dei Goti in Italia, in *Flos studiorum: saggi di storia e di diplomatica per Giuliana Albini*, a cura di A. Gamberini, M.L. Mangini, Milano, Pearson, 2020, pp. 3-19

Una nazione prima della nazione, in *Ragioni e stagioni della storia: le "vie" della ricerca di Aurelio Musi*, a cura di G. Cirillo, A. M. Noto, Soveria Mannelli, Rubbettino, 2020, pp. 277-283

Una nuova storia del Risorgimento?, in *L'Italia come storia: primato, decadenza, eccezione*, a cura di F. Benigno, E. I. Mineo, Roma, Viella, 2020, pp. 275-292

Rivoluzione e fascismo: 1789 (e 1793) nella cultura politica del regime, in *Il fascismo e la storia*, a cura di S. Salvadori, Pisa, Edizioni della Normale, 2020, pp. 111-126

Un viaggio sfortunato: James Byres e una storia degli Etruschi che non fu mai scritta, in A, *Viaggiare nel Mediterraneo tra Antico e Moderno*, a cura di Mela, G. Arena, E. Frasca, C. Recca, C. Soraci, Santo Spirito, Edipuglia, 2021

Introduzione, in J.-C. Martin *I Vandeani*, Alessandria, Edizioni dell'Orso, 2022, pp. 9-17

Toussaint à Milan, ou les images du rebelle de Saint-Domingue pendant les années de la Repubblica italiana (1802-1803), in *L'historien-citoyen: Révolution, guerre, empires: Mélanges en l'honneur de Bernard Gainot*, sous la direction de B. Deruelle, É. Dosquet, P. Vo--Ha, Paris, Éditions de la Sorbonne, 2022, pp. 513-524

"Discordi, deboli e imbecilli a meritarsi l'indipendenza". Ancora qualche nota su Domenico Pino durante la giornata insurrezionale del 20 aprile 1814 a Milano, in *La Storia. Una conversazione infinita. Studi in onore di Giovanni Brancaccio*, a cura di L. Mascilli Migliorini, S. Barbagallo e M. Trotta, Milano, Biblion Edizioni, 2022, pp. 551-582

A Growing Distrust of Southern Italy: Images and Theories about National Backwardness in Liberal Italy, 1876-1914, in *European Modernity and the Passionate South: Gender and Nation in Spain and Italy in the Long Nineteenth Century*, edited by X. Andreu, M. Bolufer, Leiden, Brill, 2023, pp. 205-222

Articoli in rivista

Città e campagne, in «Studi Storici», 19/4 (1978), pp. 859-862

La selezione spaziale per categorie socio-professionali in alcuni quartieri della Lione di fine Settecento, in «Storia urbana», II/5 (1978), 2, pp. 91-120

Montagnardi e sanculotti in provincia: il caso lionese (Agosto 1792-maggio 1793), in «Studi Storici», 19/3 (1978), pp. 589-626

Le quartier lyonnais de la Croisette pendant les premières années de la Révolution, 1790-1793, in «Bulletin du Centre d'histoire économique et sociale de la région lyonnaise», 12 (1979), pp. 21-64

Conflittualità sul lavoro in epoca pre-industriale: le agitazioni degli operai cappellai lionesi, 1770-1824, in «Annali della Fondazione L. Einaudi», 13 (1979), pp. 151-213

Mondo del lavoro, repubblicani e socialisti in Europa: il caso della Francia di Luigi Filippo, 1830-1848, in «Archivio trimestrale», 12 (1986), pp. 31-48

Democratici e socialisti in Francia dal 1830 al 1848, in «Il Politico», 51/3 (1986), pp. 459-494

La testa contro il corpo: movimento sezionario e federalismo nella Francia del 1793, in «Critica storica», XXIII (1986), pp. 412-48, 1989, pp. 661-96

Né Gironda, né Montagna: la rivolta dei dipartimenti nella Francia del 1793, in «Società e Storia», 45 (1989), pp. 661-696

Church e il nastro giallo. L'immagine del 1820 in Sicilia nella storiografia del XIX secolo, in «Rivista italiana di studi napoleonici», 28 (1991), pp. 23-90

Popular sovereignty and executive power in the federalist revolt of 1793, in «French history», 5 (1991), pp. 74-101

Anni inglesi, anni francesi, mesi spagnoli. Classi dirigenti e lotta politica a Catania dall'anitco regime alla rivoluzione, 1812-1821, in «Rivista italiana di studi napoleonici», XXVIII/1-2, (1991), pp. 167-223

Democratismo di Francia, democratismo d'Italia, in «Società e storia», 76 (1997), pp. 313-317

Dalla montagna a Bonaparte: la carriera politica di Pierre-Jean Audouin nella Francia post-robespierrista, in «Società e storia», 76 (1997), pp. 377-400

Un inedito di Vincenzo Cuoco?, in «Il Risorgimento», n1 (1997), pp. 217-226

Aux origines du mouvement démocratique: quelques perspectives de recherche d'après l'exemple de la période révolutionnaire, 1796-1801, in «Annales historiques de la Révolution française», 2 (1997), pp. 333-348

La tradition républicaine de la grande Révolution dans la naissance du mouvement démocratique italien, in «Provence historique», 194 (1998), pp. 397-408

L'ombra di Buonarroti. Giacobinismo e rivoluzione francese nella storiografia italiana del dopoguerra, in «Storica», 5-15 (1999), pp. 7-68

Scontro ideologico e storiografia nell'Italia del dopoguerra: la questione del giacobinismo nel "Risorgimento in Sicilia" di Rosario Romeo, in «Acropoli», 2 (2001), pp. 170-178

Crises politiques et changements d'opinion dans l'Italie contemporaine. L'exemple de l'historiographie du jacobinisme (1943-1956), in «Politix», 14, 56 (2001), pp. 123-133

La constitution de l'an III et les républiques jacobines italiennes, in «Mededelingen van het Nederlands Instituut te Rome», 57 (2002), pp. 99-106

Il bicentenario della Repubblica italiana. Qualche considerazione a margine di due convegni organizzati a Milano, in «Archivio storico lombardo», 128 (2002), pp. 369-376

Repubbliche sorelle: la Cisalpina e la Napoletana nella temperie del 1799. Note e documenti, in «Archivio storico per le Province napoletane», 121 (2003), pp. 269-320

Novità e persistenze nella pratica politica democratica del secolo XIX. L'esempio della congiura mantovana, in «Bollettino storico mantovano», 2 (2003), pp. 27-38

La Révolution française hors de France: quelques perspectives de recherche sur l'historiographie italienne entre XIXe *et XX*[e] *siècle*, in «Annales historiques de la Révolution française», 4 (2003), pp. 105-118

Discorsi interrotti. Guglielmo Ferrero, Corrado Barbagallo e la critica della rivoluzione francese, in «Nuova Rivista Storica», 88 (2004), pp. 281-340

«Il meglio ch'io abbia scritto in vita mia». Note sulla "Rivoluzione francese" di Gaetano Salvemini, in «Nuova rivista storica», 89 (2005), pp. 147-184

North/South. Race, Criminality and the Italian Character: a Risorgimento idiom? in «Italian history and culture», 11 (2005), pp. 91-106

Il giovane Romeo alla ricerca del Risorgimento in Sicilia, in «Mediterranea. Ricerche Storiche», IV/11 (2007), pp. 517-544

Ricordo del generale Giuseppe Garibaldi, in «Mediterranea. Ricerche Storiche», V/12 (2008), p. 11-28

1796, o il Direttorio in Italia, in «L'Acropoli. Rivista bimestrale diretta da Giuseppe Galasso», 5 (2008), pp. 397-417.

Il Regno d'Italia nella strategia imperiale napoleonica, in «Annali di storia moderna e contemporanea», 14 (2008), pp. 169-177

Generazioni risorgimentali: alcune considerazioni a margine di un recente Annale della Storia d'Italia Einaudi, in «Cheiron: materiali e strumenti di aggiornamento storiografico», 49/1 (2008), pp. 65-78

La diversità meridionale nell'antropologia italiana di fine secolo XIX, in «Storica», 14 (2008), pp. 69-87

À rebours de la radicalité du Triennio: Pietro Avogadro, un noble jacobin et... anti-italien, in «Annales historiques de la Révolution française», 3 (2009), pp. 165-183

Qualche lettera di Adolfo Omodeo a Cesare Spellanzon, 1935-1946, in «L'Acropoli. Rivista bimestrale diretta da Giuseppe Galasso», 10/5 (2009), p. 441-454

Pour une histoire du mouvement républicain dans l'Italie du XIXe *siècle*, in «Revue française d'histoire des idées politiques», 30 (2009), pp. 231-251

Una struggente nostalgia del Decennio? Il murattismo nella tradizione politica dell'Ottocento meridionale, in «Bollettino storico della Basilicata», 25 (2009), pp. 15-26

Daniel Guérin et Georges Lefebvre: une rencontre improbable, in «La Révolution française», 2 (2010), pp. 1-18

Risorgimento e carattere nazionale. Note a margine del Platone in Italia di Vincenzo Cuoco, in «Laboratoire italien», 9 (2010), p. 151-164

Traduzioni e rivoluzione. La storia meravigliosa della prima versione in francese del Federalist (Paris, Buisson, 1792), in «Rivista Storica Italiana», 1 (2011), pp. 61-110

Que ferons-nous de l'Italie?: note su una polemica tutta italiana nella Parigi del Direttorio, in «Studi Settecenteschi», 27-28 (2011), pp. 343-382

Giuseppe Bianchetti legge Francesco Lomonaco. Note a margine sulle fortune della generazione napoleonica negli anni del Risorgimento, in «Rivista Italiana di Studi Napoleonici», 2 (2012), pp. 33-53

D'une révolution à l'autre: Alphonse Aulard face aux événements russes de 1917, in «La Révolution française», 5 (2013), online

1815 début de l'Histoire « Contemporaine»?, con P. Chopelin, A. Crépin, R Hême de Lacotte, P. Mcphee, I. Moullier, D. Schönpflug, in «Annales historiques de la Révolution française», 378 (2014), pp. 119-149

1814: der Untergang des Königreichs Italien, in «Annali dell'Istituto storico italo-germanico in Trento», 2 (2014), p.13-50

Da un centro irradiatore a una realtà multipolare (e ritorno): qualche considerazione sullo spazio rivoluzionario atlantico, in «Ricerche di storia politica», 3 (2015), pp. 259-280

Il poeta e la rivoluzione. Ancora qualche piccola nota sui «Pochi versi inediti» manzoniani, in «Acme», 68 (2016), pp. 179-200

Traduire pour stabiliser: l'exemple des ouvrages américains parus en français à la veille de la République, printemps-été 1792, in «La Révolution Française», 12 (2017), pp. 1-18

Dopo la rivoluzione nazionale: repubblicanesimo e Mezzogiorno negli anni dell'Italia liberale, in «Laboratoire Italien», 19 (2017), online

La nazione impossibile: antiquaria e preromanità nella politica culturale delle Due Sicilie, in «Mediterranea. Ricerche storiche», XIV (2017), pp. 479-498

Da De Sanctis a Cuoco, o per una classificazione dell'Ottocento politico italiano, in «Estetica. Studi e ricerche», 8-1 (2018), pp. 21-50

La prima Europa: qualche nota sul mito dell'autoctonia dei popoli del Mediterraneo tra antiquaria, storia e nazionalismo, in «Italian Review of Legal History», 3-4 (2018), pp. 1-23

Delle sfortune del general Pino, o qualche nota ancora sulla genesi dell'interesse del Manzoni per la figura storica del Carmagnola, in «Rivista di studi manzoniani», 4 (2020), pp. 65-81

La Révolution, creuset des identités collectives, in «Cites», 2020, pp. 388-398

Revolution and nations: a specifically European history?, in «Annals of the Fondazione Luigi Einaudi», 55/2 (2021), pp. 327-346

Quando il «Federalist» non era ancora il «Federalist». Alle origini di un classico della teoria politica, 1788-1865, in «Storica», XXVII, 80 (2021), pp. 1-29

A racist revolutionary: the literary career of Jean-François Dubroca as a propagandist of the French Consulate, 1800-1804, in «La Révolution Française», 22 (2022), pp. 1-30

«Tua opera efficace per fascistizzazione vita universitaria est apprezzatissima». Qualche nota su Baldo Rossi, rettore dell'Università degli Studi di Milano (1926-1930), in «Storia in Lombardia», 42 (2022), pp. 121-135

Un libro infame e calunnioso. Ancora qualche nota su un'opera attribuita a Cristina di Belgiojoso, in «Risorgimento», 2 (2023), pp. 9-36

Le Directoire, con M. Belissa, Y. Bosc, P. Bourdin, J.-L. Chappey, L. Chavanette, A. De Francesco, B. Gainot, P. Serna, in «Annales historiques de la Révolution française», 414/4 (2023), pp. 167-216

Voci del *Dizionario biografico degli italiani* (Roma, Istituto dell'Enciclopedia italiana)

Pino, Domenico, in vol. 83 (2015)
Poggi La Cecilia, Giuseppe, in vol. 84 (2015)
Porro Schiaffinati, Gaetano Lodovico Baldassarre, in vol. 85 (2016)
Rasori, Giovanni, in vol. 86 (2016)
Reina, Francesco, in vol. 86 (2016)
Ricci, Lodovico Lorenzo Bonaventura, in vol. 87 (2016)
Rosa, Cesare, in vol. 88 (2017)
Rosaroll, Giuseppe, in vol. 88 (2017)
Ruggi, Ferdinando, in vol. 89 (2017)
Rusca, Giambattista, in vol. 89 (2017)
Saliceti, Antonio Cristoforo, in vol. 89 (2017)
Santarosa, Filippo Annibale Santorre De Rossi conte di, in vol. 90 (2017)
Sappia, Enrico, in vol. 90 (2017)
Sauli, Gaspare, in vol. 90 (2017)
Scassi, Onofrio, in vol. 91 (2018)
Spanò, Agamennone, in vol. 93 (2018)
Teulié, Pietro, in vol. 95 (2019)
Visconti, Francesco, in vol. 99 (2020)
Zamboni, Luigi, in vol. 100 (2020)

Indice dei nomi

Abulafia, D., 18n
Adair, D., 30n, 42n, 102n
Adams, John, 29, 39, 39n, 40, 41, 51, 56, 57, 57n, 60, 61, 62, 63n, 67, 70, 74, 77, 77n, 79, 80, 90, 96, 97, 106, 107, 113, 145, 151, 151n, 152, 153, 163, 194, 194n
Adams, Samuel, 77n, 78, 79
Adelman, J., 20, 21n
Alba, Fernand Alvarez de Toledo, duca di, 137
Albertini, Georges, 125, 125n
Albertone, M., 28 n, 39n, 111n
Albergoni, G., 173n
Aljovin de Losada, C., 36n
Amari, Michele, 30
Ammon, H., 156n
Anderson, D.L., 72n
Annino, A., 25n
Appleby, J., 38n
Arbour, R., 187n
Armitage, David, 14n, 17, 17n
Arnold, Benedict, 33, 131
Artola, M., 27n
Auderset, Y., 37n, 56n
Aulard, François-Alphonse, 75n, 124, 184n, 193n
Austria, principe di, 137
Avril, P., 79n

Bach Mc Master, John, 90
Baczko, B., 36n
Baker, L., 48n
Baker Wait, Thomas, 100
Bancal des Issarts, Henri, 75
Barbault-Royer, P-F., 202n
Barber, Issac B., 94
Barbier, Antoine, 52, 52n, 55, 55n
Barcia, M., 186
Barère, Bertrand, 209, 209n
Barnave, Antoine, 65, 65n, 108, 127, 149n, 150, 150n
Baudry des Lozières, Louis-Narcisse, 198, 199, 199n, 206, 206n, 208, 208n
Bayly, Christopher, 13, 13n
Belissa, M., 29n, 209n
Bell, D.A., 123n, 179n, 184n, 213n
Bell, J.B., 96n
Bender, T., 16n, 86n
Benjamin, T., 14
Benot, Y., 207n
Benson, Egbert, 101
Berg, M., 27
Berquin-Duvallon, Pierre-Louis, 208, 208n
Bertaud, J.-P., 188
Berthier, Louis-Alexandre, 201
Betourné, O., 85n
Bertrand de Molleville, Antoine, 58
Biassou, Georges, 205, 206
Bidussa, D., 124n
Billaud-Varenne, Jacques, 75, 133, 134n, 148, 148n
Bingham, A.J., 45n, 49
Bingham, William, 94
Binney, Horace, 88n, 90

Blackburn, R., 17n
Blanchelande, Ph.F., 59n
Bloch, R.H., 159n
Boisguyon, G., 142n
Boissy d'Anglas, François-Antoine, 57, 76, 77, 78, 79, 79n, 80, 80n, 81
Bonaparte, Giuseppe, 24
Bonaparte, Napoleone, 19, 23, 25n, 29, 30, 30n, 31, 32, 35, 36, 165, 166, 168, 169, 170, 172, 174, 175, 176, 177, 179, 180, 181, 182, 183, 184, 185, 188, 189, 190, 191, 192, 196, 198, 199, 200, 201, 202, 203, 208, 209, 210, 211, 212, 213, 214
Bongie, Ch., 173n, 185n, 206n
Borbone di Francia, famiglia, 24, 25, 26, 215n
Borgogna, principe di, 137
Borda, Leopoldo, 114, 114n
Bossuet, J.-B., 201
Botta, Carlo, 30, 31n
Boukman, Dutty, 205
Boulay de la Meurthe, Antoine, 190, 190n
Bouloiseau, M., 105n, 107n, 180n, 130n
Bourdin, Ph., 188n, 190n
Bourke, R., 12n
Bourne, H.E., 38n, 145n
Bowman, A.H., 156n
Boyd, J.P., 155n
Braddick, M.J., 14n
Bradley Thompson, C., 38n, 40n, 152n
Brasseaux, C.A., 199n
Breckinridge, James, 95
Brelaubre, C., 23n
Brière, J.F., 32n
Brisbane, 166n
Brissot, Jacques-Pierre, 27, 33, 33n, 34, 35, 42, 44, 49, 71, 72, 72n, 73, 73n, 74, 75, 76, 104, 105, 105n, 108, 109, 123, 125, 126, 126n, 127, 127n, 128, 129, 129n, 130, 131, 131n, 132, 133, 134, 135, 135n, 136, 137, 138, 139, 140, 140n, 141, 142, 142n, 143, 148, 148n, 150, 154, 156, 162, 162n
Brooks, John, 94
Brougham, Henry, 211, 213, 213n, 214n
Bruck, Ludwig von, 120
Buisson, François, 37, 39, 42, 44, 46, 49, 51, 151, 153
Burke, Edmond, 60, 62
Burr, Aaron, 97,99, 101
Burrows, S., 129n
Busaall, J.B., 24n
Bustamante, Antonio Sanchez de, 113, 114, 114n
Buzot, F.N., 74

Cabell, Joseph, 95
Calderan, P., 172n
Calhoun, John, 87, 87n, 88, 88n
Cambacerès, Jean-Jacques-Regis de, 82
Cancelada, Juan Lopez, 204
Canfora, L., 31n
Cañizares Esguerra, J., 16n
Canny, N., 14
Cantilo, José Maria, 121
Cantù, Cesare, 174
Capra, C., 173
Cardinale, U., 31
Castro Leiva, L., 25n
Cenomano, E. (pseudonimo di Vincenzo Lancetti), 176
Censer, J.R., 84
Cesare, Giulio, 132
Chabot, François, 75
Challamel A., 49n
Chanlatte, Antoine, 197
Chappey, J.-L., 184
Charara, Y., 206n
Chas, J., 202
Chastain Howe, P., 72
Chastellux, F.J., 77n
Chaudon, Louis Mayeul, 56
Chenier, André, 49, 109
Chenier, Marie-Joseph, 44, 44n, 147, 147n
Chester, John, 94
Choullier, E., 48n
Christophe, Henri, 170, 175, 205
Christofferson, M.S., 10n
Chust, M., 25n, 26n
Clavière, Etienne, 108, 148, 148n
Clinton, George, 92
Cloots, Anacharsis, 73, 73n, 75, 76, 110

Coates, T.J., 19n
Cobbett, William, 210, 211, 215
Cocastelli, Luigi, 168
Coclanis, P.A., 16n
Colbourn, T., 30n
Coleman, D., 198
Compagnoni, Giuseppe, 177, 177n
Conac, G., 79n
Condorcet, Jean-Antoine, 40, 59, 71, 104, 110, 152
Conrad, G.R., 199
Corio, Lodovico, 174
Cormack, W.S., 182n
Cornwallis, Charles, 132
Cortés Aliaga, Gl., 203n
Courvoisier, C., 79n
Cousin d'Avallon, Ch.-Y., 194n
Cromwell, Oliver, 72, 132, 142, 142n, 143, 190

D'Anglesy, 201n
Da Gama e Castro, José, 115, 115n, 116, 116n, 117, 118
Danton, Georges, 60
Daut, M.L., 173n, 185n
Davidson, Robert, 88, 88n
Dawson, Henry B., 52, 53, 53n, 55, 64, 88, 89n
De Conde, A., 159n
De Francesco, Antonino, 7, 10n, 22n, 28n, 31n, 33n, 39n, 46n, 47n, 66n, 75n, 110n, 111n, 125n, 126n, 146n, 155n, 172n
De Witt, C., 156n
De' Ath, L., 201n
Déat, Marcel, 125
Decrès, Denis, 165, 197
Delacroix, Jacques-Vincent, 141, 141n, 153, 153n
Delaplaine, Joseph, 102
Deleyre, Alexandre, 82
Delhay Symonds, Henry, 212
Delille, Jacques, 176
Dendena, F., 51n, 106n
Des Essarts, Nicolas, 189, 189n, 190n
Desaix, Louis Charles, 191
Desan, S., 22
Desmoulins, Camille, 72, 126, 133, 134n, 141, 142, 142n, 143
Dessalines, Jean-Jacques, 32, 170, 181, 184, 185, 201, 203, 203n, 204, 204n, 205, 206, 207, 214, 216
Dessens, N., 23n, 198n
Dippel, H., 38n
Donahue-Wallace, K., 203
Dorigny, M., 49n, 157n
Dubois, Laurent, 16n, 18, 27n, 187n
Dubroca, Jean-François, 173, 173n, 179, 184, 185, 186, 187, 187n, 188, 189, 189n, 190, 191, 192, 193, 193n, 194, 194n, 195, 196n, 197, 198, 198n, 199, 199n, 200, 200n, 201, 201n, 202, 202n, 203, 203n, 204, 204n, 205, 206, 206n, 207, 208, 209, 210, 211, 212, 213, 213n, 216, 217
Dubroca, Charles Horace, 187n
Ducher, A.-G.-J., 102, 160, 160n
Ducos, Roger, 192
Dom Pedro I, si veda Pietro I imperatore del Brasile, IV come re di Portogallo, 115, 118
Dumouriez, Charles François, 35, 148
Dun, J.A., 186n
Dunbar, L.B., 64n, 112n
Dunn, S., 85n
Duny, Cesar, 158, 158n
Dupont de Nemours, Pierre Samuel, 105
Dupont de Nemours, Victor M., 105
Duport, Adrien, 66, 108n, 124, 127, 149, 150, 150n
Dupuy, R., 80n
Dym, J., 23n
Dziembowski, E., 184n

Echeverria, D., 37n
Edmonds, W.D., 46n
Eschassériaux, Joseph, 81
Elliot, John, 13
Ellery, E., 72n, 73n
Erskine, Thomas, 209, 209n
Eustace, J.S., 149n

Fay, B., 37n

Fénelon, François, 200
Féraud, Jean-Bertrand, 79
Ferrer, A., 186n
Fick, C., 16n, 187n
Fiering, N., 16n, 183n
Fischer, S., 186n
Flinn, J., 36n
Foliett Hopkins, George, 98
Ford, P.L., 53n, 103n, 114n
Forsdick, Ch., 171n
Foscolo, Ugo, 174, 174n
Franklin, Benjamin, 78
Franklin Jameson, J., 87
Friguglietti, J., 124n
Furet, François, 10, 11, 33, 44n, 72n

Ghachem, M., 194n, 196n
Gaffield, J., 23n
Gaichiés, 200
Gainot, B., 10n, 49n, 198n
Galbaud, 157, 158
Gambarin, G., 174n
Gandia, E. De, 26n
Garosci, A., 40n
Gaspar, B., 24n
Gauthier, F., 157n
Gautier, M., 32
Gay, si veda Jay, John
Geggus, D.P., 16n, 24n, 31n, 85n, 157n, 183n, 197n, 210n, 211n
Genet, E.-Ch., 28, 145, 155, 155n, 156, 156n, 157, 157n, 158, 159, 160, 161
Gensonné, Armand, 148
Giorgio III Hannover, 132
Gideon, Jacob, 103, 103n, 114
Girard, P., 32n, 181n, 182n, 197n
Girault, 58
Glagau, H., 66n, 108n, 151n
Glazier, 114
Gordon, Thomas, 15
Gomez, A.E., 204n
Green Clemson, Th., 87n
Green, J.P., 14n
Grégoire, H., 188n, 191
Griffin, S.E., 36n
Griffiths, R., 152n
Gueniffey, P., 11n, 44n, 80n
Guerra, F.X., 25
Guillaume, J., 45n
Guzmàn Schiappacasse, F., 203n
Gomez, A.E., 204n

Haltzel, M.G., 9n
Hamilton, Alexander, 30n, 39n, 40, 42n, 45, 65, 69, 72, 88, 89, 90, 91, 92, 93, 93n, 94, 94n, 95n, 96, 97, 98, 98n, 99, 99n, 100, 100n, 101, 101n, 102, 102n, 103, 103n, 105, 105n, 111, 111n, 112, 116, 117n, 118, 119, 120, 145, 146, 147, 148, 149n, 151n, 153, 155, 156, 158, 162, 163
Hammersley, R., 15n, 56, 142n
Hancock, R.C., 38n, 84n
Hanson, P.R., 46n, 146n
Harsany, D.P., 62n
Harrington, James, 15
Harris, T., 15n
Harris, W.V., 18n
Hartig, A.I., 85n
Hawkins, T., 26n
Hédouville, Gabriel, 167, 197, 202
Herbemont, Nicholas Laurent, 194, 194n
Hesse, C., 44n, 153n
Higonnet, P., 85n
Hobart, Robert Lord, 214
Hobsbawm, Eric, 17, 17n
Hulliung, M., 85n
Hoche, Lazare, 35
Hochedlinger, M., 66n, 148n
Hodson, C., 19
Hohenzollern, famiglia, 120
Hope, Henry, 87
Horn, J., 29n
Hughes, H.B.L., 214n
Hume, David, 143
Hunecke, V., 38n, 146n
Hünemörder, M., 149n
Hunt, L., 22n
Hunter, John, 95
Hupchickn, D.P., 32n, 72n

Ingram, N., 124n

Jainchill, A., 15n, 56n, 41n, 77n, 152n, 190n
Jay, John, 28, 39, 42, 44, 49, 53, 55n, 84, 88, 95n, 96, 97, 99n, 100n, 103, 103n, 105, 111, 111n, 153
Jackson, Andrew, 90, 104, 114, 115
Jackson, Jonathan, 94
Jaurès, Jean, 33 , 123, 123n, 124, 125
Jenson, D., 32n, 173n, 185n, 187n
Jèze, Gaston, 55, 55n, 56, 67, 113
Jefferson, Thomas, 28, 29, 30n, 40, 62, 89, 90, 90n, 95, 96, 97, 99, 100, 115, 146, 147, 149n, 152, 155, 156, 156n, 157, 157n, 158, 158n, 159, 162
Johnson, H.A., 95n
Johnson, R.A., 194
Jourdan, A., 11n, 85n
Jourdan, Jean Baptiste, 35

Kaiser, T.E., 66n, 148n
Kerversau, François-Marie, 197, 197n
Kiesselbach, Wilhelm von, 120, 120n
Kyoung Kwon, Y., 186n
Klaits, J., 9n
Klooster, Wim, 19, 19n, 20
Koschnik, A., 159n
Knox, Henry, 135
Kupperman, K.O., 16

Laborde-Méreville, François, 108n, 149n, 150
La Fayette, Marie-Joseph Paul Yves Roch Gilbert du Motier, 49, 57, 58n, 61, 62, 66, 67, 71, 72, 73, 76, 105, 106, 107, 108, 109, 111, 112, 119, 126, 127, 132, 137, 140, 142, 143, 149, 150, 151, 152, 152n, 153
Lahmer, M., 57n
Lamare, Pierre-Bernard, 37n, 56, 56n, 57, 58, 58n, 59, 59n, 60, 61, 61n, 62, 63, 63n, 64, 67, 68, 77, 79, 107, 152, 152n, 153
Lambert, L.G., 38n, 84n
Lameth, Alexandre-Théodore de, 66, 108, 108n, 127, 150
Lancetti, Vincenzo, 173, 173n, 174, 174n, 175, 176, 176n
La Reveillière-Lepeaux, Louis-Marie, 81
La Rochefoucauld, Adélaïde de, 62
Laveaux, Étienne Maynaud, 198
Lavicomterie, Louis-Charles, 75
Laurent, B., 182n
Le Bozec, Ch., 80
Le Gardeur, R., 199n
Le Tourneur, Etienne-François, 56, 57
Lebrun-Tondu, Pierre Henri, 156, 157
Leclerc, Charles Victoire, 23, 32, 165, 170, 171, 175, 180, 205, 210, 210n
Lecomte, M.F.Th., 187n
Lefebvre, Georges, 125, 125n
Lefevre, Th., 188n
Lemay, E.H., 38n, 146n
Lentz, Th., 11n
Leopoldo II Asburgo, 33, 66, 114, 114n, 138, 139, 140, 150
Leroy de Fontigny, 58, 59n
Lépinette, B., 41n
Lewis, J.E., 29n
Lezay-Marnésia, Adrien, 77, 77n, 78, 79, 79n, 80, 80n
Link, E.P., 159n
Livesey, J., 56n
Livingston, Robert C., 94
Locke, John, 14
Loubinoux, G., 188n
Louverture, Toussaint, 23, 31, 165, 166, 167, 167n, 168, 168n, 169, 170, 171, 172, 173, 173n, 174, 175, 176, 177, 180, 181, 182, 184, 185, 192, 193, 194, 195, 196, 197, 198, 203, 204, 205, 207, 210, 211, 212, 213, 213n, 214, 216, 217
Louvet de Couvray, Jean Baptiste, 138, 138n, 148, 148n
Luchaire, F., 79n
Luckner, Nicolas, 132
Luigi XV Borbone, 66
Luigi XVI Borbone, 15, 29, 44, 59, 83, 128, 130, 132, 198
Luigi XVIII Borbone, 184n
Luzzatto, S., 57n, 124n, 205n

Machelon, J.P., 79n
Machenaud, F., 134, 134n
Machiavelli, Niccolò, 15, 134

Madison, James, 28, 39, 40, 42n, 44, 65, 72, 88, 89, 90, 94, 94n, 95n, 96, 97, 98n, 99, 99n, 100, 100n, 102, 103, 103n, 111, 111n, 114, 118, 145-148, 149n, 153, 159, 162, 163
Malesherbes, Chrétien-Guillaume de Lamoignon de, 57, 152
Mallory, 101n
Malouet, Pierre-Victor, 207, 207n
Mantegazza, Carlo, 171, 171n, 172
Mantoux, P., 155n
Marcellesi, L., 207n
Maria Antonietta d'Asburgo-Lorena, 66, 150
Mariano, M., 21n
Marsh, Herbert, 100n
Marshall, John, 95, 99, 104
Martin, Gaston, 124, 124n
Martin, J.C., 10n
Martínez Silva, J.M., 203n
Martucci, R., 55n
Mascilli Migliorini, L., 11n
Masson, F., 61n
Mathiez, Albert, 33, 124, 125, 188n, 189n
Maurizio conte di Nassau e principe di Orange, 135
Maury, James, 95
Mavidal, J., 148n
Mazzanti Pepe, F., 44n
Mazzei, Filippo, 104
Mc Henry, James, 95
McClellan, Samuel, 94
McLean, Archibald, 92, 93, 93n, 96
McMaster, John Bach, 90, 90n
Meadwell, H., 84n
Medlin, D., 47n, 49n
Medri, S., 177n
Melero, A., 41
Melzi d'Eril, Francesco, 68, 169, 171
Mentor, Etienne, 167
Mercier, Louis-Sébastien, 109, 191, 191n, 200, 200n, 206, 207, 207n
Michon, Georges, 124, 124n, 125, 125n, 149n
Miller, J.A., 22n
Mirabeau, Gabriel-Honoré de Riqueti conte di, 63, 104, 127
Miranda, Francisco de, 35, 35n
Mitchell, Henry, 95
Mitterand, François-Maurice-Marie, 9
Mohl, Robert von, 120
Moise, Hyacinthe, 169
Molleville, Bertrand de, 58
Monk, George, primo duca di Albemarle, 127
Monroe, James, 29, 30, 90, 99, 159
Morabito, M., 80n
Moreau de Saint-Méry, Médéric-Louis-Élie, 172
Morellet, André, 47, 47n, 48, 49, 49n, 52, 67n, 107n
Morelli, F., 14n
Morgan, P.D., 14n
Morris, M.R., 38n, 146
Morris, Robert, 162
Muoni, Damiano, 174
Myers, M., 149n

Nancrede, J., 129
Naranjo Orovio, C., 186n
Narbonne-Lara, Louis-Marie-Jacques-Amalric, conte, 73n, 130, 133
Needham, John Turberville, 15
Nelson, E., 112n
Nelson, W., 22n
Newman, S.P., 85n
Nicolas, A., 58n
Niort, J.F., 179n
Nugent, George, 214
Nussbaum, F.L., 160

Ogé, Vincent, 216
Olsen, M., 49n, 107n
Onuf, P.S., 29n
Ormesson, F. d', 149n
Orr, G., 180n
Ottolini, A., 177n
Ozouf, M., 44n
Oz-Salzberger, F., 41n

Paine, Thomas, 29, 44, 147, 212
Palmer, Robert R., 17, 17n, 18-20, 21n, 27, 28, 38n
Paquette, G., 14n

Parra-Perez, C., 26n
Pascal, Henry, 197
Pasley, J.J., 29n
Paynter, J.E., 152n
Pereira de Vasconcelos, Bernardo, 116
Peschanski, D., 124n
Pétion de Villeneuve, Jérôme, 106
Petion, Alexandre Sabes, 32
Petiteau, N., 10n
Philémon, 206n
Picquenard, Jean-Baptiste, 206, 206n, 207, 207n
Pierrot, G., 213n, 216n
Pietro I imperatore del Brasile, IV come re di Portogallo, 115
Pincus, S., 15n
Pitt, William, 160, 161, 162, 191, 193, 201, 202, 209
Pluchon, P., 195n
Pocock, J.G.A., 12, 12n
Polverel, Étienne, 35, 157, 158, 161, 176
Pompeo Magno, Gneo, 132
Popkin, J., 16n, 35n
Portillo Valdés, J.M., 24n
Prescott, Samuel, 94
Priestley, Joseph, 44, 60, 62, 147
Prudhomme, Louis Marie, 73, 74

Quérard, Joseph-Marie, 184n, 187

Rabaut de Saint Etienne, Jean Paul, 70, 70n
Rabinowitz, R.R., 16n
Racine, K., 35n
Rainsford, Marcus, 210
Rallier, Louis, 192
Ramirez Olivares, A.V., 203n
Ramsey, N., 198n
Rapin de Thoyras, Paul de, 143, 143n
Rapport, M., 125n
Raynal, Guillaume-Thomas François, 197
Rebecqui, François Trophime, 74
Régent, F., 179n
Reilly, B., 72n
Remsey, Henry, 95
Rensselaer, John van, 94, 94n
Rich, Obadiah, 52
Richter-Th.Maissen, S., 111n
Ricketts, M., 36n
Rigaud, Adré, 168, 194n, 196, 205, 216
Ritter von Arneth, A., 66n, 150n
Robespierre, Maximilen, 33, 33n, 47, 61, 72, 78, 82, 109, 111, 123-125, 125n, 126, 126n, 130, 130n, 132, 132n, 133-138, 138n, 139, 140, 140n, 141, 159, 161-163
Rochambeau, Jean-Baptiste-Donatien De Vimeur, conte di, 23, 132, 175
Rodriguez, J.E., 19n
Rohrs, R.C., 88n
Rosas, Juan Manuel de, 121
Rose, Claudine Françoise, 187n
Roume, Phillipe, 197
Roussev, I., 61n
Russell, G., 198n

Sabin, Joseph, 53
Saint-Just, Louis-Antoine-Lion, 110
Salle, Jean-Baptiste de la, 201
Salvadori, M., 88n
Samuel, Pierre, 105, 107
Sánchez de Bustamante, Antonio, 113, 114n
Savage, D., 23n
Savini, M., 177n
Schaub, J.F., 27n
Scherr, A., 194n
Schuyler, Philip, 94
Seeman, E.R., 16n
Sellers, M.N.S., 57n
Sepinwall, A., 16n, 183n
Serna, P., 22, 22n, 179n, 184, 190, 199, 207, 209
Serrano, J.A., 25n
Shackelford, G., 62n
Sharp, J.R., 29n, 39n, 40n
Sheehan, C., 147n
Sheridan, E.R., 156n, 157n
Shields, D.S., 194n
Short, William, 61, 62, 62n, 64n, 149, 149n, 152, 152n
Shovlin, J., 184n
Sidney, Algernon, 142n
Sieyès, Emmanuel-Joseph, 61, 74n

Sisson, D., 30n
Sloan, H.E., 149n
Smedes, William, 114, 115n
Smith, S.C., 98n
Smith, William L., 94
Soboul, Albert, 33
Soderhjelm, A., 66n, 150n
Sonthonax, Léger Félicité, 35, 157, 157n, 158, 161, 173, 176, 196, 197, 197n, 204, 206
Sordet, D., 125n
Souluque, Faustin, 32
Spartaco, 197, 206
Staël-Holstein, Anne-Louise-Germaine Necker, baronessa di, 79
Stein, R., 157n
Stephen, James, 211
Steuben, Friedrich Wilhelm, barone von, 94
Stoddard, Lothrop, 172, 172n
Subrahmanyam, Sanjay, 17, 17n
Sullivan, M.G., 143n
Symonds, Henry Delhay, 212
Syrett, H., 93n, 149n

Tackett, T., 66n, 148n
Talleyrand, Charles-Maurice, principe di, 61, 152n
Taylor, S., 15n
Tiebout, John, 96, 97
Tocqueville, Charles-Alexis-Henri Clerel de, 31, 113, 113n, 114, 114n
Torgal, J.L., 115n
Torgal, L.R., 116n
Toussaint Louverture (François-Dominique Toussaint), 23, 31, 165, 166, 166n, 167, 167n, 168, 168n, 170-177, 180, 184, 185, 193n, 203, 210, 212, 213, 213n, 216
Troper, M., 51n
Trouillot, Michel-Rolph, 24n, 186n
Troup, Robert, 93
Trudaine de la Sablière, Michel, 52n, 55, 107, 153
Trudaine de Montigny, Charles-Louis, 48, 48n, 49, 49n
Turgot, Robert-Jacques, 152
Turner, F.J., 157n

Van Kley, D., 20n
Vaublanc, Vincent-Marie Viénot, conte di, 197
Venturi, F., 38n
Vergennes, Charles Gravier, conte di, 198
Vermale, F., 149n
Viguera-Ruiz, R., 121n
Villanueva, C.A., 26n, 35n
Vovelle, M., 9n
Voyenne, B., 55n

Wahnich, S., 209n
Wait, Thomas Baker, 100, 101
Waitz, Georg, 120
Walvin, J., 210n
Warren, Joseph, 128, 135
Washington, George, 28-30, 30n, 34-36, 45, 72, 74, 81, 90, 94-96, 99n, 100n, 102n, 103, 105, 106, 108, 128, 131, 132, 133n, 135, 142n, 147, 149-151, 155, 156, 156n, 157-160, 179, 189
Webstser, Noah, 98
Weisberger, R.W., 32n, 72n
Wells, John, 98
Westerholt, E., 79n
White, A., 24n
Wilkie, E.C., 37n
Williams, Ezekiel, 94
Wiltse, Ch.M., 87n
Wimpffen, Franz, 172
Wood, G., 86n

Yacou, A., 186n
Youngquist, P., 216n

Ziesche, Ph., 77n
Zinman, Michael, 95n
Zuniga, J.P., 204n

Finito di stampare
nel mese di ottobre 2024
da The Factory s.r.l.
Roma